高等学校创新创业系列教材

大学生创新理论与实践

王晓进　编著

科学出版社

北　京

内容简介

本书可作为大、中专学生创新与创业课教材或辅导教材，主要通过对大学生科技创新活动作品中的灵感、创新点进行二次创作、策划，并对实例和创新方向进行解剖、点评、分析、对比，向广大大、中专学生及发明爱好者或初学者介绍发明灵感的捕捉与发明方法的运用，特别是在作品创新亮点的基础上如何拓展、策划、再创新，引导学生们学会用创新方法解决生活、学习中的实际问题。

本书多选用大学生作品为解剖实例，为初学者提供模仿、修改、策划、再创作的空间。作品中存在较多不足，为初学者学习更正、再造提供了二次机会和平台。

本书通过理论知识的传授与发明方法的运用引导学生入门，通过发明实例解剖引导学生学模仿创作，还通过专利实例引导学生学会用法律（专利法）保护自己的发明（科研）成果，用知识产权武器维护自己的合法权益。

本书通过学习和训练达到“五能”人才要求。即：能说（能说出专利基本法律常识，懂得知识产权）、能写（能正确写出专利申请文件和科技论文及参赛作品简介等）、能做（在有基本加工设备和一般工具基础上制作出创新作品样品）、能设计（能设计出自己的作品）、能创新（能举一反三的开发出自身潜在的创新能力）。

图书在版编目（CIP）数据

大学生创新理论与实践/王晓进编著.—北京：科学出版社，2014.11

高等学校创新创业系列教材

ISBN 978-7-03-042417-4

Ⅰ.①大… Ⅱ.①王… Ⅲ.①大学生—创造教育—高等学校—教材 Ⅳ.①G640

中国版本图书馆 CIP 数据核字（2014）第 260297 号

责任编辑：张颖兵 杜 权/责任校对：董艳辉

责任印制：徐晓晨/封面设计：苏 波

科学出版社出版

北京东黄城根北街 16 号

邮政编码：100717

http://www.sciencep.com

北京凌奇印刷有限责任公司印刷

科学出版社发行 各地新华书店经销

*

开本：B5（720×1000）

2014 年 11 月第 一 版 印张：13 1/4

2020 年 1 月第三次印刷 字数：255 000

定价：46.50 元

（如有印装质量问题，我社负责调换）

作者简介

王晓进

武汉大学工程训练中心高级指导教师，教授、湖北省专家，湖北省“五一”劳动奖章”获得者，享受政府津贴，武汉大学合校10年“风云人物”。

从事机械制造与教学指导30余年，积累了丰富的实际经验，具有较强的创新、创造能力。拥有专利164项，指导学生申请专利3000余项，有较强的社会影响力，是一名实力很强很有声望的实践教学高级指导教师。

他带领的大学生、中学生创新团队获得了2006年、2008年、2010年湖北省大学生机械设计大赛“一等奖”、“二等奖”、“三等奖”；2006年、2007年、2008年、2009年武汉大学“自强杯”大学生创新设计大赛各类奖项几十项；2009年湖北省青少年创新大赛“一等奖”。

他带领的大学生创新团队还获得了2010年全国工程训练创新大赛湖北赛区“一等奖”、“二等奖”、“三等奖”；2010年全国机械设计大赛湖北赛区“一等奖”；2010年武汉发明大赛“金”、“银”、“铜”等7项大奖，2011年获得“中南地区、港澳特区大学生机械创新大赛”一等奖；2012年，他带领的学生参加了“2012全国大学生机械创新大赛湖北分赛区”一等奖”2项，“二等奖”3项，“三等奖”2项，为国家培养了一大批实用的创新型人才。

他发明的“汽车安全逃离装置”获得了中国第15届全国发明展览会“金奖”；“汽车副驾驶位反劫持装置”、“金饰店反劫持装置”获得了中国第16届全国发明展览“铜奖”；他发明的“个人加密身份证”获得了中国第20届全国发明展览会“铜奖”。

他荣获人民日报海外版名流周刊理事会授予的“中华优秀发明创造者”荣誉称号，还被香港世界高新科技出版社、香港“高新会”、“国际互联网”等评为“当代世界华人杰出科技专家”、“成功中国人”、“优秀人才”、“中华优秀发明创造者”荣誉称号。2005年还荣获“2005年度中华百业新闻人物”称号；2005年度中华百名管理创新杰出人才“中华骄子”荣誉称号；获2005年度“中国百名行业风云人物”奖等。

王晓进的事迹被(湖北电视台、中央电视台、凤凰卫视、武汉晚报、武汉晨报、北京科技报、武汉大学学报、报刊文摘、新浪网、搜狐网、百度)众多新闻媒体大量报道,如:王晓进是一位难得的创新型人才,是新时期众多人才中的杰出代表,还是一位大学生们喜爱的好老师。

2008 年王晓进培养出麦晓明(2005 级机械设计专业学生,2008 年获得“武汉大学珞珈十佳风云学子”称号);2009 年培养出王振宇、李昕(2007 级机械设计专业学生,2009 年“获得武汉大学珞珈十佳风云学子”称号);2010 年培养出韦凯腾(2008 级机械设计专业学生,2010 年“获得武汉大学珞珈十佳风云学子”称号),祝浩、王龙(2011 年大学生湖北省年度人物)等一大批创新型人才。

王晓进已编著有《大学生科技创新 100 例》《解开心灵的疑问,求解发明的真谛》《数字加工与数字生活的创新》《创新与创业》等系列丛书。

前　言

国家领导人十分重视我国自主创新能力的提高，把提高整体国际竞争力作为中华民族生存和发展的头等大事来抓说明了其重要性。

据了解，截至2012年底，我国受理三种专利申请205.1万件、授权125.5万件，其中发明专利申请65.3万件，同比增长24.0%，发明专利授权21.7万件，同比增长26.1%。我国受理PCT申请2.0万件，同比增长12%。截至2012年底，我国国内有效发明专利（不含港澳台）共计43.5万件，每万人口发明专利拥有量为3.23件。

如今，中国开始由中国制造逐渐向中国创造转型，而实现这一目标的基础是需要建立创新型国家，需培养大量的创新型人才。中国革命的先行者孙中山曾说过："青年强则国家强"。学生强则中国旺，中国的希望在青年，青年的希望在学生。

发达国家有这样一种说法："企业的竞争体现在市场上；市场的竞争体现在商品上；商品的竞争体现在技术上；技术的竞争体现在知识产权上，而'专利战'是知识产权保护与争夺的重头戏"。随着知识经济的蓬勃发展，专利作为自主创新的科技成果，其数量规模将不断扩张，转化要求将日益迫切。有没有专利关系到企业生存，有没有专利关系到个人生存和发展。

如今大学生毕业后找工作难、就业难，找一份理想中的工作更是难上加难，但"难"在那里，各有见解，作者认为难在大学生缺少创新能力，缺少观察事物、发现事物及加以解决的能力。企业需要人才，更迫切需要能说、能写、能做、能设计、能创新的一大批创新型人才。

本书还针对钱学森同志提出的"大学为什么培养不出杰出人才"作出了最佳的回答，本书通过大量创新作品实例说明了大学不是培养不出杰出人才，而是缺少培养创新人才的必要训练和正确引导。

本书通过对不同专业（理工科中的机械、能源、核工程、土木、环境、电子、水利水电、水质、材料、测控等专业，其特点是：专业知识较强，能熟练运用CAD绘图，创新点多与自己专业相近，发明选题多涉及机械装置、电控方法、工具、用具、小家电、报警器等，但也不乏涉及生活中的小用品、用具的发明；非工科类中的文、史、外语、农、生物、医、护、信息、城建、管理、艺术、播音、印刷等专业，其特点是：专业分类较多，专业知识面有限，不会运用CAD制图，创新点选题多属于非机类的文化用具用品及日常生活中的小用具用品的发明或改进）的学生创新作品进行分析、解剖、点评，为青年人快速成才，为再创新和再创造提供了大量的发明素材、灵感，为就业、创业提供机遇、捷径和动力。

在本书编写过程中较多素材取自互联网、日常新闻、报刊等最新线索和大量本人课件、学生作业、专利及专利申请文件稿。编写过程中还得到了许多老师和各有关部门领导的指教和帮助，在此谨表谢意！

编著者　武汉大学　王晓进　2013 年 10 月于武汉

目　录

概　　况

一、当前的形势及今后的任务

2010 年，时任国家主席胡锦涛强调指出："建设创新型国家，加快转变经济发展方式，赢得发展先机和主动权，最根本的是要靠科技的力量，最关键的是要大幅提高自主创新能力"。

国家中长期人才发展规划纲要（2010～2020 年）中指出：人才是指具有一定的专业知识或专门技能，进行创造性劳动并对社会作出贡献的人，是人力资源中能力和素质较高的劳动者。人才是我国经济社会发展的第一资源。

科学人才观逐步确立，以高层次人才、高技能人才为重点的各类人才队伍不断壮大，有利于人才发展的政策体系进一步完善，市场配置人才资源的基础性作用初步发挥，人才效能明显提高，人才工作新格局基本形成。

突出培养造就创新型科技人才：

发展目标：围绕提高自主创新能力、建设创新型国家，以高层次创新型科技人才为重点，努力造就一批世界水平的科学家、科技领军人才、工程师和高水平创新团队，注重培养一线创新人才和青年科技人才，建设宏大的创新型科技人才队伍。

主要举措：创新人才培养模式，建立学校教育和实践锻炼相结合、国内培养和国际交流合作相衔接的开放式培养体系。探索并推行创新型教育方式方法，突出培养学生的科学精神、创造性思维和创新能力。

也就是说，今后我国的教育将把培养创新型人才作为推动我国建立创新型国家的重中之重来发展。

二、创新与创造的理论

1."创新"的含义

创新是指新思想、新事物、新方法、新技术、新发明的第一次运用。创造在前（原创），创新滞后（再创造）。即先有创造，后有创新。

创新的含义较广，有技术创新、知识创新、制度创新、管理创新、教育创新、人才创新、领导创新、体制创新、组织创新、生活创新等。总之，创新已成为最时尚、最流行，人们口中说最多的词汇。

英文中的创新 innovation 这个词起源于拉丁语，它原意有三层含义：第一，更新；第二，创造新的东西；第三，改变。创新作为一种理论，是在 20 世纪形成的。美国哈佛大学的经济学教授熊彼特在 1912 年第一次把创新引入了经济领域。换句话说，他从经济的角度提出了创新，他认为创新就是要建立一种生产函数，实现生产要素的从未有过的组合。美国管理学大师德鲁克在 20 世纪 50 年代第一次把创新引进管理领域，他认为创新就是赋予资源以新的创造财富能力的行为。

现在，“创新”两个字已扩展到了社会的方方面面。其中，自主创新是指通过拥有自主知识产权的独特的核心技术以及在此基础上实现新产品的价值的过程。自主创新包括原始创新、集成创新和引进消化吸收再创新。这是自主创新的内容而非内涵。自主创新的成果，一般体现为新的科学发现以及拥有自主知识产权的技术、产品、品牌等。

原始创新是指前所未有的重大科学发现、技术发明、原理性主导技术等创新成果。原始创新意味着在研究开发方面，特别是在基础研究和高技术研究领域取得独有的发现或发明。原始创新是最根本的创新，是最能体现智慧的创新，是一个民族对人类文明进步作出贡献的重要体现。

集成创新是指通过对各种现有技术的有效集成，形成有市场竞争力的产品或者新兴产业。

引进消化吸收再创新是指在引进国内外先进技术的基础上，学习、分析、借鉴，进行再创新，形成具有自主知识产权的新技术。引进消化吸收再创新是提高自主创新能力的重要途径。发展中国家通过向发达国家直接引进先进技术，尤其是通过利用外商直接投资方式获得国外先进技术，经过消化吸收实现自主创新，不仅大大缩短了创新时间，而且降低了创新风险。

深刻理解自主创新的内涵需要把握三个关键点：

(1) 自主创新重在“自主”，即独立自主地进行技术创新活动，把立足点从过多依赖国外技术逐步转移到主要依靠自主创新。

(2) “自主”所寻求的是技术自主，而不是技术自立，是在开放的背景下自主把握技术发展方向和进程，博采众长，为我所用，而不是摒弃外部优秀技术资源，自我封闭。

(3) 自主创新只是手段而非目标，不是主体的概念，而是方式的概念。从这个意义上来看，所谓自主创新就是能够独立控制和把握创新目标、创新方式与创新进程的技术创新，其核心内容主要有二：一是以我为主，二是综合集成。

2. “创造”一词的含义

“创造”是“首创前所未有的事物”之意。

(1) 个人或集体为实现某一目标所实施的过程。(方法、手段)

(2) 针对某一问题所采用各方面知识或信息产生解决其问题的结果。(实用)

因此,人们尊重科学、弘扬创造、鼓励发明、推动创新的意义也就不言而喻了。

3. "创造"一词的基本解释

(1) 人人都有创造力,人人都具有可开发的创新潜力。

(2) 创造力是可以通过科学的培养和训练而提高的。

(3) 创造力人人都有,但也存在着差异。

(4) 创造力是可以借鉴的。

(5) 创造是人的一种本能。

(6) 人的创造力是不可预见的。

(7) 人的创造力是不受性别、年龄、国界、肤色影响的。

(8) 人的创造力是可以改变人生的。

(9) 人的创造力是可以体现其社会价值的。

(10) 人的创造力是花钱买不来的。

三、创造学的产生

1941 年,亚历克斯·奥斯本完成并出版了《思维的方法》一书,第一次面对世界阐述了创造发明的思路与方法,从此新的学科——创造学诞生了。他提出了最负盛名的促进创造力的技法——头脑风暴法,所以大家都称他为"头脑风暴法之父"。

奥斯本是美国著名的创意思维大师,创设了美国创造教育基金会,开创了每年一度的创造性解决问题讲习会,并任第一任主席,所著《创造性想象》的销量曾一度超过圣经的销量。他的许多创意思维模式已成为家喻户晓的常用方式。

1953 年,奥斯本和帕内斯教授在布法罗纽约州立大学创办了世界上第一个创造学系,开始招收创造学专业的本科生和硕士研究生。1954 年,奥斯本作为布法罗州立大学的董事会成员,促成该校建立"创新教育基金会"。

四、创造的作用及效果

1936 年,美国 GE(通用电气公司)对职工进行创造力的培训,一年后创造力竟然提高 3 倍之多。

日本在第二次世界大战之后仅仅 30 多年,一跃成为仅次于美国的世界第二经济大国,这其中有多种原因。但是,较早地进行创造学研究、在全民族推广实施创造力开发和创造教育并取得巨大成功,是一个无可争辩的主要原因。

日本至今已有 19 人因发明而获得了诺贝尔奖。

1. 创造在中国的历史

20 世纪 60 年代台湾展开创造学研究，并在中小学开课。1980 年中国国家知识产权局成立。1983 年发明创造研讨会在广西南宁召开。1985 年中国发明协会成立。1985 年《发明与革新》会刊创刊。1990 年中国发明创造研究会成立。1994 年中国创造协会在上海成立。

2. 创造在中国的现状

据统计，大学毕业生中创造性人才不足 5%。在学生发明成果统计中，初中占 34%，高中占 35%，技校中专占 18%，大学生占 13%。文科生发明占总量的 51%，理科发明占总量的 49%。

根据《2012 年世界知识产权指标》报告，2011 年全世界专利申请总数第一次突破 200 万大关，其中，中国受理了 526 412 件申请，美国为 503 582 件，日本为 342 610 件。

中国国家知识产权局继 2010 年超过日本特许厅之后，在 2011 年又超过美国专利商标局，成为世界申请总量最大的专利局。而在 2011 年之前的 100 年中，只有德国、日本和美国三个专利局曾经占据过世界最大申请总量专利局的位置。

3. 创造没有大小之分

发明来自生活，源于“不足”和“不满”。只要你关注生活，总会发现有遗憾；只要你较真，总能找到解决的办法。

创新“点子”不分大小，创造也没有大小之分，更没有国籍、种族、肤色、性别之分，但有先后之别、难易之分。

例　(变废为宝的小发明)自行车坏了，扔了可惜，卖了没人要，那么有没有想过废物利用呢？将两圈重叠成圆桌？(图 1)

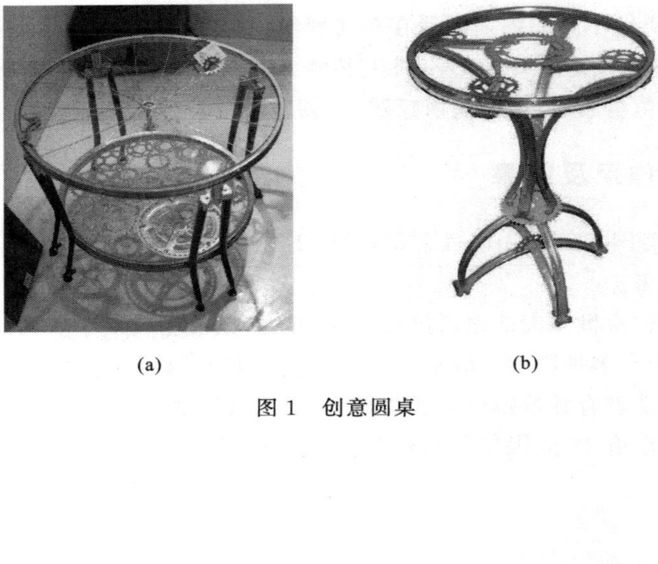

(a)　　(b)

图 1　创意圆桌

第一章

什么是创新发明

第一节　创新发明是人的一种本能

一、创新发明是人的一种本能

人的一生中总会存在艰难险阻，充满艰辛。如今，“讲学历，论能力，比家境，赛财力，找工作，求婚姻”，这些都要奋斗。能不能少辛苦或者不辛苦而多收获？能不能少辛酸、少眼泪获幸福？为此，许多人不知不觉在“创意”谋生，也就有意无意在“创造”财富，这就造就了创新发明的土壤，产生了千奇百怪的创新发明，同时也为每个人改变人生创造了机会。

你学会了创新发明，就能鹤立鸡群，找一份好工作；你学会了创新发明，就能由“穷”变“富”；你学会了创新发明，就能借势获得成功而自豪；你学会了创新发明，就能运用自如抗风险，变得更聪明。

例 1-1　（日本妇女创新发明灭蟑螂专用拖鞋）大家都知道拖鞋是蟑螂的克星，但遇到“会飞”的蟑螂时呢？那就需要这个加长型的蟑螂克星。可伸缩的握把，平时可缩短收纳，方便行走；而战时可伸长一米多，我们跟敌手之间保持足够的安全距离。（图 1-1）

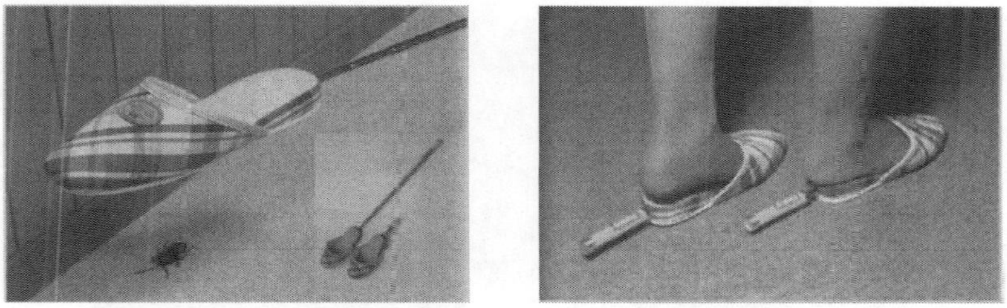

图 1-1　灭蟑螂专用拖鞋

例 1-2　（以色列创新发明从空气中提取淡水的装置）以色列是一个位于沙漠的国家，更是一个缺水的国家。为了解决这一问题，以色列人便发明了收集沙漠早晨湿空气变淡水的方法。据国外媒体报道，两名正在以色列工学院攻读博士学位的建筑师受树叶和蜘蛛网集结露水的启发，研发出一种收集新鲜水的装置。这种名叫“水空气”的装置技术含量并不高，但非常实用，它是用有弹性的帆布、可回收的聚碳酸酯、金属或玻璃等材料制成，呈倒金字塔形，每天可从空气中收集到水。(图 1-2)

图 1-2　薄膜集水示意图

二、正常中隐藏着不正常

在日常生活中，许多用品使用许多年后习以为常，其本身存在的问题已被人克服或接受。对于创新发明人来说，“正常中隐藏着不正常”，即社会在发展，生活在改善，其动力就是创新。

例 1-3　（动感瓷器）随着生活水平的提高，人们对生活用品的需求不单是用途需求，而是越来越偏向于物品的品质、外观和趣味性。与传统瓷器(图 1-3)相比，图 1-4 所示“人形”瓷器，最大的特点就是长出了一双可爱的双脚，有了生命和活力，看起来会显得格外的活泼逗趣。

(a)　(b)

图 1-3　传统瓷器示意图

(a)　(b)　(c)

图 1-4　改良后的人形瓷器示意图

例 1-4　（创意坐椅）图 1-5 所示为普通座椅，从外观来看毫无生命力，缺少“灵气”。但经创新发明人改进后，座椅就充满生机，显出了活力。（图 1-6）

(a)　(b)　(c)

图 1-5　普通座椅示意图

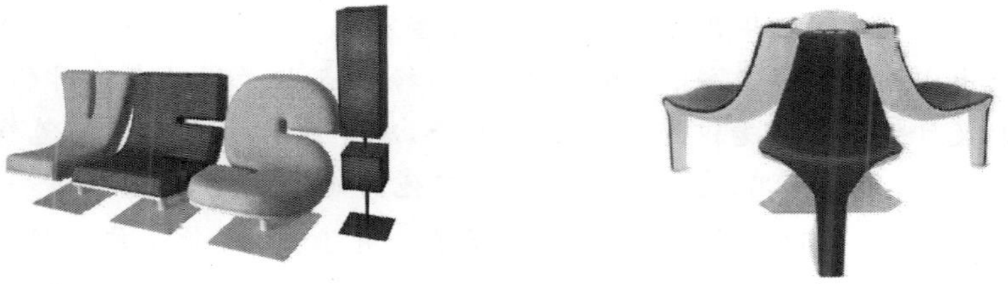

(a) 字母形座椅示意图　(b) 花苞形座椅示意图

(c) 人形座椅示意图　(d) 鞋形座椅示意图　(e) 圆形座椅示意图

图 1-6　创新座椅示意图

三、什么是创新发明

创新发明是“人们谋求生存、发展,抗争不平,体现自身价值的一种行为”。

13 年前床下挖坑埋 8 万钞票 如今取出全烂透。

今年 55 岁的马老汉这几天愁眉苦脸,自己 13 年前埋到床下的 8 万元纸币变成像豆腐渣一样。这听起来像讲故事,但确实就那么真实地发生了。昨天下午,受他之托,儿子带着豆腐渣样的纸币来到郑州,找在这边工作的女儿和女婿。可是见多识广的女婿一看内弟带来的东西,大吃一惊,也一时没了主意。如果你见到有点像豆腐渣似的 8 万元人民币,估计也会很惊讶。(图 1-7)

(a)　(b)　(c)

图 1-7　纸钞腐烂的新闻图片

半辈子的积蓄埋到了床下

13 年前的一天,原阳县农村的马老汉查了查自己的积蓄,不多不少,攒了 8 万元。他曾经出去搞过几年建筑,当过小包工头,挣了点血汗钱。在当时的农村,这可是一个大数目。当时的老汉还是个中年汉子,凑齐这数字吉利的一笔钱可不容易。他精打细算,省吃俭用,每一分钱都浸透了他的汗水。

老汉是个孝子,当时他的父亲将近 70 岁了。有了钱,马老汉首先想着将来如何给老人养老送终。这钱得放个保险的地方,他没有和家里人商量,暗自做了决定。一天,家中无人,马老汉在床下刨了个一尺深的坑,拿出一个事先准备好的坛子,把 8 万元纸钞用塑料布层层包裹,小心翼翼地放了进去。

100 元面值的 10 000 元一捆,包了 5 捆。50 元面值的 5000 元一捆,包了 4 捆。剩下的都是 10 元面值的,这是最厚的一捆,也是 10 000 元。这些厚度不一、面值不等的人民币,把坛子快塞满了。害怕家人回来看见,他把坛子的盖子盖好,周围用砖围了一圈,然后用土填平埋实。自此,他守口如瓶,没再提过这 8 万元的事。

听说老版纸币能换高价,8 万元才重见天日

13 年中,儿子成家、女儿出嫁、老伴身体不好住院、自己有病,很多急用钱的时候，马老汉都没有动过地下那笔钱的心思。那是老爹的养老钱，坚决不能用。老父亲身体很硬朗，今年已经82岁高龄了，依然精神矍铄。前两天，有个在金融系统工作的远房亲戚问他："1980版的50元非常稀少，现在能换高价，你手头有吗？要是有，我帮你换。不过，要抓紧，行情会有变化的。"儿女已经成家立业，父亲健康无恙，寻思着自己当时埋起来的50元有不少呢，如果错过机会，不是遗憾吗？而且，8万元埋到地下10多年了，也该挖出来看看了。趁着又一个家里人都不在的机会，马老汉找来铁锨，把床搬开，根据记忆，开始挖掘。

密封的坛子重见天日

轻轻揭开盖子，取出塑料袋包着的那一捆捆东西，心里有点激动，脸上满怀欣喜。可是，拨开几层塑料袋之后，马老汉傻眼了。那些凝聚着自己辛苦的一张张纸钞，有的紧紧地粘黏在一起，有的则已经发霉变软，一碰就成了碎片，甚至碎末。8万元啊！马老汉顿时欲哭无泪。

银行也不敢碰豆腐渣样的纸币

好多天老汉都缓不过来劲儿。起初，他碍于情面还不好意思给家里人说。后来，他觉得毕竟是那么大一笔钱，不能就这样变成废纸，终于向老伴和儿子吐了口。老伴和儿子也没了主意，这才决定到郑州向女儿和女婿求助。

10月27日下午，女婿陈先生带着妻子和弟弟小马到郑东新区CBD附近的中国银行和中国工商银行咨询。人家看了他们装在盒子里的8万元如同豆腐渣，都觉得挺不好办。中国银行的工作人员说，你们想办法把钞票分解开再来兑换吧，现在没法碰啊！中国工商银行的工作人员说，我们今天实在解决不了，我们咨询一下专业人员，你明天再来？陈先生只好带着钱暂时回家。这钱，越看心里越堵。他们向晚报求助。

谁能帮帮马老汉

有没有谁有什么办法，既不损坏目前已经损坏严重的这些人民币纸钞，又能把这些黏糊糊粘在一起的它们分解开？只有这样，才好统计和兑付。晚报也真诚呼吁广大热心读者，希望能帮助节省了一辈子的马老汉，解开这个最近让他寝食不安的心结。

13年前，8万元有多大的购买力？

1998年，郑州地区每500克生猪肉价格在5元～6.5元波动。昨日，郑州市场的生猪肉每500克价格15元～17元。从生活的角度来说，8万元放在地下，10多年的时间购买力贬值了3倍。再对比13年前的房价，1998年，郑州地区的普通住宅均价每平方米在1000元左右。2011年上半年，郑州市权威部门公布的郑州商品房销售均价为每平方米7845元。从住房的角度来说，10多年前的8万元能买一套大房子，现在的购买力却不够付首付了。

如果妥善保存,8 万元第四版纸币现在能卖不少钱

在收藏市场,随着第四套人民币逐步退出流通领域,价格也水涨船高。全国最大的邮币卡收藏市场北京马甸市场报价,1990 版 100 元面值纸币,每 100 张连号 1.8 万元;90 版 50 元面值纸币,每 100 张连号 2.1 万元。按照这个价格,如果马老汉的 8 万元是从银行刚取出的新钱,5 捆 100 元的,4 捆 50 元的,一大捆 10 元的,在现在的收藏领域,业内专家保守估计可卖 21.5 万元。收藏市场资深人士说:"1980 版 50 元发行得很少,所以现在价格高一些,但流通领域很难见到,估计老汉手里的钱应该都是 90 版的。"

纸钞忌水怕腐烂,这是发行纸币以来都未解决的问题。能不能解决这一问题呢? 创新发明家们还真找到了解决这一问题的办法。

例 1-5 (加拿大央行宣布首次开始发行塑料钞票)图 1-8 是加拿大新发行的 100 加元塑料钞票。2013 年 11 月 14 日,加拿大央行宣布首次开始发行塑料钞票。这次进入流通的塑料钞票面值为 100 加元,以特别聚合物制成,具有易辨识、难假造等特点,预计使用寿命是普通纸币的 2.5 倍。加拿大央行还表示,其他面值分别为 50、20、10 及 5 元的塑料钞票在 2013 年年底前陆续投入流通。

图 1-8 加拿大央行的塑钞图片

第二节 创新发明是人们不满足现状的一种抗争

一、创新发明是人们不满足现状的一种抗争

2009 年电影"2012"让人们认识到了什么叫"危机"。使人们从平静的生活中增加了"不安"的恐惧,于是有人"怕死"就花钱买"创意",寻找避难的办法。

例 1-6 (浙江义乌一老板投资 150 万造"诺亚方舟")《钱江晚报》报道,如图

1-9 所示的黄色大球被形容为“可以耐 1700 ℃高温、承受 350 吨的撞击力，有可供一家三口在里面安全生存 10 个月的供给储备”，遇到灾害天气“躲在球体内可以保证安然无事……”

图 1-9 “诺亚方舟”示意图

不过，这个神奇的大球并非属于某个神秘组织，它的主人是一名普通的义乌丝巾商人。杨宗福希望通过复杂的环境，证明“方舟”可以应付各种自然灾害——他提供的资料显示，“方舟”抗震、抗高温、抗腐蚀、抗辐射、可以在水面上航行。按照设想，试验非常简单，球体顺利滚下，撞破墙体障碍，最后到达水塘，并保证舱内不进水、漂浮在水面上。

人类无法避免自然灾害(地震、洪水、海啸)，但人类可以建造东西来保护自己，避免伤害。电影“2012”里的“方舟”给创新发明爱好者提供了良好素材，于是，各种避险的创新发明让人耳目一新。

例 1-7 (自然灾害“保命球”生命护甲)图 1-10 所示的圆球称为“生命护甲”，在生命紧要关头，尤其是自然灾害来临时可以保护自己。这个球最多可以容纳 4 个人，采用增强塑料制成，直径 1.2 m，重约 80 kg，它能承受 9.3 t 的压力，完全防水，可以漂浮在水面上，里面有救生衣、防水扩音器、食品、GPS 和太阳能电池板等。

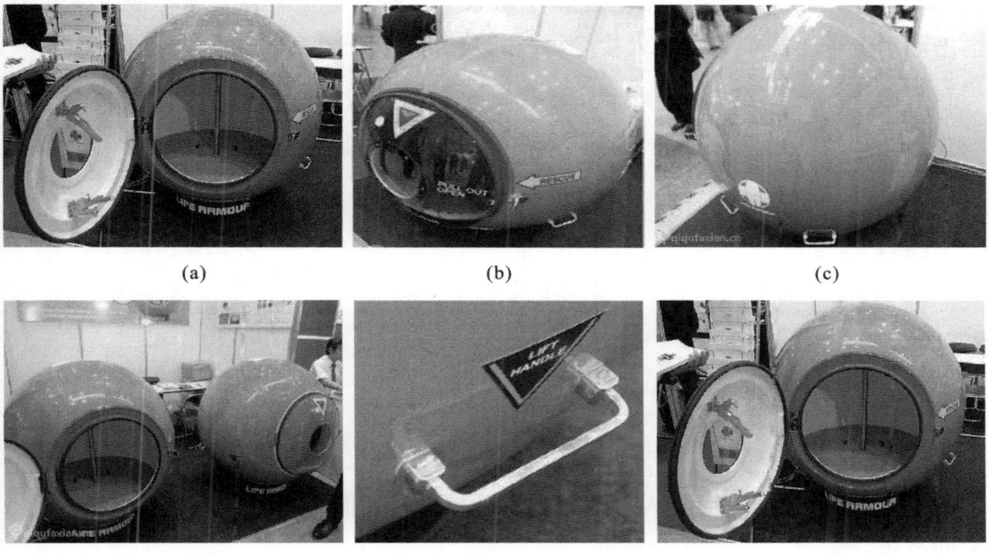

(a) (b) (c)

(d) (e) (f)

图 1-10 生命护甲示意图

看了这两个作品后有什么感受？是惊奇，还是不可思议？其实，任何创新发明都存在缺陷，都不可能解决所有的问题。“保命球”生命护甲的创新发明也同样存在较多问题，如空间较小，肢体无法伸展等。

链接 “诺亚方舟”相似创意作品，如图 1-11 所示。

(a) (b) (c)

图 1-11 “诺亚方舟”示意图

创新发明的目的在于克服现有技术中存在的问题，其意是：“饭是一口一口吃，事还得一件一件去做”，不求创新发明“最好”，但求创新发明“最早”。

二、创新发明是新技术替换旧技术的过程

在我们的生活中，很多木制品，如木桌、木椅、木柜、木盆、木桶等都不用铁钉紧固，而采用方榫来连接和紧固如图 1-12 所示。木制品采用方榫来连接的方式在中国已沿用上千年已被大多数人接受，并习以为常，其松动后一般采用加铁钉、加三角板来紧固。

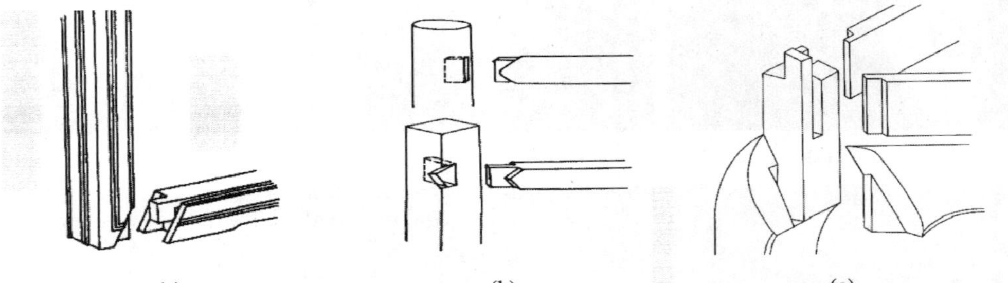

(a) (b) (c)

图 1-12 木制品方榫连接示意图

最近，有一创新发明高人采用了另一种榫头来紧固，彻底地解决了木制品易松动的不足。

例 1-8 （不用胶水和钉子的燕尾榫工艺家具设计）意大利设计师 Francesco

Criterion 把传统的燕尾榫工艺，极具创意地运用到现代家具设计当中，不使用胶水和钉子，就可以创造出各种造型的家具作品，就像小孩搭积木般简单，却又别具一格。（图 1-13）

(a)　(b)　(c)

图 1-13　燕尾榫示意图

"榫头"是中国人的创新发明，也是中国人的创造。"燕尾榫"在中国使用也很广，但多用于木家具中抽屉板的紧固连接，还未见过用于结构与结构间的连接。意大利设计师 Francesco Criterion 把传统的燕尾榫工艺极具创意地运用到现代家具的中"结构间的连接"，就是典型的"吸收、消化、再创新"，值得我们认真学习和反思。

三、创新发明是社会进步的一种形式

北京奥运会开幕式上展示中国文明成果——四大创新发明引发了人们对创新发明的新思考，中国的四大创新发明为人类的进步作出了贡献，也通过它认识到创新发明是社会进步的一种形式。

中国古代四大创新发明——造纸术、火药、活字印刷术和指南针的创新发明对于当时的社会进步起到了重要作用。人们写字记录历史开始用纸张代替竹片；复制文字也开始用活字代替刻字；出海远航也通过指南针代替看星星，也就是说"指南针是人类创新发明最早的 GPS"；人们还学会了利用火药的推力替代原有的弹性射箭，这样一来，人们就进入了新的时代。

中国现代四大创新发明，杂交水稻、汉字激光照排、人工合成胰岛素、复方蒿甲醚的创新发明对于当今的社会进步起到了重要作用。人们生产粮食开始由低产走向高产；由低效的铅字排版印刷一步就走进了高效的激光照排；人们生病由自制中草药治病开始到服用高效的人工合成胰岛素、复方蒿甲醚等生物制药治病。这样一来，人们再一次进入了新的时代。（图 1-14）

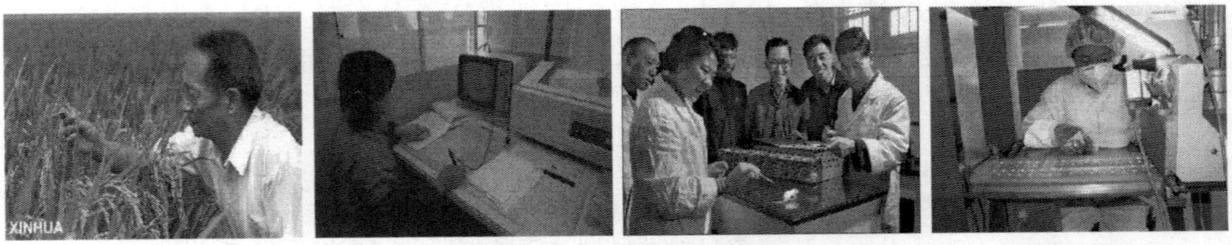

(a) 杂交水稻　(b) 汉字激光照排　(c) 人工合成胰岛素　(d) 复方蒿甲醚

图 1-14　现代四大创新发明

第三节　创新发明是一种爱好和自我表现

一、创新发明是一种爱好和自我表现

创新发明是一种行为，也是难得的冲动。人往往因事大小而产生不同的解决方法，这就是创意，这就是原始创新发明的萌芽。创新发明能反映出一个人的智商高低、办事能力及解决问题方法的正确与否，也能反映出一个人的社会影响及社会认同度。

因此，许多人热爱创新发明、崇尚创造，做出了一些令人惊奇之举。

例 1-9　（西安大学生 10 万元自制飞机圆梦想）出生于 1989 年的陈墨，2010 年考上了西北工业大学明德学院机电工程系的飞行器制造工程专业。他是制造该小型飞机的大学生第一人，而这款飞机在国内也仅有一人成功制造并试飞过。他从小爱动手，在机械制造方面有极高的天赋，曾自学《电工手册》，儿时的飞机梦促使他从 2011 年 8 月份开始着手制造一款名为 JDT Mini-Max 的木头小飞机。（图 1-15）

(a)　(b)

图 1-15　陈墨对飞机发动机进行调试

例 1-10　(大学生自造飞机曾打工挣钱买发动机)山东科技大学泰山科技学院学生王双剑把对飞行的乐趣当成事业,他认为只要坚持,他造的飞机一定能上天。说起试飞成功后的打算时,王双剑表示他会把这个最大的兴趣当成事业来做,"低空开放后,轻型飞机的发展前景会很好,到时候可以用飞机搞航拍、私人游玩,还能做天空广告"。为圆飞翔梦,他尝试造了一架折翼式飞机。试飞失败后,他打工挣钱买新发动机,准备重新造一架,力争暑假前试飞。

例 1-11　(南京大学生造飞机造出载人旋翼机)从小有着翱翔蓝天梦想的沙伟,目前就读于南京航空航天大学金城学院信息工程系,利用课余时间,用短短两个月时间,花了 2.9 万元造出简易载人旋翼机。旋翼机的发动机,是二手雅马哈摩托艇 650 发动机,油箱为船舶外挂油箱,油料为汽油、机油按一定比例合成的混合油。机身非常简陋,系用高密度铝合金焊接而成。整个旋翼机重 110 kg,长2.4 m,宽 1.8 m,高2.3 m,旋翼直径 7.4 m。据介绍,造这架旋翼机总共花去了 2.9 万元,其中只有 4000 元是学校补贴的,其余都是他勤工俭学赚的。(图 1-17)

图 1-17　简易载人旋翼机

二、创新发明是一种自我提升的过程

人生活在社会中,自然受到各种规则的制约。人靠收入维持基本生活就存在着人与人之间的差异而决定人的价值。人不可能年年中大奖,月月赢股票,次次有幸运而一生幸福。但人可以通过勤劳致富改变自身,更可以通过智慧创造而获取人生价值。

例 1-13　(职工一项创新发明成果三获金奖)国家电网泉州电业局党政工会十分重视职工创新发明创造。该局下属亿兴物业有限公司职工彭如家、洪文辉创新发明的"多功能供电式 LED 应急抢修照明装置新技术",在第 112 届法国巴黎国际创新发明展览会上获得金奖。该项目还曾于 2011 年 6 月获“6 · 18”海峡两岸职工成果展金奖，2011 年 8 月获第 20 届全国创新发明展金奖。（图 1-18）

(a)　　(b)

图 1-18　彭如家、洪文辉在操作他们创新发明的应急照明装置

专利作价金额最高可达公司注册资本总额的 70%，获得中国专利金奖的企业省政府给予 50 万元奖励，每年直接创造经济效益 1000 万元以上的创新发明人可直接申报正高级专业技术职称。

专利可作价可入股。新的政策鼓励创新型企业科学进行股份制改造，合理体现专利、商标等知识产权作为无形资产的价值，争取通过创业板上市融资。经认定的专利转化项目，作为知识产权投资组建公司制企业的，按《公司法》规定，其作价金额最高可达公司注册资本总额的 70%。工程技术人员和科研人员评职称，是否拥有创新发明专利将是一项重要条件。

三、创新发明也是学习的过程

人拥有的知识量十分有限，而且会随着社会的发展而滞后，因而需终生学习。创新发明人也一样，也会随着创新发明的过程而倍感知识有限。不少创新发明人在创新发明的过程增长了知识量，也激发了学习热情，并从中获得了快乐。

人与动物的不同是能按自己的意志实现生活和社会实践中的目的，如工具的改进、方法的运用、效果的提升等。创新发明是人类科学思维的最高境界。

思　考　题

1. 人为什么要创新发明？你崇尚创新发明精神吗？你有志成为一名创新发明创造者吗？你该怎样去创新发明？

2. 创新发明是人不满足现状的一种抗争，你在生活中发现哪些东西使用不方便？你该怎样去改良？

3. 创新发明是一种自我提升的过程，你想提升自己吗？你该怎样做？

4. 创新发明也是一种学习的过程，你想参与吗？

第二章

创新发明的分类

第一节　有益发明

一、什么是有益的创新发明

所谓有益发明是指为推动社会进步、改善人类生活所提出的新技术、新方法，如空调衣的发明。

例 2-1　（日本研制“空调衣”可随时随地降温体验凉爽）据英国每日邮报报道，日本最新设计一款“空调装”——充气膨胀的科技裤搭配着制冷上衣，让人们随时随地体验炎热夏季的另一番凉爽情趣。

日本 Kuchofuku 公司公布最新设计空调裤，两条裤腿中内置着空调风扇，由电池驱动的这种空调风扇也存在着另一个弊端，裤子膨胀时使人们颇似“米其林轮胎先生”。

空调凉爽服内置着两个电池动力风扇，凉爽气流可直接进入裤子，两个风扇位于裤子外侧的口袋处，空调裤是由聚酯棉材料制成。正常情况下，人体汗水生成及蒸发能够对皮肤产生一种冷却效应，但是穿着衣物能够吸附汗水严重干扰了这一效应。这种空调衣的设计者是前索尼公司技术员 HiroshiIchihara，他是 Kuchofuku 公司总裁，他在裤子中建立了一个循环气流层，从而确保汗水能够有效地蒸发。

这种风扇由 AA 电池提供动力，能够持续使用几个小时，也可以插入 USB 数据线连接在计算机上。空调裤的电子组件可以拆卸下来进行清洗，唯一的缺点是风扇气流导致的气球效应。

日本对于研制“空调衣”颇有造诣，东京前不久展示了黛安芬公司最新款超级凉爽胸罩，将放置在冰箱两个小时的凝胶衬垫加在胸罩之中。据设计者称，这种奇特内衣有两种颜色，同时还装配着薄荷枝和小型风铃，具有提神香味和动听的声音。（图 2-1）

例 2-2　（上海交大发明“太阳能空调衣”，军训中显神奇）上海交通大学 4000 多名 2009 级学生开始在军训训练场上挥汗如雨，部分学生穿上了一种新奇的“太阳能空调衣”。由连指导员乐金伟带领 6 名学生设计出的这种“太阳能空调衣”，只

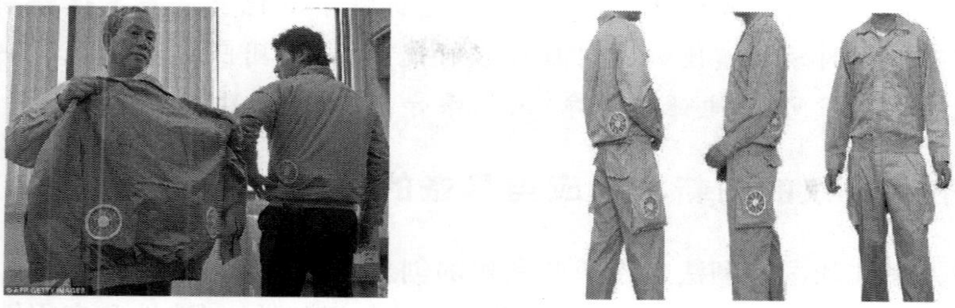

(a)　　(b)

图 2-1　空调衣

要在腰上别上个“黑匣子”，军训服就会变得通风排汗。(图 2-2)

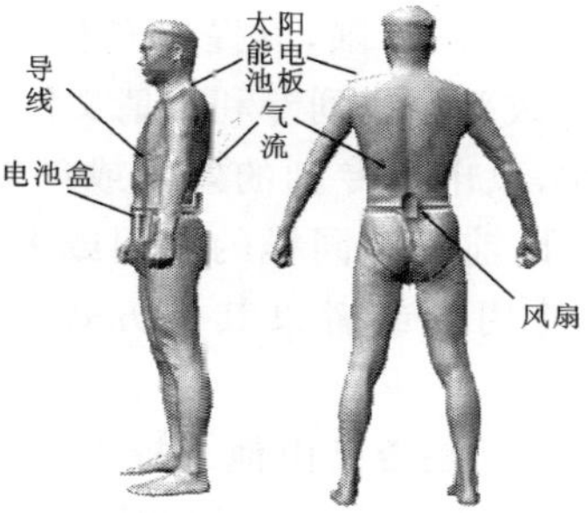

图 2-2

链接　灵感源于学生生活

在调试阶段，“空调衣”就赢得各连指导员和参训小班长的争相试用，好评不断。

“空调衣”的主干部分很小，很像一个 BP 机，可置于背部皮带上。它可以将腰部的风往上抽调，然后从后领口排除。“空调衣”的动力全部来自太阳能，太阳能电池板巧妙地安装在军训制服肩章上。

这个创意是乐金伟老师和团队 6 名同学想到的。那时，机动学院杨耀先同学被蚊虫叮咬，背部出现大片红肿，经医生诊断为皮炎。为了帮助他散热消炎，小班长孙伟突发奇想，提出如果能将风扇固定在背部，加速背部的空气流通循环，就能帮助汗液快速蒸发，达到辅助排汗和降低皮肤温度的目的。这与乐老师早前构思的空调衣设计不谋而合，一个临时的发明团队就这样组成了。

拆解风扇研究风向

集训前一星期，几名团队成员就已经提前返校，一起通宵达旦地进行研发工作。了解了美日等国的产品后，他们将价廉物美及便携理念融入到设计中。

“在设备装置阶段，我们为了研究风向，还拆解了一把大风扇来试验如何将扇叶反转。”刁恒之同学回顾他们的创新历程时说。此外，团队成员们还逐一解决了太阳能电池板电压问题、电池板寿命、风扇噪音、风力等问题。

二、授予专利权的创新发明应当具备的实质要件

中华人民共和国专利法对授予专利权的创新发明作出了以下规定。

（一）授予专利权的发明和创新发明必须具备新颖性、创造性和实用性。

（二）新颖性是指在申请日以前没有同样的发明或者创新发明在国内外出版物上公开发表过、在国内公开使用过或者以其他方式为公众所知，也没有同样的发明或者创新发明由他人向国务院专利行政部门提出过申请并且记载在申请日以后公布的专利申请文件中。

1. 判断是否具有新颖性的时间界限，以提出专利申请的申请日为基准。按照本法有关规定，国务院专利行政部门收到专利申请文件之日为申请日。

2. 判断是否具有新颖性，以申请专利的发明或创新发明是否已经公开，成为已知技术为准。凡在申请日以前没有同样的发明或者创新发明在国内外出版物上公开发表过、在国内公开使用过或者以其他方式为公众所知，则符合新颖性条件。

3. 同样的发明或者创新发明是否已由他人提出过申请并记载在专利文件中，防止抵触申请。如果他人在申请日以前已经以相同的发明或者创新发明向国务院专利行政部门提出过申请，并且记载在申请日之后公布的专利申请文件中，即出现抵触申请时，为避免对同样的发明或者创新发明专利申请重复授权，则视先申请的发明或者创新发明为后申请的发明或者创新发明的现有技术，后一申请则不具备新颖性。

（三）创造性是指同申请日以前已有的技术相比，该发明有突出的实质性特点和显著的进步，该创新发明有实质性特点和进步。

1. 判断一项申请专利的发明是否符合创造性的标准，是该项发明是否具有“突出的实质性特点”和“显著的进步”。

例 2-3 （澳医生用乒乓球支撑肝脏挽救女童性命）乒乓球也能被用于器官移植手术？答案是肯定的。一位澳大利亚医生就将一个乒乓球和肝脏一起植入了一名 2 岁小女孩的体内，成功拯救了她的生命。

据这位阿尔伯特医生介绍，他原打算用海绵做隔离物，不过在手术过程中却发现海绵不太合适。他说：“发现海绵并不合适后我就立即打电话给我妻子，叫她到最近的超市给我买几个乒乓球来……乒乓球是最完美的选择，它不会腐坏，不会引起任何感染，而且非常便宜。”用一只乒乓球支撑麦肯齐的肝脏，阻止肝脏挤压临近

的器官和大动脉，这真是个奇迹！

用乒乓球作为医用材料挽救病人是人类历史上的第一次，其发明就符合有“突出的实质性特点”和“显著的进步”的要求。

2. 判断一项申请专利的创新发明是否符合创造性的标准，相对于发明专利来讲，要求要低一些，只要该创新发明有实质性特点和进步即可，不要求“突出”和“显著”。

例 2-4　（科学家预言 2050 年垂直农场将问世）据《每日邮报》报道，虽然听起来像天方夜谭，但是，能为 400 万人供应足够粮食的垂直农场可能有一天会为人类解决潜在的全球粮食短缺问题。

随着粮食价格不断上涨，这种洋溢着一片田园风光的、生机盎然的摩天楼已经开始俘获美国和欧洲建筑师们的想象力。“垂直农场”是哥伦比亚大学公共健康学教授迪克森·戴波米亚提出的概念，这名 68 岁的教授说：“我们对垂直农场的重视应该不亚于人类登上月球。它会让世界不再担心我们下一顿吃什么。”

到 2050 年全球人口预计将增长 30 亿，耕地使用面积近 80%，所以，“垂直农场”概念的提出正合时宜。只要通过模仿生态过程来操作，高层农场有望取得成功。（图 2-3）

(a)　(b)　(c)

图 2-3　垂直农场

3. “垂直农场”的创意发明与“澳医生用乒乓球支撑肝脏挽救女童性命”相似，有较强的新颖性和创造性，但不属于第一次发明专利的范畴，而归属于创新发明有实质性特点和进步，不要求“突出”和“显著”。

（四）实用性是指该发明或者创新发明能够制造或者使用，并且能够产生积极效果。

1. 能够制造。作为发明或者创新发明的技术方案，应当是可以实现的，即如果该发明的目的是制造一种产品，那么这一产品就必须能够按照发明的技术方案制造出来，如诸葛亮发明的孔明灯、诸葛连弩、木牛流马、八阵图、馒头等。

2. 能够使用。作为发明或者创新发明的技术方案必须能够实施，如汉字、数字、计算方法等。如果发明是一种工艺方法，则这种工艺方法应当可以在工业生产中使用，如铸造方法、电解铝方法等。

3. 能够产生积极的效果。发明或者创新发明同现有技术相比，其所产生的经济、技术和社会的效果应当是积极的和有益的，如电话、圆周率、指南车、活字印刷术、地动仪、造纸术、指南针、柴油机、青霉素等。明显无益、脱离社会需要、严重污染环境、严重浪费能源或者资源、损害人身健康的发明或者创新发明不具备实用性。

4. 必须具有再现性。发明或者创新发明作为一种技术方案应当可以重复实现，即所属技术领域的技术人员，根据公开的技术内容，能够重复实施专利申请中为达到其目的所采用的技术方案，如计算方法等。

三、有益的创新发明应具备领先特征

1. 创新发明贵在第一次

发明是一种行为，更是人的一种本能，它体现的一种精神就是敢为人先。

例 2-5 （U 盘的发明）早在 1998 年至 2000 年，有很多公司声称第一个发明了 USB 闪存盘，包括中国朗科科技，以色列 M-Systems，新加坡 Trek 公司等。但是真正获得 U 盘基础性发明专利的却是中国朗科公司。2002 年 7 月，朗科公司“用于数据处理系统的快闪电子式外存储方法及其装置”（专利号：ZL99117225.6）获得国家知识产权局正式授权。该专利填补了中国计算机存储领域 20 年来发明专利的空白。该专利权的获得引起了整个存储界的极大震动。包括以色列 M-Systems 立即向中国国家知识产权局提出了无效复审，一度成为全球闪存领域震惊中外的专利权之争。

2004 年 12 月 7 日，朗科获得美国国家专利局正式授权的闪存盘基础发明专利，美国专利号 US6829672。这一专利权的获得，最终结束了这场争夺。中国朗科公司才是 U 盘的全球第一个发明者。美国时间 2006 年 2 月 10 日，朗科委托美国摩根路易斯律师向美国德克萨斯州东区联邦法院递交诉状，控告美国 PNY 公司侵犯了朗科的美国专利（美国专利号 US6829672）。2008 年 2 月，朗科与 PNY 达成庭外和解。朗科向 PNY 签订专利许可协议，PNY 向朗科公司缴纳专利许可费用 1000 万美元。这是中国企业第一次在美国本土收到巨额专利许可费用，也进一步证明了朗科是 U 盘的全球发明者。

U 盘的发明具有鲜明的特征而领跑世界。

例 2-6 （刺猬碟片包）在电器市场上卖一个装碟片的包很容易，但能买到一个既实用又美丽活泼充满灵性的碟片包还真不容易，如图 2-4 所示为刺猬形碟片包。

(a)　(b)

图 2-4　刺猬碟片包

2. 创新发明其实很“简单”

一提到发明，许多人就认为很复杂，很烦琐，常人很难做到。其实，发明并不难，灵感出自平凡的生活。只要你细心关注生活中的小事，就能找到解决的办法。

例如，学习需要用具，但件数多了如何放置就成了问题，怎么办？有人针对文具多了无处放就发明了“多功能键盘”，将现有的电脑键盘“挖空”就形成了一个文具盒，如图 2-5。

图 2-5　多功能键盘

第二节　无益的发明

一、创新发明应具有积极的意义

发明应具有积极的意义是指发明的实用性，如果背离了发明的宗旨，其发明称为无益的发明。

1. 历史上出现的无益的创新发明

全球军事历史上曾经出现过许多发明,有大有小,但他们都留下了失败的烙印。究其原因,是发明人没有考虑发明的实用性和适时性以及发明本身的价值。

(1)“戴高乐”号航母。1986 年 2 月,法国将他们计划研制的中型核动力航空母舰命名为“夏尔·戴高乐”号,它是除了美国航母之外唯一的核动力航母。法国人把“戴高乐”号看成法兰西的骄傲,对它寄予特殊的厚望,希望它能担起欧洲防务的重任,发挥“欧洲旗舰”的作用。然而,“戴高乐”号的高成本让法国人难以承受,整个项目最终花费高达 712 亿法郎,比原预算增加 10%,同型的第二艘的建造计划也被取消。同时,“戴高乐”号航速慢的技术问题仍没有解决,它的最高航速只有 23 节(约合 42.6 千米/小时),令法国海军心焦。(图 2-6)

图 2-6　“戴高乐”号航母

(2)动力机翼战斗机。第二次世界大战期间,德国人试图研制动力机翼垂直起降战斗机。这种飞行器以尾部竖立,在机身上装有一个可旋转的环状物,而环状物上安装了三个薄机翼,翼尖则装有呈一定角度的喷气发动机。当发动机开始工作时,它能像直升机一样垂直起飞。而与直升机不同,这种飞行器能高速平飞。但德国人很快发现这个计划毫无用处,因为螺旋桨与发动机绑在一起很难着陆。(图 2-7)

(3)独轮坦克。独轮坦克是 20 世纪 30 年代德国人的发明。它外观呈诡异的飞碟状,不过这个“飞碟”是竖起来的,轮子就是坦克本身,侧后方两个辅助轮负责保持行驶平衡。其实这种独轮坦克的概念早在第一次世界大战之前就已经有了,可见人们的想象力之丰富。只不过由于当时技术条件的限制,并没有生产出哪怕一辆样车。(图 2-8)

图 2-7 动力机翼战斗机

图 2-8 独轮坦克

(4) 航空母艇。1933 年，两艘名声显赫的飞艇——美国海军的“阿克伦”号(ZRS-4)和“梅肯”号(ZRS-5)遇到了大气湍流而坠毁。“阿克伦”号是 1931 年由胡佛总统的夫人命名的。两年后，1933 年 4 月 4 日，它已飞行 74 次、在空中的累积时间为 1700 小时。它在新泽西州海岸外遇上了猛烈的风暴，艇身破碎，坠入大西洋。“梅肯”号是空中航空母舰，载有 4 架寇蒂斯的 F9C-2“雀鹰”侦察机。失事时，它位于加利福尼亚海岸外，正飞向蒙特利以南的斯珀角，并且刚刚回收了最后一架飞机。一阵狂风突然袭来，飞艇剧烈翻滚，十字尾翼垂直脱落，划破了 3 只氦气袋，最终坠入大海。(图 2-9)

图 2-9 航空母艇

(5) 火箭背包。火箭背包是世界上最受瞩目的个人火箭飞行器，每套市场售价 13 万英镑。火箭背包是有史以来最特殊的飞行器之一，通过过氧化氢提供动力，绑在人的背部，在短距离内做快速而安全的飞行和垂直降落。贝尔航空公司工程师摩尔在 1960 年发明了第一个火箭背包飞行器，当时花费了 25 万美元。第一位穿戴火箭背包进行飞行演示的是哈罗德·格雷汉姆,他在1961年4月20日穿戴火箭背包在13秒的时间内成功飞行了34米。但火箭背包的飞行时间并不长,最多只能飞行30秒。而且,在真正掌握这种飞行器之前必须经过专门的训练。(图2-10)

图2-10 火箭背包

(6)螺旋推进车辆。这是SHN-1型全地形车,苏联发明这种车辆是为了应对其多变的地形和恶劣的气候。这种车不用轮子也不用履带,它使用两个螺旋形的推进装置,这使得它能够跨越一般车辆难以进入的雪地、沼泽,甚至湖泊。在西伯利亚的确需要这样的车辆,但它能够做的也只有这些了。它可以走崎岖的路面却走不了平坦的路面,此外,它太笨重了,行进过于缓慢,而且它还非常费油。(图2-11)

图2-11 螺旋推进车辆

(7)摩托车大炮。这是20世纪50年代法国人在越南使用的大炮。用摩托车和炮做出这种组合是因为当时法国缺乏资金,不能提供更先进的武器,无奈只能"就地取材"。这种车主要供伞兵使用,但是,它的防护性很差,火炮的再装填也很

成问题，所以在战争中起到的作用也非常有限。(图 2-12)

图 2-12　摩托车大炮

图 2-13　沙皇战车

(8) 沙皇战车。“沙皇战车”也被称为“蝙蝠战车”，是因为它的三角形外形，好像是一个倒挂着的蝙蝠。1917 年 8 月，首辆样车在首次战前示范时，就因为行驶时后轮过不了障碍物而被当场否决。缺乏机动性的“沙皇战车”简直就是敌方炮火的“活靶子”。而这台唯一的“沙皇战车”还没上战场就被送到废铁回收场去了。(图 2-13)

2. 现实生活中无益的发明

发型是人的形像中的重要组成部分，它反映出人的性情及社会地位。在古代社会，人们生活比较单调，尤其是发型上。而在现代社会，人们的生活越来越好，人们在追求美的同时更追求时尚，从遍地都是的美容美发的门店就能看出来，人们的发型也是越来越五花八门。

从周易的角度来看，各种发式有各种发式的五行属性。有人就发明了十二属相发型。

十二属相发型发明是一次成功的发明，它既有新颖性又有创造性，但根据中华人民共和国专利法规定的发明特性，即三性原则（新颖性、实用性、创造性），唯一缺少的是实用性（人们不可能装饰这样的发型去学习和工作）。因此，该发明属于无益的发明。

二、无益的创新发明多体现在“多余”

无益的创新发明多体现在“多余”上，即“画蛇添足”之举，如放屁棒的发明。

例 2-7　（日本发明防臭内裤，称可让人安心放屁）据美国世界新闻网报道，日本一家纺织公司宣布研发出了一种可以防止异味的内裤，可以令人安心放屁。报道说，该款号称可以消除放屁臭味的内裤在日本掀起了热潮，放屁却不被人识破的构想似乎颇受辛勤工作的日本商人的欢迎。生产这种内裤，日本公司表示他们花费了数年时间，研发出了第一款防臭裤，这种裤子不仅穿着舒适，也能够快速消除强烈气味。据悉，这种防臭内裤采用纤维材质，其中加入了吸臭的陶瓷颗粒。该公司还生产过防臭袜子和遮蔽腋下气味的 T 恤等。

三、创新发明不可哗众取宠

1. 创新发明需有公德

创新发明是人的一种本能，即表现、示强、与众不同。但创新发明需有“公德”，即公益性。如果背离了创新发明的“公德”，其发明属“搞怪”的行为，不能认定为发明。

2. 创新发明也有责任

创新发明有倡导道德的重任，也负有“为人先，示规范”的社会职责。

例 2-8　公益广告中的禁烟创意与发明就很好地倡导了社会道德，如图 2-14 所示。

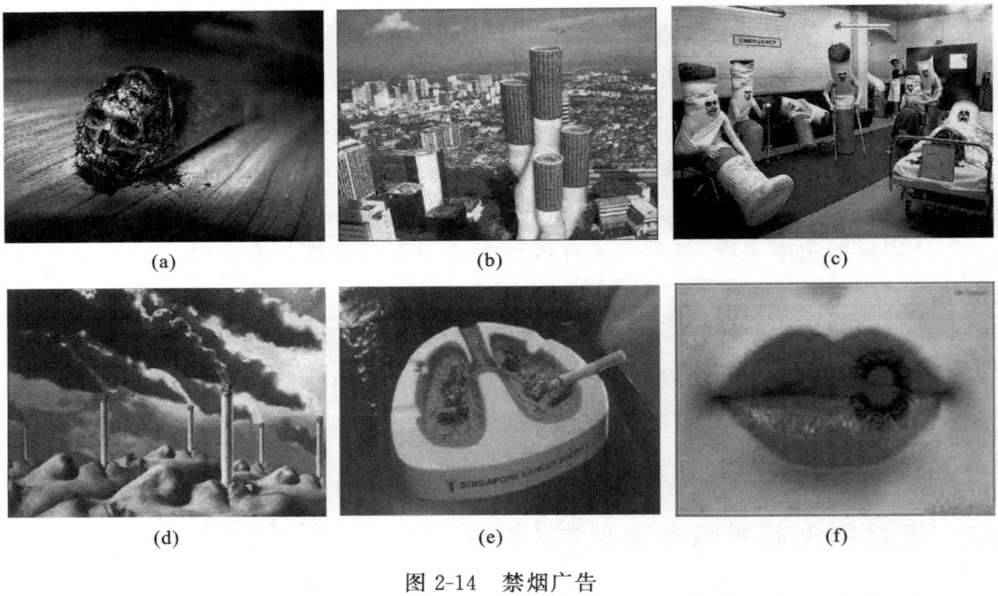

(a)　(b)　(c)　(d)　(e)　(f)

图 2-14　禁烟广告

例 2-9　人形面包的创意与发明则因在一定程度上侵犯肖像权，而显得不负责任，如图 2-15 所示。

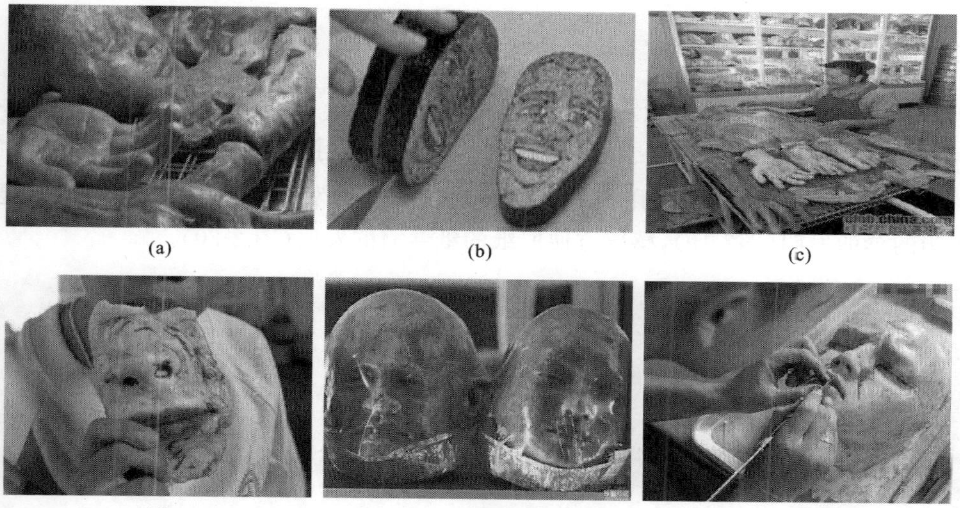

(a)　(b)　(c)

(d)　(e)　(f)

图 2-15　人形面包

第三节　搞笑发明

一、什么是搞笑的发明

1. 什么是搞笑的发明

所谓搞笑的发明是指“有形无意的发明”，如移动办公室。

千百年来，家具是不宜任意搬动的，但有人却反其道而行之创造了“移动办公室”。

2. 搞笑的“宝马车”

所谓“草根”发明就是技术含量不高的方案。搞笑的“宝马车”的发明其意是“乐”，而不是“利”。(图 2-16)

(a)　(b)　(c)

图 2-16　宝马车

二、创新发明还需切实际

全世界每年都会产生不少新发明，但有些新发明未必是先进科技的代名词，世界上许多"发明家"绞尽脑汁，试图发明出更多"造福人类"的产品，结果却发明出了一些荒唐的玩意，如吃面不用担心汤汁飞溅的护套的发明(图 2-18)，下雨不会湿衣裙的伞的发明(图2-19)，感冒方便取纸的纸卷筒的发明(图 2-20)。

图 2-18 吃面不用担心汤汁飞溅的护套

图 2-19 下雨不会湿衣裙的伞

图 2-20 感冒方便取纸的纸卷筒

更为搞笑的是，为了防止自己的"奇思妙想"被人盗用，很多"搞笑发明"还被主人申请了专利。英国一家名叫"愚蠢专利"的新网站对世界上一些最疯狂、最搞笑发明进行了大盘点，我们特意向读者介绍其中几种稀奇古怪的发明，让大家来分享创新发明的乐趣和生活各个角落里的幽默。

例 2-10 (熏肉闹钟)没有人喜欢在早晨被叫醒，尤其是被闹钟吵醒。但美国纽约的马蒂·萨林却发明了一种诱人的闹钟，它在叫醒你的同时，还会散发出令人垂涎的熏肉香味，犹如在星期日的早晨被妈妈煮的早餐香味唤醒一样。

这种"熏肉闹钟"操作起来非常简单。你只需要在前一天晚上将冷冻的咸肉片放进闹钟的定时熏烤设备里，然后设置好闹钟的定时时间。但是，闹钟会比你设定的时间早 10 分钟响，因为熏烤需要 10 分钟。

闹钟一旦启动，就会发送信号到小型喇叭，发出响声叫醒你。闹钟被按掉后，信号就会被微芯片重新设定发射路线。随后，闹钟发送信号到继电器，启动两个卤素灯泡，嘶嘶作响 10 分钟后，熏肉就烤熟了。有了"熏肉闹钟"，贪睡的你就可以省去起床做早餐的时间了。最妙的是，起床后，美味的熏肉就摆在面前，试问谁能够抵挡得住"熏肉闹钟"的诱惑？(图 2-21)

例 2-11 (用身体毛孔品尝咖啡肥皂)许多人早上上班前总要喝杯咖啡提神，并且还要洗个热水澡。可是不少人总是来不及喝咖啡就要匆忙地赶去上班了。为了更方便、快捷地品尝、吸收咖啡因，有人把咖啡因加入肥皂里，发明了"咖啡肥

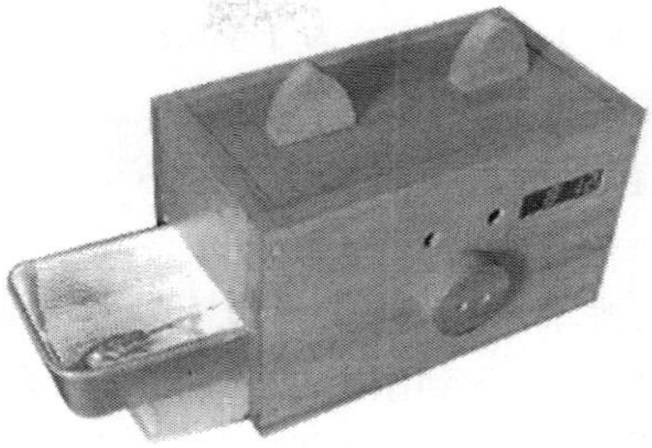

图 2-21　熏肉闹钟

皂”。据发明者称，这种肥皂里面混入了 200 mg 的咖啡因，当睡眼惺忪的人们用它洗澡时，顿时会感到精神抖擞，就如同喝了两杯热咖啡一样提神。

洗澡时，咖啡因通过皮肤吸收，进入身体每个毛孔，这与把咖啡喝进肚子的效果是一样的，血压和脉率将升高，达到提神醒脑功效。洗一次等同于喝了两杯咖啡，提神作用可持续约 4 个小时。不过“咖啡肥皂”的发明者建议，人们千万不要试图喝带着咖啡味的肥皂泡沫，毕竟“咖啡肥皂”是块肥皂，而不是一杯热咖啡。

“咖啡肥皂”由以制造独特玩意著称的美国 Think Geek 公司生产，该公司声称“咖啡肥皂”能于 5 分钟内将咖啡因渗入身体，用后会散发淡淡的薄荷和柑橘味，保证使用者不会一身咖啡味。

“咖啡肥皂”的使用对象是那些早上无法同时洗澡和喝咖啡的大忙人。它是植物性香皂，不包含任何不纯物质或对肌肤有害的成分，非常安全。

一块 113 g 的肥皂含 200 mg 咖啡因，每块可使用 12 次。网上定购每块约售 3.5 英镑，沐浴露则售约 6.5 英镑。因为含有咖啡因成分，因此这种肥皂不建议给孕妇或者儿童使用。(图 2-22)

图 2-22　咖啡肥皂

例 2-12　（购物袋挂钩）你曾经有过从超市回家时，拎购物袋拎得双手又痛又麻的经历吗？艾尔伯特·马丁就有过。为了解决这个问题，他想出了个好办法，并希望这一新发明能让他发大财。

如今已 87 岁的退休老人马丁确信他这个节省劳动力的设计能够让他在 90 岁前成为一个百万富翁。

马丁曾经是英国皇家海军士兵，他从背带上获得灵感，发明了实用的“购物袋挂钩装置”。这是一根从肩膀垂下到腰际的皮带，皮带两端带有钩子，可以一边挂一个购物袋。这样购物者每次从超市回家时，就再也不需要用手来拎塑料袋了。

马丁发明的这个奇妙玩意，由 5 cm 宽的坐椅安全皮带和两个狗链上坚固的钩子组成。马丁已经为自己的发明申请了专利，还致信各大超市向其提供购买“购物袋挂钩装置”生产权和销售权的机会。（图 2-23）

图 2-23　购物袋挂钩

例 2-13　（马踏车）大多号称可以保护环境的措施，如使用锂电池和生物燃料，到头来似乎总是事与愿违。但是，迪拜一家公司的混合动力列车，真正把环保摆到了核心位置。迪拜飞马(Flee Horse)公司发明了一种号称最环保的概念巴士“Natur Bus”，它以真正的马为汽车提供动力，目标是将其作为接载游客的观光巴士，未来还有可能拓展至的士用途。马这一原始的动力可能以全新的方式继续为人们服务。

目前来说，这一概念还只能在计算机的效果图和视频上模拟制造出来而已。Natur Bus 的运作原理很简单，将马匹安置在车后面的传送带上，司机和乘客坐前面。无需抽动鞭子来让马前进，这匹作为动力的马匹将在传送带上奔跑，就像人们练跑步机一样，传送带会通过一个齿轮变速箱驱动巴士的轮子，从而让巴士“开动”

起来。

当然，车中还同时配有备用的电动马达，以便在马力不足的情况下使用。比如说上山时，电动马达就会开动，避免巴士掉下山。该车若用上马达，时速可达80 km。车身底部设有容器接收巴士的唯一排泄物——马粪，绝对忠于环保。车内的马可以享受空调，工作人员会定时给它喂食物和水，还会经常测量它的体温。（图 2-24）

图 2-24　马踏车

例 2-14　（乘客头盔）整日来去匆忙、工作辛苦的上班族们，总是希望在乘地铁等公共交通工具上下班时，能在车上美美地打一会盹。为了解决站着也能打盹的问题，有研究者发明出了一种“乘客头盔”，这种头盔上装有一个吸力杯，它可以将头盔牢牢地吸附在车厢玻璃窗户上，这样乘客戴着这种头盔乘车时，即使打瞌睡也不用担心会撞到别人身上，因为紧紧吸附在车窗上的头盔会一直让他保持笔直站立的状态。当然，坐着的乘客也可以使用这种头盔，避免睡觉时东倒西歪。（图 2-25）

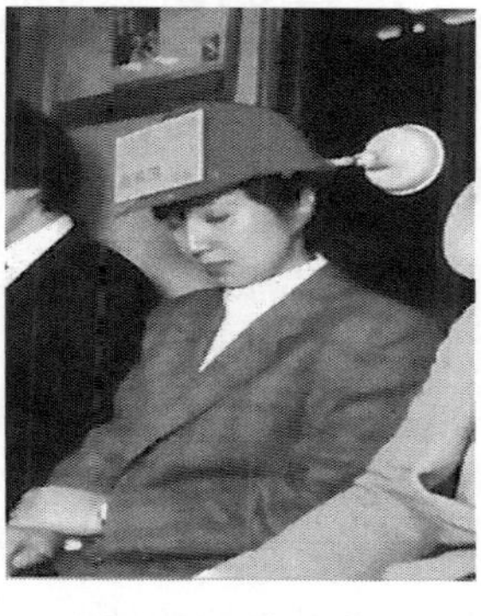

图 2-25　乘客头盔

例 2-15　(多个婴儿携带装置)好莱坞巨星安吉丽娜·朱莉请设计师设计的一款新装置功能与马丁的“购物袋挂钩装置”相似,但朱莉并不是用来挂购物袋的,而是用来携带孩子。

最近,朱莉宣布她已经提交申请,准备再收养一个外国孤儿。如此算来,朱莉的孩子数量将达到 7 个。有这么多孩子,又要全世界到处飞,朱莉不得不请设计师帮忙设计一个时尚的孩子携带装置用以满足她的特殊需要。朱莉的“免用手多个婴儿携带装置”款式新潮,可以同时把 4 个孩子带在身边,还有多个精巧装置用以放置尿布、奶瓶、学饮杯、食品和可收缩的玩具,存放食品的装置还是保温的。这一多功能装置让朱莉可以把双手腾出来去抱起其他吸引她眼球的孤儿。

目前,这种“免用手多个婴儿携带装置”只接受特殊定制,不在市场上销售。据悉,麦当娜已经下了订单。(图 2-26)

图 2-26　多个婴儿携带装置

第四节　有针对性的创新发明

一、有针对性的创新发明

发明没有国界,更不分男女。根据需求去发明,其成果才有生命。创新发明应从生活中发掘不足,并着手改进、创新。

例 2-16　(南非发明家针对性侵犯的最新发明)南非发明家为解决强奸高发的问题,针对施暴男性的犯罪设计了一种“强奸斧”。为了世界杯能在南非顺利进行,南非人苏尼特·埃勒斯发明了一种防止女性被强奸的“强奸斧”,这种强奸斧最奇特的效用在于,当男性对女性实施强迫性的性行为时,这个强奸斧会立即将施暴者的性器官夹住。

二、以实用为前提的创新发明

每一个时代的技术发明都与当时的社会生产力水平和科学技术状况密切相关，并且取决于发明者的素质、能力和思维方式。

满足并符合社会需要是完成创新发明的基本条件。社会需求的增长提出新的技术目标。原有的技术手段同新的技术目标的矛盾，推动和激励发明。在技术活动中，由于知识和经验的积累、综合，也会导致创新的技术构想和发明，新的技术成果又能引发出新的需求，并有助于新发明的推广应用。

例 2-17　（五趾鞋）城里人住楼房很少运动，脚趾之间较窄，健康程度较低，于是有人就根据其不足发明了仿五趾运动的“五趾鞋”。（图 2-28）

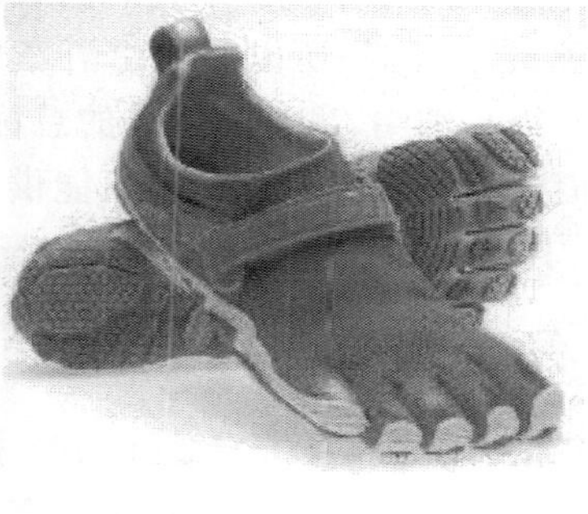

图 2-28　五趾鞋

图 2-29　独轮摩托

例 2-18　（摩托车的改进）摩托车很难驾驶，其稳定驾驶是关键，于是有人就根据其不足发明了独轮摩托。（图 2-29）

创新发明就是要标新立异乃至异想天开，把似乎不可能的事转化为现实，而不拘泥于陈规。

创新发明不仅要提供前所未有的东西，而且要提供比以往技术更为先进的东西，即在原理、结构特别是功能效益上优于现有技术。发明总是既有继承又有创造，在一般情况下大都有先进性。

但创新发明必须是有应用价值的创新，它有明确的目的性，有新颖的和先进的实用性。发明方案既要反映外部事物的属性、结构和规律，又要体现自身的需要。发明者创造出新产品、新工艺前，已在观念中按功能要求预构所设计的对象，并在发明过程中不断地按优化的功能目标来完善其方案。

三、创新发明应具开拓性

中国古代的四大发明都属于开拓性的发明。

1. 指南针的发明

指南针是用以判别方位的一种简单仪器，前身是司南，主要组成部分是一根装在轴上可以自由转动的磁针（俗称吸铁石）。磁针在地磁场作用下能保持在磁子午线的切线方向上。磁针的北极指向地理的南极，利用这一性能可以辨别方向。指南针常用于航海、大地测量、旅行及军事领域。

2. 火药的发明

火药是用硝石、硫磺和木炭这三种物质混合制成的，而当时人们都把这三种东西作为治病的药物，所以取名“火药”，意思是“着火的药”。

3. 造纸术的发明

大约在3500年前的商朝，我国就有了刻在龟甲和兽骨上的文字，称为甲骨文。到了春秋时期，用竹片和木片替代龟甲和兽骨，称为竹简和木牍。甲骨和简牍都很笨重，战国时期思想家惠施外出讲学，带的书简就装了五车，所以有学富五车的典故。西汉时在宫廷贵族中又用缣帛或绵纸写字。缣是细绢、帛是丝织品的总称，它便于书写，不但比简牍写得多，而且还可以在上面作画，但是价格昂贵，只能供少数王宫贵族使用。相传东汉时期是蔡伦发明了纸，其实蔡伦只是改造了纸。公元前2世纪西汉初期已经有了纸。

4. 活字印刷术的发明

北宋刻字工人毕昇在公元1004年至1048年间，用细质且带有黏性的胶泥，做成一个个四方形的长柱体，在上面刻上反写的单字，一个字一个印，放在土窑里用火烧硬，形成活字。然后按文章内容，将字依顺序排好，放在一个个铁框上做成印版，再在火上加热压平，就可以印刷了。印刷结束后把活字取下，下次还可再用。这种改进之后的印刷术叫做活字印刷术。

历史上的发明家对自己创造性活动的社会意义往往是不清楚的。他们在改进已有的器物或工艺时大都从切身的需要出发，没有也不可能充分认识到所作出的发明的重大价值和应用后果。而且，他们通常是以业余的方式从事发明创造的。

而在近代（特别是现代），人们日益明确地认识到发明的重要性，用悬赏的办法征求发明，用专利制度鼓励和保护发明，发明成为专门的职业。发明家有了自己的开发研制机构和交流成就的组织，发明创造规律性的研究受到重视，发明创造教育和发明方法的培训得到普及。现代的技术发明在自觉性、质量和数量上都有了很大提高。

链接　（中国网“影响了世界的古代中国发明”）英国著名科学家李约瑟对我国古代的科学和技术成就进行了深入的研究，撰写出世界闻名的巨著《中国的科学与文化》（中译文书名为《中国科学技术史》）。罗伯特·坦普尔在李约瑟博士的指导下，于1986年出版了《中国——发现和发明的国度》一书，以简明通俗的文字介绍了中国的“世界第一”。古代中国人究竟有哪些伟大的发明？又有哪些发明影响了世界？下面我们作一个简单的介绍。

(1) 鼓。传说公元前3500年中国人已有人造的鼓。公元前3000年，做鼓的方法是用兽皮蒙在框架或容器上。公元前2世纪中国人已发明了定音鼓。

(2) 二进位制。相传在公元前3000年伏羲发明了二进位制。《周易》就是五经之一的《易经》，是我国最古老的经典之一。《周易》相传是由约公元前3000年的伏羲画卦、周文王重卦、周公作爻辞，并经过孔丘修订而成为《易经》。当代的电子计算机用的不是十进制而是二进制。二进制是谁发明的？《周易》中的“易数”用的就是二进制。换句话说就是伏羲发明了二进制。

(3) 绳索。公元前2800年，中国人已经掌握了创造麻绳的技术，开始用大麻纤维制绳。到公元纪元开始时，大麻纤维已成为世界上大多数地区的主要制绳材料。

(4) 指南针。相传公元前2700年中国的轩辕黄帝发明了指南针。黄帝用指南针，在大雾中辨别方向，打败了蚩尤。根据史书记载，中国人早在战国时代已使用指南针。公元前3世纪的《韩非子》中说，战国时代已有人用“司南”(指南针)。1090年，中国和阿拉伯航海家开始在船上装设指南针作导航工具。欧洲在11世纪左右，才用浮在水上的磁针制成指南针。

(5) 养鱼法。公元前2500年中国人已经懂得养鱼。那时我国人民能人工孵化鱼卵，将鱼养大食用。20世纪六七十年代，欧美才用人工养殖蛙鱼等。

(6) 赤道式天文仪。公元前2400年，中国人发明了赤道式天文仪。

(7) 十进计数制。中国人于公元前14世纪，发明了十进计数制。十进计数制在现代科学中是十分重要的，欧洲人正式采用它最早时间的证据，是976年的一份西班牙手稿中发现的，而中国早在公元前14世纪的商朝，便已经采用了。

(8) 印刷术。印刷术是我国的四大发明之一。868年中国人发明了雕版印刷术，《金刚经》是凸版印刷，它是一幅5.25 m的卷轴，用多块长91 cm，宽36 cm的刻版印的。

1040年，中国刻字工人毕昇在北京发明了活字印刷术。1438年在德国梅茵兹城古腾堡居住的根弗第谢(德国人)才创造了浇铸金属字母活字的模具。

1107年，中国人还发明了彩色印刷术。600多年后，德国的勒布朗设计的彩色印刷机取得了专利权。

(9) 漆——世界第一种塑料。中国人最迟在公元前13世纪已经发明并使用了漆。1976年在河南省安阳市发掘出的“妇好”墓(葬于公元13世纪)，她的上过漆的棺木就是证明。李约瑟说：“漆可能是人类所认识的最古老的工业塑料。”

(10) 镜。约公元前12世纪中国人发明了铜镜。中国人于公元5世纪还发明了魔镜;英国结晶学家威廉·布莱格到1932年系统地阐明了魔镜的理论,比中国晚了一千五百年左右。魔镜是世界上最奇异的物品之一。魔镜有何奇妙之处呢?在魔镜的反面铸有青铜图案——图像或文字,或二者兼而有之。反射光线的一面为凸状,是由经抛光处理的青铜制成用作镜面。在大多数照明情况下,这种镜子看上去与其他的普通镜子无异;但是,在明亮的阳光下使用魔镜时,它反光的一面就能被"看透"。用镜面将阳光反射到暗色的墙上,人们就能从投在墙壁上的影像中看到镜面的图案或文字。

坚实的青铜制品变得透明了,这种令人感到神秘不解的现象使中国人给魔镜取了透光镜名称。青铜是不透光的,然而实际使人感到透光,这是为什么?这奥妙之深让中外学者探讨了几百年,中国的科学家沈括和外国科学家威廉·布莱格爵士都发表过高见。威廉·布莱格爵士于1932年发现这一奥妙时说:"正是反射的放大作用使图案清楚地显现出来。"李约瑟将这一切称为"是在通向掌握金属表现微细结构道路上迈出的第一步"。

(11) 伞。公元前1100年,中国人已经使用伞,那时已经用伞表示身份。伞骨用竹或檀香木制成,上面覆以树叶或羽毛做的伞面。公元12世纪英语才出现"伞"这个词。以前一直只有阳伞,到1733年,巴黎人用油布做伞面,才制成雨伞。在学术界也有人说,公元4世纪三国时期中国人才发明了伞。

(12) 风筝。公元前1000年,中国人最先放风筝。早在信史之前,传说中国人已会放风筝。相传公元前4世纪,中国著名工匠鲁班(即公输班)做了一只风筝,升空三日而不坠。还有一个故事说,一名将军包围了王宫,利用风筝测量宫墙与己方军队的距离。1600年,东方的风筝(菱形)由荷兰人传到了欧洲。风筝飞上天空为飞机飞上天空提供了原理和灵感。

(13) 弓箭。中国人于公元前8世纪发明了弓箭。公元前200年中国人已发明了弩弓。它主要用于打仗和狩猎,可卧射、立射、骑射,威力甚大。而欧洲的意大利在10世纪才使用弓。

(14) 古代机器人。公元前770年至公元前256年东周时期,中国人就已发明了古代机器人。当今世界,只要谈及机器人,言必欧美、东洋;然而可曾知道世界上最早制出古代机器人的,是中国人。古代中国制出的机器人不仅精巧,而且用途也很广泛,有各式各样的机器人:会跳舞的机器人、会唱歌吹笙的机器人和会捉鱼的机器人等,应有尽有。

① 会跳舞的机器人。我国唐朝的段安希说:西汉时期,汉武帝在平城、被匈奴单于冒顿围困。汉军陈平得知冒顿妻子阏氏所统的兵将,是国中最为精锐剽悍的队伍,但阏氏具有妒忌别人的性格。于是陈平就命令工匠制作了一个精巧的木机器人。给木机器人穿上漂亮的衣服,打扮得花枝招展,并把它的脸上擦上彩涂上胭

脂，显得更加俊俏。然后把它放在女墙（城墙上的短墙）上，发动机关（机械的发动部分），这个机器人就婀娜起舞，舞姿优美，招人喜爱。阏氏在城外对此情景看得十分真切，误把这个会跳舞的机器人当成真的人间美女，怕破城以后冒顿专宠这个中原美姬而冷落自己，因此阏氏就率领她的部队弃城而去了。平城这才化险为夷。

② 会唱歌吹笙的机器人。唐代的机器人更为精巧神奇，唐朝人张鹜在《朝野佥载》中说：洛州的殷文亮曾经当过县令（相当于"县长"），性格聪巧，喜好饮酒。他刻制了一个木机器人并且给它穿上用绫罗绸缎做成的衣服，让这个机器人当女招待。这个"女招待"酌酒行觞，总是彬彬有礼。

③ 会赚钱的机器人。唐朝时，我国杭州有一个叫杨务廉的工匠，研制了一个僧人模样的机器人，它手端化缘铜钵，能学和尚化缘，等到钵中钱满，就自动收起钱。并且它还会向施主躬身行礼。杭州城中市民争着向此钵中投钱，来观看这种奇妙的表演。每日它竟能为主人捞到数千钱，真可称为别出心裁。

④ 会捉鱼的机器人。唐代的机器人还用于生产实践。唐朝的柳州史王据，研制了一个类似水獭的机器人。它能沉在河湖的水中，捉到鱼以后，它的脑袋就露出水面。它为什么能捉鱼呢？如果在这个机器人的口中放上鱼饵，并安有发动的部件，用石头缒着它就能沉入水中了。当鱼吃了鱼饵之后，这个部件就发动了，石头就从它的口中掉到水中，当它的口合起来时，它衔在口中的鱼就跑不了啦，它就从水中浮到水面。这是世界上最早用于生产的机器人。

此外，在《拾遗录》等书中，还记载了古代机器人登台演戏、执灯伴瞎等机巧神妙。

(15) 分行栽培与精细耕地法。公元前 6 世纪，中国人发明了分行栽培与精细耕地法。欧洲人到 1731 年才使用此项技术。

(16) 铁犁。公元前 6 世纪，中国人发明了铁犁。欧洲人到 17 世纪才使用铁犁。公元 1050 年，中国人还发明了犁镜，给犁装上犁镜，便于翻土，从而提高了农业产量。

(17) 大定音钟。中国人于公元前 6 世纪发明了大定音钟。欧洲人到 1000 年才有定音钟，比中国晚了 1600 年左右。

(18) 算盘。公元前 550 年中国人发明了算盘，用于计算，也是自古以来商业上广泛应用的计算工具，后来传到世界各地，到 12 世纪才逐渐被现代阿拉伯数字所取代。到 20 世纪苏联和远东地区很多人仍然使用算盘。

(19) 地毯。公元前 500 年地毯已在中国应用。已知最早的地毯起源于公元前 5 世纪的中国和伊朗。1606 年，法国巴黎附近最早用上了织机编织的地毯。

(20) 双动式活塞风箱。中国人于公元前 5 世纪发明了双动式活塞风箱。西方于 16 世纪才有双动式活塞风箱。

(21) 石油照明法。大约公元前4世纪,中国人发明了石油照明法和天然气照明法。

(22) 铸铁术。公元前4世纪,中国人发明了铸铁术。

(23) 世界上第一条等高运河——灵渠。西方于公元13世纪才建了等高运河,比中国晚了1600年左右。

(24) 立体地图。中国人最迟在公元前3世纪就发明了立体地图。在司马迁写的《史记》中,就记过一张公元前210年绘制的秦始皇墓地图。书上写道:"以水银为百川江河大海,机相灌输,上具天文,下具地理。"1985年6月《每日电讯》的一篇报导说:秦始皇墓地虽然还没有打开,但是可能已经发现了。据说是墓入口处的地方发现了微量的水银。考古学家猜测这可能就是上述立体地图上所示的水银。

32年将军马援讲到的军事立体地图,河谷山脉的模型是用糯米制作的。此外,还出现了木刻的立体地形图,大科学家沈括在《梦溪笔谈》中曾记述了这种地图。1130年黄裳也制作了一张木刻立体地图。此图后来引起了哲学家朱熹的兴趣,他千方百计地收集木刻地形图,以便进行研究。他自己有时也用黏土或木刻制作立体地形图。黄裳在一部《鹤林玉露》里,还讲述了朱熹制作的一幅地形图的情况:"(朱熹)尝欲以木作华夷图,刻山水凹凸之势。合木八片为之。以雌雄榫镶入,可以折。度一人之力可以负之。每出则以自随,后竟未能成。"

很可能立体地形图的制作由中国传到阿拉伯,后又传到了欧洲。1510年,保罗·多克斯制作了欧洲最早的地形图,绘出了奥地利的库夫施泰因的邻近地区。阿拉伯人伊贝·巴蒂塔叙述了他在直布罗陀看到一张立体地形图。中国以外的国家有关立体地形图的记载没有比这更早了。

(25) 吊桥。中国人李冰于公元前3世纪在四川省灌县修建了安澜桥。这是世界最早修建的竹缆链桥。它总长为320 m,有8个孔,整个结构中没有一块金属材料。此吊桥上铺了板便于人们行走。中国人于公元1世纪又发明了铁吊桥。这桥可用于通行车辆。西方的第一座吊桥,即温奇桥,是公元1741年建成的。

(26) 记谱法。公元前221年以前,中国人已发明了记谱法。2000多年前,中国的战国时期已有管色谱,是中乐十二律的简号。约1200年科隆的弗兰科在其著作中创造了一套节拍符号,把律音分为四种长短,逐渐演变成现代的记谱法。

(27) 造纸术。公元前200年左右,中国人发明了造纸术。105年东汉时期的蔡伦制出了蔡侯纸。造纸术是中国四大发明之一。

纸张发明以前,人类在石头、黏土和木头上刻字,还在树叶和树皮上写字;有的在竹子、纸莎草结和羊皮上写字。我国先秦时期,大臣向天子或皇帝交一封建议书,把其内容写在竹子上,这一封建议书就需要两人抬着它进献给国家元首,实在太不方便。到200年左右中国人发明了造纸术。史称105年东汉时期的蔡伦发明了造纸术，但从史料记载分析，中国人早在蔡伦之前已懂得造纸，蔡伦只是总结了民间造纸的经验，加以改进和提高，制出了较优质的蔡侯纸。

(28) 降落伞。公元前2世纪中国人发明了降落伞。许多人都知道达·芬奇留下了降落伞的草图，这标志着欧洲人最初产生制造降落伞提法的时间。但是远在达·芬奇1500年前，中国人已经发明了降落伞，并且在实际生活中极其成功地运用了它。何以为证？我们可以从中国最伟大的历史学家司马迁的名著《史记》中找到最早的文学记载，此书完成于公元前90年。他把降落伞看成是很久以前的古物这一事实，证明了降落伞的起源至少可以追溯到公元前2世纪。

法国人西蒙在《历史性的关系》一书中也说过，他曾亲眼看到过中国人使用降落伞表演杂技。中国确实是发明降落伞的国家，用伞当作降落伞是其古老的传统。西方人利诺曼德于1783年用伞多次从树顶或房顶上跳下去，结果很成功，他把这叫降落伞，这比中国人发明降落伞晚了1900多年。

(29) 焰火。公元前2世纪，中国人发明了焰火。

(30) 微型热气球。公元前2世纪中国人发明微型热气球。最早的微型热气球是用蛋壳制造的。在那个时期写的《淮南万毕术》一书里提到，借助于燃烧着的引火物，蛋壳可以飞上天空。其做法是：将一个鸡蛋去掉蛋黄和蛋清，然后点燃放入其孔中的引火物艾蒿。蛋壳就可以自行升空飞走。

热气球也有用纸做成的。一位于1939年侨居在中国云南省丽江地区的名叫彼得·古拉特的外国人，他曾写书说，他曾目睹过中国人放纸扎热气球的情景。

(31) 墨水。公元前2世纪中国人发明了墨水。这时埃及人也制成墨水。古代中国人和埃及人用油灯的油烟和水跟明胶混合制成墨水，这是世界上最早的墨水。1834年英国的史蒂芬斯开始在英国制造出书写用的墨水，15年之后才大量生产。

(32) 曲柄摇手。公元前2世纪，中国人发明曲柄摇手。西方于9世纪才使用曲柄摇手。

(33) 旋转式扬谷扇车。公元前2世纪，中国人发明了旋转式扬谷扇车。到18世纪初，西方才有了扬谷扇车。

(34) 平衡环。公元前140年，中国人房风发明了平衡环，189年中国人丁缓又改进了平衡环，后来传到了欧洲。到9世纪，著名科学家罗伯特·霍克等人应用该装置的原理造出了万向接头。就是这项发明使汽车的自动能量传输成为可能。

(35) 密封实验室。公元前1世纪，中国人发明并建造了密封实验室。

(36) 传动带。公元前15世纪，中国人发明了传动带。欧洲人用传动带是1430年，比中国晚了1400多年。

(37) 滑动测绘仪。中国人于5年发明了滑动测绘仪。而西方到1638年才使用滑动测绘仪。

(38) 水力风箱。31年中国人发明了水力风箱。《后汉书》记载了南阳太守杜诗发明以水为动力、用于铸造铁制农具的水力风箱(鼓风水排)的事情,并精辟评价说:它"用力少而建功多,百姓便之"。后来发明家杜预对这种风箱做了大量改进,鼓风水排代代流传,越来越广泛地在中国应用。而欧洲直到13世纪,才开始使用鼓风水排。

(39) 龙骨水车。80年,中国人发明了龙骨水车。而欧洲第一架方形板叶的龙骨水车制于16世纪,是直接以中国的设计为模式制作的。

(40) 船尾舵。1世纪,中国人发明了船尾舵。而西方到1180年才在教堂的雕刻上出现了舵。

(41) 瓷器。中国人于1世纪发明了瓷器。西晋时期的人,用高岭土、长石和石英为原料,烧制成洁白细密的饮食器皿。西方到18世纪才有瓷器。

(42) 地动仪。132年中国人张衡发明了地震探测器——地动仪。张衡是一位东汉时期的天文学家,他写过很多书,其中一本是《浑仪》。他曾设想地球是与九个大陆一起是在无限空间的球。在中国他第一个介绍了地理上经线与纬线的交叉网络。这时,张衡还发明了浑天仪。浑天仪显示了宇宙中各主要星球的相对位置,地动仪则可预测地震发生的地区,甚为精巧。外国人德拉·奥特弗耶于1703年才设计出第一台现代地震仪。

(43) 定量制图法。中国古代著名的发明家张衡在公元2世纪发明了定量制图法,从而使制图科学向前迈进了一大步。张衡最先把矩形网格坐标的方法应用于地图,这样可以用一种更科学的方法去计算和研究方位、距离和路程。他写的《算网论》一书中明显地含有精确使用地图坐标的基本原理。张衡的矩形网络坐标成功地应用于缩小地图的尺寸,在手法上类似于照相微缩技术。西方直到15世纪才出现有相当价值的地图。

(44) 纺车。中国人于121年发明了纺车。而西方到1280年才用纺车,比中国晚了1100多年。

(45) 马蹬。3世纪,中国人发明了马蹬。西方到5世纪才制出马蹬,比中国晚了200年。

(46) 直升飞机水平旋翼和螺旋桨。4世纪中国人葛洪已谈到关于直升飞机旋翼。那时中国有一种儿童玩具竹蜻蜓已如直升飞机的旋翼。它有一根轴,上面绕着一条线,轴上装着几个叶片,定好角度,一拉线,旋翼就向空中飞升上去。这种玩具对欧洲航空先驱者影响甚大。

(47) 桨轮船。中国人于418年发明了桨轮船,这在一份中国水军行动报告中已有记载。这次行动是刘宋的一位水军将领王镇恶指挥的。公元494至497年,祖冲之制造了一艘改进的船只，被称为“千里船”，它不用风力，一天能行很远。它代表了早期设计的桨轮船。梁朝水军将领徐世谱，552年跟侯漫作战时使用了“水轮船”（即桨轮船）。另一位将军黄法氍于573年在黎阳的围攻战中制造并使用了“步舰”（用脚操作的桨轮船）。782至785年，杭州知府李皋改进了桨轮船。1168年，水军将领史正志制造了一只排水量达200 t的战舰，由12个叶片组成的桨轮来驱动。程昌寓制造成100 m长的轮船，能载七八百人。12世纪中国已造出大轮船可达到长120 m、宽13.7 m，桅杆高24 m多，船上的工作人员可达200人。在第一次鸦片战争期间，中国在抗英战斗中还使用了这种桨轮船。英国人认为是中国人看到英国海军的桨轮船而很快仿制出来的，殊不知中国人那时使用这种船已有1600年了。

(48) 油印技术。500年中国人发明了油印技术，中日两国已能用此技术印刷书籍。1881年匈牙利人盏斯泰特纳发明了铁笔剂肪纸滚筒油印技术；1888年他又发明了打字机。1899年奥地利人克拉博发明了旋转复印机，直到1950年才被影印技术代替。

(49) 指针式标度盘装置。中国人赵达于公元570年发明了指针式标度盘装置。中国的指针式标度盘装置结构精细复杂，令人惊奇。而其中有些标度盘装置竟由多达40个同心圆组成。在每个不同的同心圆上都标有一套不同的数字以测量各种情况，并可按要求读出数字。总之，中国人开创了世界上第一代指针式标度盘装置，这种装置对现代科学来说仍是极其重要的。

(50) 火柴。世界上第一根火柴是由中国人于577年发明的，它是由北齐的一群贫苦宫女发明的。最初的火柴是用硫磺制作而成，950年陶谷在《清异录》一书中有所记载。直到1530年，欧洲还没有火柴。

本章小结

同学们，看完这章内容后是否也跃跃欲试，希望自己也能搞出优秀的创新发明来呢？但是，在步入创新发明的成功之路前，还要懂得发明成功的基本要素。

1. 养成习惯随时记录，深入思考

当你发现一个新问题，有了一个新构思，如果不及时把它记录下来，很快就会忘掉，要重新把它回忆起来便很难。因此，随时随地做记录，也是创造发明所必须做的事。

做记录就是要把平时发现的问题、涌现出来的各种构思，随时动手记录在笔记本上，把迸发出来的发明火花保留下来成为日后创造发明的“火种”。

随时随地做记录是世界上所有发明家的习惯。所以，大家应该随身携带笔记本,把见到的有关特殊现象,发现的新问题,脑子里产生的新构思,听到一切与创造发明有关的信息,全部记录下来,各类信息的来源可以有以下几处。

(1) 阅读课外书籍、报刊和专利文献资料。

(2) 仔细考察周围的事物。

(3) 参观科技展览会、竞赛、讲座、展销会。

(4) 做市场调查和考察。

(5) 经常听广播,看电影、电视等。

(6) 日常的交谈与交往要留心。

(7) 积极参加各种类型科技讲座、科普报告会和信息发布会等。

掌握信息、积累资料要注意两个问题:

(1) 应当根据创造发明的特点,有针对性地去掌握和搜集信息(搜集的内容有:国内、外公开的新技术、新发明的公布与资料,国内、外专利索引,各种新发明、新产品说明书,全国各省、市、自治区举办的发明展览会的有关资料、报道,全国及各省、市、自治区青少年科技创造发明比赛项目的有关资料与报导,市场需求和人们的消费情况,人们对一些日用品的使用意见,发明格言,青少年发明的故事,创造发明的新方法等),从而丰富自己的知识、扩展思维、启迪智慧、触发发明灵感,提供创造构思。

(2) 要一边调查考察,一边整理记录,把得到的信息整理成资料、卡片。用做笔记的方式,摘录原始资料,写提要,记心得,列索引等。对摘录的信息资料要注明出处,以便备查。这些积累的资料、卡片、笔记将成为你创造发明的思维宝库。

2. 请自订奋斗目标和实施方案

(1) 列出明确的发明目标,确定这个目标的具体要求。

(2) 把已确定的目标分解成一些小目标,拟出为实现每个小目标所必须解决的每一个小问题。

(3) 广泛收集与发明目标有关的情报资料,并进行仔细的研究,找出它的特征和缺点,分析借鉴,扩展思维,由此及彼,推陈出新。

(4) 为实施每个小目标和解决每一个小问题寻找可行的途径和办法,把可行的途径和办法进行组合、构思,设计出这项发明的总体实施方案。

(5) 对总体构思、设计方案进行深入思考,反复补充和修正,使之更加完善。

(6) 按实施方案的步骤,做出样品,进行实验。以实践的结果对发明的目标进行检验,看是否达到了预期的目的。

思 考 题

1. 塑料钞票代替纸质钞票是科技进步的结果，却是钞票再创新的开始，电子钞票、信用钞票、代码钞票是未来的需要，请根据现有钞票的特征进行思索，我期待着你的创新作品。

2. 生活中袜子容易穿破露出脚趾，见了“五趾鞋”的创意后是否产生灵感？请根据现有袜子的特征进行思索，我期待着你的创新作品。

3. 请根据“搞笑”的创意思路进行思索是否能产生灵感？我期待着你的创新作品。

第三章

创新发明促进人类进步

第一节 创新发明改变了生活

科技进步,给人们生活带来了巨大的变化。如今,14 岁以下的儿童,没有哪一个没听说过手机的!电子邮件和手机短信取代了书信,成为人们相互交流的快捷工具。正如已故的著名作家道格拉斯·亚当斯所说的那样,人的年龄越长,就越不容易跟上科技进步的步伐。

链接 刚刚离我们而去的 20 世纪里,都有哪些人类的发明改变了我们的生活?

20 世纪前 20 年的人类发明:齐柏林硬式飞艇,扬声器,空气调节装置,自动售货机,圣诞树彩灯,双刃安全剃刀,飞机,即溶咖啡,人造树胶,霓虹灯,汽车上的电点火装置,纸杯,纵横拼字谜,不锈钢,摇头丸(最初是一种减肥药丸),航空食品(第一次出现在飞往乌克兰的一架俄罗斯航班上),经过加工的干酪,坦克,爆米花烤箱(图 3-1)。

图 3-1 20 世纪前 20 年的人类发明

20 世纪 20 年代的人类发明:人造生物(机器人),巧克力冰棒,邦迪药伤膏,雪上汽车,自动手表,电动剃须刀,16 毫米家庭型电影摄影机(柯达公司发明),克里内克丝面巾纸,电视机,第一部有声电影(美国华纳兄弟电影公司拍摄的《爵士乐歌手》,阿尔-乔尔森主演),汽车无线电,冷冻食品,红绿灯,青霉素(英国人亚历山大-弗莱明发明)(图 3-2)。

图 3-2　20 世纪 20 年代的人类发明

20 世纪 30 年代的人类发明：世界杯，易拉罐，宝丽来太阳镜，自动洗衣店，道路斑马线，罐装啤酒，流行音乐排行榜（美国 Billboard 杂志首创），原子笔，施乐复印机，家用电冰箱（美国通用电气公司发明），电脑，立体声录音机（图 3-3）。

图 3-3　20 世纪 30 年代的人类发明

20 世纪 40 年代的人类发明：尼龙丝袜，肯德基，彩色电视，塔伯家用塑料制品，爱尔兰咖啡，原子弹，微波炉，吉普车，宝丽来照相机（可在 60 秒内洗出黑白相片），慢转密纹唱片，可多次使用的尿布，第一台由软件驱动的电脑（图 3-4）。

图 3-4　20 世纪 40 年代的人类发明

20 世纪 50 年代的人类发明：信用卡，有线电视，动力方向盘，袖珍晶体管收音机，减肥软饮料，录像机，不粘锅，主题公园（迪斯尼乐园首创），纠正打字机错误的修正液，垒高儿童拼装玩具，氢弹，水翼船，口服避孕药，调制解调器，激光，健身呼啦圈（图 3-5）。

图 3-5　20 世纪 50 年代的人类发明

20 世纪 60 年代的人类发明：第一套电脑视频游戏（星球大战），软接触镜头，纤维笔尖钢笔，体重计，用做隆胸的硅胶填充物，按钮电话（贝尔电话公司研制），电脑鼠标，可长期存放的牛奶，石英手表，“傻瓜”照相机，涡流浴室，影碟，盒式录音磁带，安定安眠药，阿斯特罗草皮，手提电脑，扫描仪，丙烯酸树脂涂料（图 3-6）。

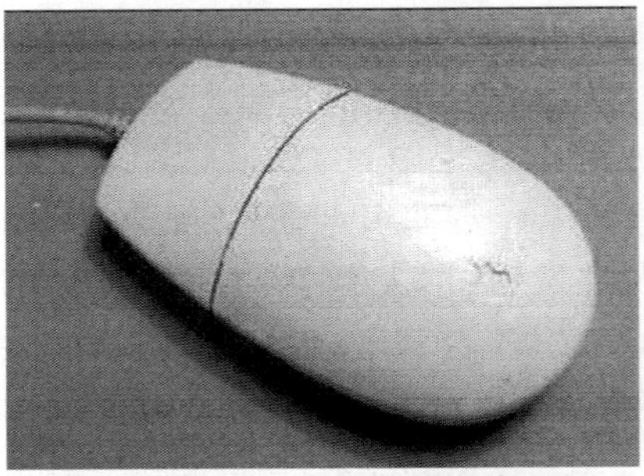

图 3-6　20 世纪 60 年代的人类发明

20 世纪 70 年代的人类发明：电脑软盘，电子邮件，袖珍计算器，可随意粘贴便条，文字处理软件，Beta 制大尺寸磁带录像系统，自动调焦照相机，苹果第二代电脑，《太空入侵者》（世界上首套巷战视频游戏），移动电话（手机），索尼随身听，吸脂术（图 3-7）。

20 世纪 80 年代的人类发明：光盘，微软视窗电脑操作系统，DNA 基因识别技术，一次性照相机，3D 视频游戏，万维网，高清晰度电视，人工合成皮肤，CD-ROM，B 型肝炎疫苗，人体增高荷尔蒙，多普勒雷达，高温超导体，数字蜂窝电话（图 3-8）。

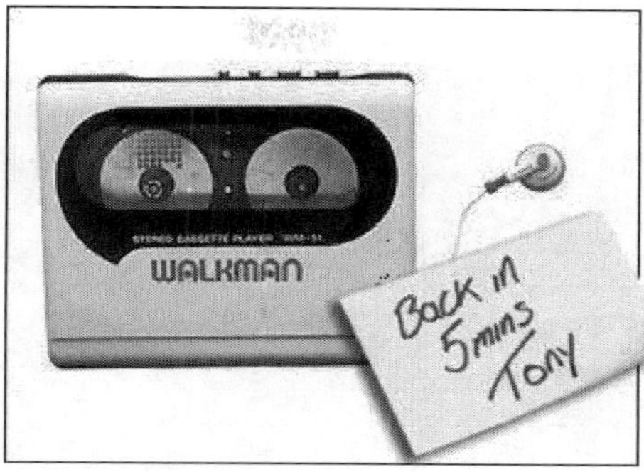

图 3-7　20 世纪 70 年代的人类发明

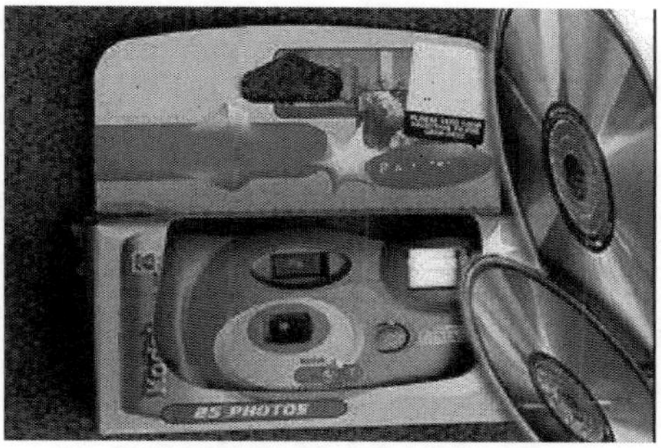

图 3-8　20 世纪 80 年代的人类发明

20 世纪 90 年代的人类发明："哈勃"太空望远镜，全球定位系统(美国防部发明)，DVD，可用于汽车上的氢气燃料电池，"奔腾"处理器，克隆羊多利，控制药物释放的"Smart"药丸，手机短信(图 3-9)。

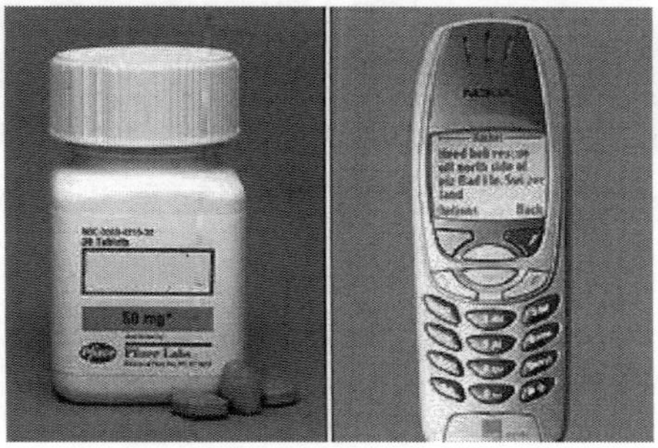

图 3-9　20 世纪 90 年代的人类发明

进入 21 世纪后突破性的人类发明：苹果 iPod 音乐随身听，人造肝脏，免清洁窗户，无人汽车，Segway 新型交通工具，避孕贴片，适于在北极严寒气候条件下骑行的冰上自行车，防身夹克(图 3-10)。

图 3-10　21 世纪的人类发明

第二节　创新发明让人更聪明

乒乓球是中国的“国球”，多年来中国乒乓球一直称霸于世界，使许多国家望而生畏。于是，德国奇人创新发明了一项新运动——“乒乓头球”。这项运动结合了乒乓球和足球的元素，人们在小小的乒乓球桌上，用头代替球拍，一决高下。(图 3-11)

(a)　(b)

图 3-11　乒乓头球

一、创新发明引发奇想

“9 · 11”事件后，一位名叫凯文 · 斯的外国人通过电视新闻看到了那些悲惨的画面，一个念头萦绕在他心头，挥之不去：“为何困在世贸中心里的人无法安然返回地面？”

“我告诉自己，这太荒唐了”，凯文·斯说：“应该有种更好的方法，帮助人们在灾难时刻成功逃离摩天大楼。”他是圣弗朗西斯科一名整形医生，也是成果累累的创新发明狂人，他在“9·11”事件后发明了摩天大楼逃生装置。（图 3-12）

图 3-12　摩天大楼逃生装置

这个例子告诉我们，创新发明源于奇思妙想，创新发明源于“不满”。创新发明并不难，难就难在“发现”。凯文·斯能通过新闻报道找到创新发明的灵感，这为初涉创新发明的同学们做出了榜样。

二、创新发明让物品更实用

据报道，我国的残疾人有 8296 万人，其中肢残者达 2412 万人。残疾人学艺术比正常人困难，于是有人就根据其需求创新发明了“卧式钢琴”。（图 3-13）

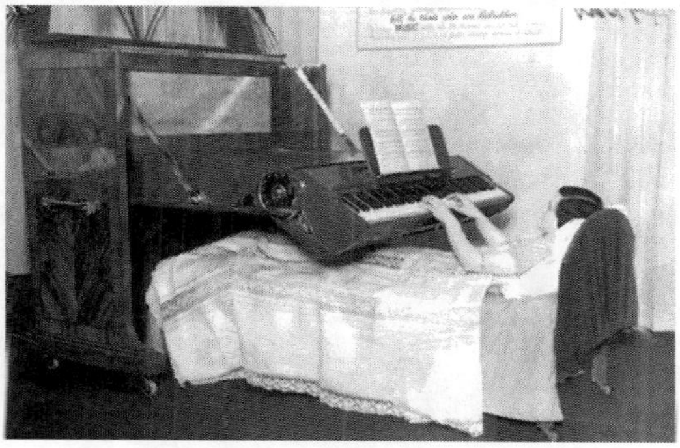

图 3-13　卧式钢琴

汽车橡胶轮胎易被扎穿漏气，美国一公司耗资几千万美元开发“免充气蜂巢轮胎”。（图 3-14）

图 3-14　免充气蜂巢轮胎

在我们的日常生活中，创新发明让物品更实用的例子有很多，最贴近生活的例子是汽车挡光板的创新与创新发明。大家都知道，汽车正副座上方各有一块非透明的挡光板，其主要用途就是用来防止阳光的直射。但是这种传统的非透明挡光板有两个重大的问题：其一，挡光板在遮挡阳光直射时也会影响视线，影响对诸如交通信号灯等关键安全要素的观察；其二，挡光板只能遮挡阳光的直射，而对于路面及地面物体的强反射光线无能为力。如果对挡光板进行了如下改进，这些问题就迎刃而解了，如图 3-15。（图 3-15）

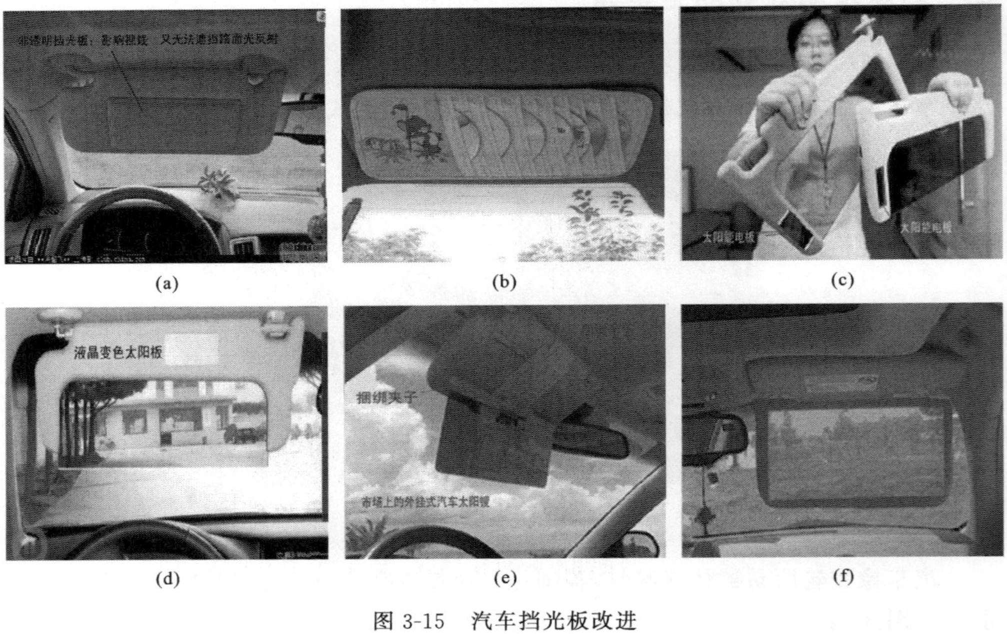

(a)　(b)　(c)

(d)　(e)　(f)

图 3-15　汽车挡光板改进

第三节　创新发明能改变人生

罗马尼亚创新发明家弗洛林·米哈伊·弗卢图雷尔曾说过:“我比比尔·盖茨更富有”。

弗洛林·米哈伊·弗卢图雷尔是罗马尼亚雅西市的一名律师、创新发明家,他自称是世界上最富有的人。弗洛林·弗卢图雷尔的资产是比尔·盖茨的两倍,也远远超过了新任世界首富、墨西哥企业家卡洛斯·斯利姆。

弗卢图雷尔对自己从事的生意守口如瓶,他措辞极为谨慎,甚至对记者所提问题的目的持怀疑态度。他说:“我以前没有这么谨慎。我向媒体介绍了很多创新发明成果,但很快就发现有类似的仿制品出现,我损失了很多钱。现在我有一个负责公共关系和媒体事务的专业团队,他们会告诉我什么该说,什么不该说。”

作为一名亿万富翁,弗卢图雷尔的住所显得非常简陋。他说:“简朴自律是成功的秘诀。我不想炫耀什么。”他与妻子和女儿生活在一栋6层楼房中的一套75平米的房子里。家具简洁现代,客厅里摆设着最新款的音像设备。

弗卢图雷尔钱包里不会超过300欧元,不穿名牌服装,开着一辆高尔夫轿车,每天到公园散步。

在家中一个房间的墙壁上悬挂着世界纪录研究院颁发的证书,确认他为世界上最富有的人。要想知道他的财富从何而来,就必须到ROMVECTOR公司去看看,弗卢图雷尔拥有该公司79%的股份。公司拥有一项未来学成果,是通过智能来控制任何电器产品的系统。也就是说,人只要动脑子想想,就可以打开电视,切换频道,启动洗衣机或调低音响的音量。

弗卢图雷尔聘请了会计师韦罗妮卡·斯特凡内斯库来为这项创新发明估价。斯特凡内斯库认为,这套设备拥有3000万人的潜在市场,而每个顾客都会愿意为它支付4000欧元左右。

一、创新发明让人更光彩

创新发明让人更光彩,创新发明让人更值得珍重。

托马斯·阿尔瓦·爱迪生的创新发明把人类带入到了新技术时代;他的创新发明很伟大,也使他名扬四海。

爱迪生著名的一条人生格言是:“天才是百分之一的灵感加百分之九十九的汗水。”他是这样说,也是这样做的。他一生有1100多项创新发明申请了专利。

链接　爱迪生的发明之路

1869年，22岁的爱迪生身无分文，他来到纽约，住在一家公司的地下室里。这家公司是为证券经纪人提供股票信息的。那时，信息是通过纸袋式电报机传输的。一天，这个公司的纸袋式电报机突然乱吐起纸袋来，当时爱迪生正好在场。在大家束手无策的时候，是他解决了难题。于是，爱迪生得到了一份工作。

一年后，爱迪生已赚到了足够的钱去开一家自己的工厂。专门生产纸袋式电报机。工厂业务很好，使得爱迪生有足够的时间去做实验和搞创新发明。他的工作是高效的，在那以后的6年里，他除了业务成功，结婚并有了两个孩子以外，还申请了120项专利。

不久，他将自己的工厂迁往新泽西州的门罗公园，建立了第一个大实验室。在这里，由于卓有成效的工作，他享誉世界。

爱迪生的创新发明中有不少是自己原创的，也有不少是对他人创新发明的改进。例如，电话是亚历山大·格雷厄姆·贝尔创新发明的，但爱迪生改进了电话的有效通话范围和声音清晰度，从而使它进入了千家万户。此外，一些不是爱迪生最先创新发明的东西也算在了他头上，例如，电灯泡。正确地讲是白炽灯丝灯泡，它最早是在1878年由英国的创新发明者约瑟夫·威尔逊·斯旺演示的。但第二年，当爱迪生在美国演示了电灯泡后，电灯泡便走俏全世界，以至于人们都认为电灯是爱迪生创新发明的。这其中的一个原因是，爱迪生不但提供了自己的电灯泡、电灯插座、电线，并最终将它们都联上了爱迪生创新发明的发电机，他提供的是全套服务。

爱迪生不喜欢只集中在一个领域里搞创新发明，这是因为他的动机是为了让人们生活得更好。"他生活的主题是帮助人们更好地生活。"传记作家雷尔·包德温这样说，"于是他设计了给工人住的集体宿舍，想找到一个更便宜的方法去开采铁矿，设计了摩托车的电瓶，想制造出电动轿车以减少环境污染。"

但为了让人们生活得更好这个的伟大的动机，也使他疏忽了一些本可以造福于人类或人类更想得到的东西。例如，他最大的一个失误是，他发明了电影摄影机和留声机，却低估了它们的吸引力。他放弃了胶片的制造是因为他相信电影只能用于教育而没估计到它能用于娱乐。同样，他第一个录下了声音，却没有去发展这种技术，因为他没想到人们更想要收音机。除了这两个判断上的失误，爱迪生的一生给人们不断提供实用的创新发明，并以此著称于世。

创新发明是成功之路，能使人通过创新发明走向成功。武汉大学每年度的"十大珞珈风云学子"的评选就是成功之路。

例 3-1　（麦晓明获得武汉大学"2008年度十大珞珈风云学子"称号）以武汉大学当年在广州招收的理科生第一名的成绩进入武大的"物理尖子"，四年后，拥有23项创新发明成果，包括15项国家专利中的10项创新创新发明专利以及保有待授权的 2 项创新发明专利、3 项外观设计专利，他就是麦晓明，武汉大学动力与机械学院 2005 级本科生，一个行走在创新发明路上的阳光大男孩。（图 3-16）

(a)　(b)　(c)

图 3-16　麦晓明

例 3-2　（李昕、王振宇获得武汉大学“2009 年度十大珞珈风云学子”称号）李昕和王振宇拥有 19 项国家专利的 25 项创新发明成果，却不乏生活的情调：口琴、厨艺、合唱，对于生活理解细致入微，并因此带来了不少灵感。（图 3-17、3-18）

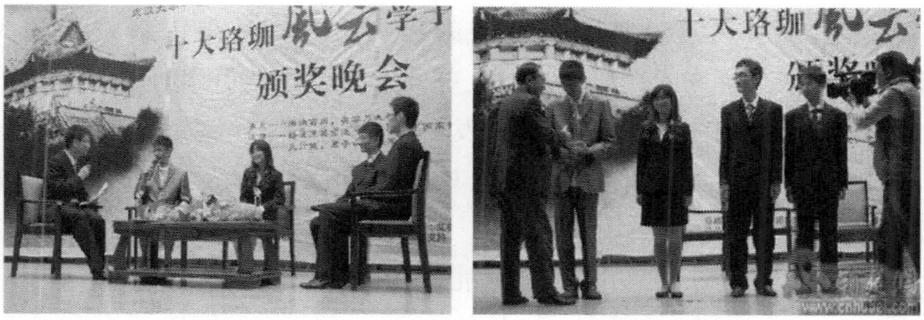

(a)　(b)

图 3-17　颁奖现场

图 3-18　与指导老师合影

例 3-3 （韦凯腾获得武汉大学“2010 年度十大珞珈风云学子”称号）韦凯腾是拥有 154 项创新发明的“创新发明达人”，也是热爱画画、感情细腻的“生活达人”。他的便携式“个人简易卫生间”让观众忍不住叫好；三年的珞珈旅程，让他——来自马来西亚的学生，成为风云人物。（图 3-19、3-20）

图 3-19　韦凯腾

(a)　(b)

图 3-20　韦凯腾在颁奖现场

二、创新发明让人更受尊重

中国政府十分重视创新发明创造，不但在国家宪法中把创新发明列入奖励之列，而且在每年的“五一”劳动节期间会表彰和奖励一批从事创新发明的人，这充分说明了中国政府把“尊重知识、尊重劳动、尊重创造”作为国策，真正体现了中国政府对创新发明创造活动的重视和对创新发明人的尊重。

例如，全国劳动模范、创新发明大王、中国创新发明协会会长包起帆的成长和进步过程就是如此。

被誉为“抓斗大王”的上海港务局南浦港务公司工程师包起帆，数十年来本着“在岗位尽责、为事业奉献”的精神，与其他同志一起，发明创造了多种高效、安全的装卸工具和装卸工艺，为国家和人民创造了大量财富。

18 岁那年，包起帆进上海港当了一名装卸工，从此踏上了坎坷的发明创造之路。为了实现用抓斗装卸木材的梦想，包起帆如饥似渴地自学物理、数学等基础知识，刻苦钻研业务，生活被浓缩在起重、力学、机械的理论和计算之中，脑海浮沉着各种数据、原理和构想。经过无数个日夜的努力，尝遍失败、艰辛和磨难，包起帆和他的同事终于创造出木材抓斗。这项革新填补了国际港口装卸工具的一项空白。

之后，包起帆把目光投向更广阔的领域。30 多年间，他以主人翁精神，刻苦学习科技知识，先后完成了 70 多项革新创新发明，其中 8 项获国家专利，9 项获国际发明金奖。他还把自己和同事发明创造的新型抓斗、工索具技术等推广到全国数百个港口和冶金、矿山、建筑、林场等单位，大大提高了这些单位的经济效益。

艰辛的劳动和突出的贡献，给他带来了“全国五一劳动奖章”的奖励和“全国劳动模范”等荣誉称号。

在上海市总工会宣布的1998至2000年度上海市劳动模范光荣榜上，包起帆的名字再次吸引了人们的目光。自1981年他第一次被评为市劳动模范以来，已经整整20年了。在这20年里，包起帆连续10次被评为市劳动模范，连续3次被评为全国劳动模范，还获得了“全国五一劳动奖章”以及“全国十大杰出职工”、“全国优秀共产党员”等荣誉称号。他的名字甚至被英国剑桥国际传记中心列入《国际知识分子名人录》。

在中国改革开放风起云涌、潮起潮落的20年里，包起帆始终保持着一位劳模、一位优秀共产党人的风采。

链接 创新铸就事业，发明改变人生

没有被困难吓倒

1981年，当包起帆第一次被评为市劳模时，他还只是上海港南浦港务公司工艺科“以工代干”的技革员。如今，他已经是上海港龙吴港务公司的经理了。对这20多年的人生，包起帆自己概括说，从1981年至1986年，是自己搞科研；1986年至1996年，先后当上了工艺科的科长和主管科技工作的副经理，带领大家一起搞科研；从1996年至2000年，担任龙吴港务公司经理，成了一名国有企业的“当家人”。

虽然职务升迁了，但创新始终是包起帆这20年来生命的主旋律。龙吴港务公司在黄浦江的上游，船从吴淞口沿着黄浦江开到龙吴要花6个小时。包起帆初到龙吴港时，码头的年吞吐量只有230多万吨，仅为设计能力的一半。2000多个职工把希望都寄托在他身上。

包起帆没有被困难吓倒，他在职工大会上说：“企业走老路没有出息，我们工人阶级必须勇于创新，创造企业独特的核心竞争力。”他提出了发展我国内贸集装箱运输的新思路，几次三番到交通部和兄弟港口“游说”，终于得到了上上下下的支持和认同。我国第一条内贸标准集装箱航线终于在龙吴港开通了。经过4年多的努力，我国已经形成了南到湛江、海口，北至锦州、大连，西至重庆的一个贯通40多个港口的内贸标准集装箱运输网络。2010年，全国内贸集装箱吞吐量达到了260万箱，龙吴港达到了30万箱。龙吴港的年吞吐量达到了894.5万吨，利润突破了900万元。

“我不做发财的典型”

包起帆是海内外闻名的“抓斗大王”，这20多年里，他总共得到了11项国家级专利、3项国家创新发明奖、1项国家科技进步奖、11项交通部或上海市的科技进步奖，以及日内瓦、巴黎、匹兹堡、布鲁塞尔等10项国际创新发明博览会金奖。按理说，包起帆理所应当地应该“发财”了。但是包起帆说：“我不做发财的典型。国家给我的荣誉称号是‘劳模’，我理解‘劳模’应当是奉献的意思。我应当做奉献的典型。”

做奉献的典型，这就是包起帆的人生定位。

包起帆的左手大拇指上，至今还留着一道深深的疤痕，那是他在当装卸工时钢丝绳留给他的烙印。在1968年至1981年包起帆当装卸工的十多年里，他所在码头上常有装卸事故发生。

正是这些经历，成为包起帆发愤研制抓斗的动力。1984年交通部在全国推广包起帆研制的木材抓斗以后，迄今为止全国港口没有因为装卸木材发生一起重大伤亡事故。

1992年11月，以包起帆名字命名的“上海起帆科技开发公司”扬帆起航了。在包起帆的带领下，这家以30万注册资本起家的公司，至今总资产已达7000多万元，去年的年进出口已近4000万美元。由包起帆主持开展的“港口新型抓斗、吊具系列推广项目”，已经在全国20多个行业600多个单位应用，累计产生的经济效益达4亿多人民币。即使在成了一名国企的当家人之后，他依然在不辞辛劳地主持科研开发工作。那么，包起帆得到的报酬是多少呢？他既没有持有一分钱的股份，也没有在这家公司拿一分钱的报酬。他说：“别人能勤劳致富是好事，但我应当多作奉献。”

“我只是一个有出息的工人”

包起帆走马龙吴港务公司经理的第一天，说：“我是从装卸工开始发愤努力的，当时只想做一个有出息的工人。现在，我有了很多‘头衔’。如果说我成功了，我其实只是做了一个有出息的工人。”

“功成名就”的包起帆，没有因自己是工人而感到卑贱。20年来，他的地位变了，但有一件事，包起帆坚持做了20年。在南浦港务公司工伤职工周振天的家里，记者看到一本特殊的记事本，上面密密麻麻地记着包起帆寄给他的每一笔捐款，从1984年1月27日到2000年春节，总共29笔，最初的一笔是10元，最多的一笔有1000元。

龙吴港务公司党组织证实，这20年来，包起帆把所有国家发给他的专家津贴和各种奖励、奖金总计6万多元，全部捐献给了困难职工。

包起帆奉献出的哪里只是金钱，那分明是一个共产党员的赤子之心和崇高情怀。这份真情实意，如春雨一般，落到哪里，哪里就会长出青草和树木。

本章小结

看完了那么多成功范例后你也许有点失落，不怕，向前看，不就是比我先行一步，他们能做我也一定能做到。其实创新发明并不难，难就难在其方法，同学们请牢记：

(1) 以常规思维方式学习基础知识，以逻辑思维方式分析和掌握基础知识。即在课堂上老老实实地学习课本知识，掌握最基本的知识和解决问题的方法；然后，能以反向思维的方式向掌握的基础知识提出问题，再想法进行解决，达到对知识的深化和掌握。

(2) 求异创新，敢于打破传统观念的束缚进行创新。生活中和工作中的许许多多的习惯、工作方法等，人们长期使用就会自觉不自觉地认为只能这样做。长期以来，一代一代循规蹈矩。这种传统观念的束缚和人的懒惰必然阻碍社会的进步和科技的发展。所以，你要创新首先要有创新的勇气，敢想敢干，不怕失败，才有可能取得一定的成果。历史上许多成功人物取得成绩所走过的路程大都是这样，我们要想取得成绩也必须这样做。

(3) 善于观察，积极实践。任何科技的产生和发展都是社会的需要，如果社会不需要，再好的东西也会被淘汰。所以，我们进行科技创新，必须深入实践，在生活实践中挖掘人们的需要，这样创新的产品才能有生命力。如果你创新发明的一个产品能适合很多人的需要，它的生命力就会经久不衰，也就会给你创造很高的经济价值。

(4) 要有不怕失败，锲而不舍的精神。任何成绩的获得都是来之不易的，创新发明的过程也布满着艰难坎坷，只有坚持不懈，不怕失败才有可能取得成绩。

思考题

我们的创意遍布生活，衣、食、住、行、用，创意无处不在！请根据本章节所授方法去创造自己的梦想：

(1) 用品类。用你能想到的任何材料，加上你的智慧和奇思妙想，创造生活中的任何用品，如家居用品(桌、椅、架、室内装饰品、服饰、饮食、方便生活的小创新发明等)。创意命题举例：①用纸等特殊材料做有创意的衣服、鞋子；②用非常规的材料做可以弹奏乐曲的创意乐器；③用废弃品做家居用品或是装饰品；④与环保有关的创意(巧妙利用废易拉罐、电池、纸板等)。

(2) 行为类。不同形式的、具有创意的生活行为，会使生活更方便或更快乐、更有情趣！例如：①怎么样可以让枯燥的旅途更有情趣；②有创意的道歉方式；③有创意的庆贺和纪念方式等。

(3) 环保类。①将一些废料再度利用、变废为宝、化腐朽为神奇；②一些以环保为主题的创意行为。

我们的创意标准：超乎所有人的想象。

第四章 大学生创新发明作品实例拓展

创新发明实例 1

一种 ATM 机和银行柜台使用的“一米线”控制装置

所属技术领域 本创新发明“一米线”控制装置属安全距离技术领域，特别涉及一种 ATM 机和银行柜台使用。

背景技术 众所周知，社会上的绝大部分 ATM 机附近没有保安专门值守，仅仅用一个屏幕提示，很难起到安全防范作用。银行的柜台前都设置有“请在一米线外等候”，并在柜台前画了一条黄线并设置隔离绳，以此提醒客户办理业务时遵守规矩，但有些客户还是不遵守。ATM 机前却享受不到“一米线”此风险提示，由此直接增加了储户的存取款风险。基于以上种种问题，本创新发明将解决这些难题。当有人踏进“一米线”时，本创新发明会触发感应器进行报警。同时本创新发明“一米线”控制装置结构简单，便于操作，可以解决储户存取款有风险的问题，是一种有利于社会的创新发明。

发明内容 本创新发明是一种 ATM 机和银行柜台使用的“一米线”控制装置，主要由①电源，②导电铜片，③踏板，④弹簧，⑤电线，⑥喇叭，⑦感应器，⑧阻挡杆构成。

当有人踏进“一米线”时，会触发感应器进行报警。

本创新发明的特点是：

(1) 本创新发明“一米线”控制装置结构简单，操作方便，不分性别，老少适宜。

(2) 当有人踏进“一米线”时，本创新发明“一米线”控制装置会触发感应器进行报警，警告人往后退。

附图说明 下面结合附图和实例对本创新发明作进一步的说明。图 4-1 是本创新发明 ATM 机和银行柜台使用的“一米线”控制装置的内部结构示意图，其中 1 是电源，2 是导电铜片，3 是踏板，4 是弹簧，5 是电线，6 是喇叭，7 是感应器，8 是阻挡杆。图 4-2 是本创新发明 ATM 机和银行柜台使用的“一米线”控制装置设置在柜台前的结构示意图。

具体实施方式 将电源、导电铜片、踏板、弹簧、电线、喇叭、感应器和阻挡杆组装在一起形成本装置。

使用步骤一：踏上踏板，踏板压缩弹簧使导电铜片互相接触和接通电源启动在“一米线”处的感应器。

使用步骤二：当再有人踏进或走进“一米线”时，触发感应器进行报警，提醒客户办理业务时遵守规矩。

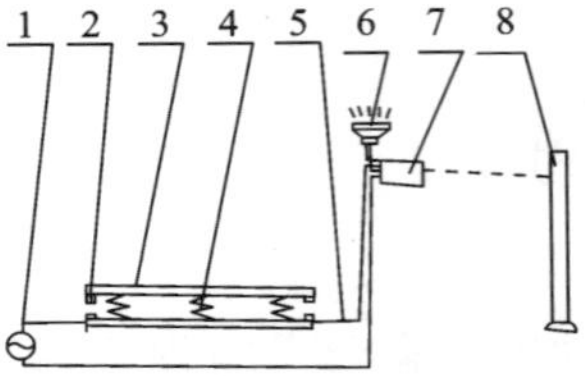

图 4-1　装置内部结构示意图

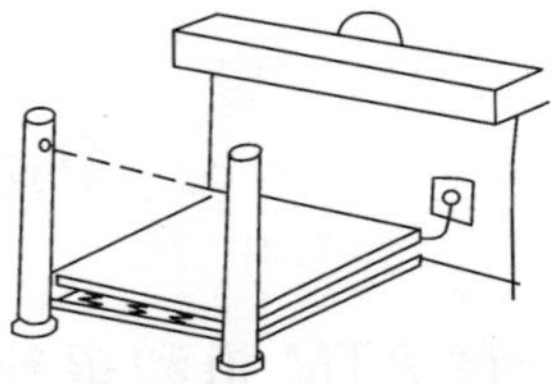

图 4-2　装置设置在柜台前的结构示意图

点评 1　(1) 什么是“一米线”？

“一米线”又称伸缩隔离带，由栏杆座、警戒线、移动护栏所组成。“一米线”主要用于大型排队秩序控制以及定向人流输导，是必需的队列设施和科学的摆放规划，被广泛地应用于人流集中场所。

(2) “一米线”的功能。

“一米线”的主要功能是维护个人的隐私，兼有维护公共秩序，保持公众距离的作用。如银行在距营业柜台或窗口一米处画线，并在一旁挂牌，以提醒顾客在线后排队等候。(图 4-3)

(a)　(b)　(c)

图 4-3　银行“一米线”

(3) “一米线”的特点。

① 自动排队隔离。通过电子自动开闭进出口装置，每次允许一位客户进入“一米线”内，在客户未办完业务离开柜台前，自动阻止后面客户进入“一米线”内，实现“一客一过，有序进入，自动隔离”。

② 出入分道管理。实行出入分道自动控制，客户按规定方向进出，保证人流顺畅，秩序井然。

③ 柜台人工控制。营业员可根据需要，通过控制板随时控制电子“一米线”进

出口开闭状态，实现手动和自动控制相结合。

④ 故障自动补救。在停电、设备损坏等突发情况下，自动启动自我补救系统，“一米线”隔离杆关闭功能取消，客户仍然能够自由进出，保证业务办理正常进行。

建议　了解现有技术后再创新。

此创新发明属安全距离技术领域，特别涉及一种ATM机和银行柜台使用的“一米线”控制装置。此创新发明设想通过“一米线”电子控制提示人们自觉与取存款人保持安全距离。

此创新发明选题正确，观察生活细致，发现问题及时，解决问题的方法正确，技术方案可行。

“一米线”在当今城市公共管理中普遍使用。生活中，多人同时跨过“一米线”办理存取款、医院挂号、机场安检银行、车站、邮局、剧院、空港、地铁、收款台、展览中心、酒店、俱乐部等公共场所等出现被窃、被偷窥事件时有发生。（“一米线”标识涉及公共秩序、公共安全和个人隐私）

那么，“一米线”是对公民通过道德约束（软性管理）来确保取款人的隐私和安全好，还是通过技术方法（硬性管理）来确保取款人的隐私和安全好呢？

该同学选择后者来解决该问题确实不错，因为如何保证人人遵守不单单是道德能解决，还应用相应的手段来保证。例如：①采用红外线灯光墙（图 4-4）；②采用距离传感器[图 4-4(a)]；③采用信号灯式提示准许接近（图 4-5）；④在现有“一米线”技术上再创新（图 4-6）；⑤等候时间过长应增加点什么？

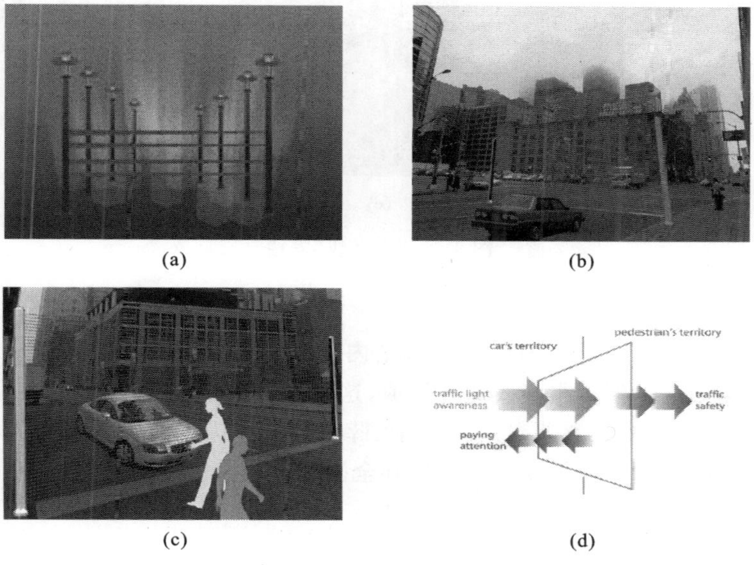

(a)　(b)　(c)　(d)

图 4-4　红外线灯光墙

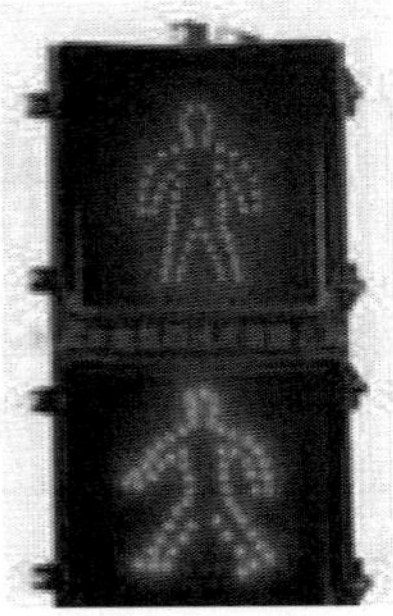

(a)

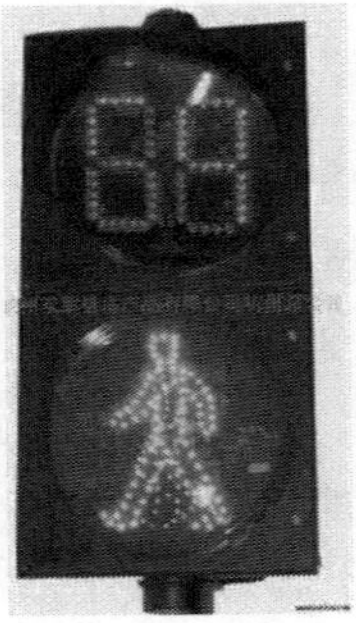

(b)

图 4-5　信号灯

(a)

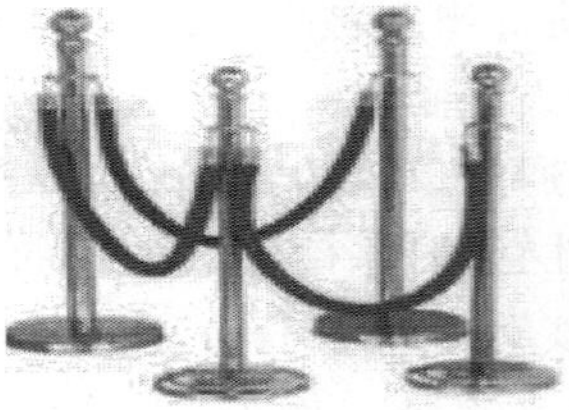

(b)

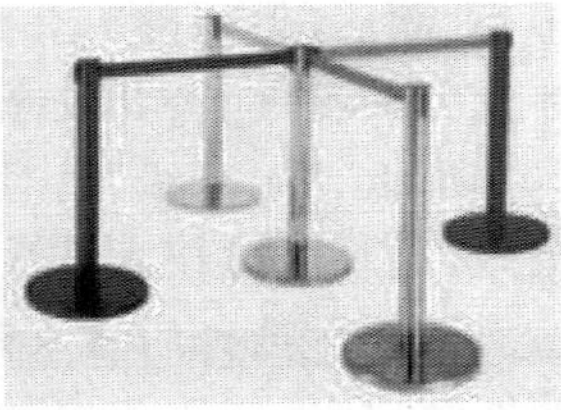

(c)

(d)

(e)

(f)

图 4-6　“一米线”隔栏

链接　“一米线”的发明故事。

经常出差的人，对于全国各地火车站内的“梳状单向通道门”和“一米线排队机”可能不会陌生。但是很多人却不知道，这看似简单的装置，却属于国家专利，且发明者是湖北省郧西人薛荣森。20 年前，薛荣森放弃优越的工作下海开公司搞发明。至今，他已将这两项主要发明推销到全国 280 余家火车站广泛使用，成为身家数百万元的“专利富翁”。

“一米线”的发明源于春运

当时，薛荣森在襄樊火车站搞站场设施维修，站长提出这样一个问题：火车站候车大厅入口处安装"三品"检查仪后，为防止漏检车票和"三品"，在"三品"检查仪旁设有仅能单人通行的狭窄通道，迫使旅客排队行进。这种情况下，候车大厅为的站务人员、商务人员和部分旅客，要走出大厅，就会与进站旅客发生拥堵。为解决这一问题，一般是在入口之外另开一个通道，在这个通道口设值班人员，只允许大厅内的人员出来，不让外面的人进去。这样一来，不仅工资支出大，稍有疏忽，还会发生漏检事故。他们试图用传统的单向门来解决这一问题，由于逆向行人只需抬腿跨越就能通过，不能达到预期目的。

薛荣森感悟着，这是一个全新的挑战，全国几百家火车站，都有这样的问题。

经过一个多月的设计和试验，一个样子怪异、功能独特的"梳状单向通道门"在他手中诞生了：它利用平面是由线段构成的这一几何原理，将平面门扇制成梳齿状，这种可以重叠换位的梳状门扇，通过框架、中轴、单向器、弧形导流板等构件互相连结，构成了真正意义上的单向门。

"一米线"这扇门有着神奇的功能

"一米线"这扇门在同一刻具有打开、关闭和运动三种状态。任何情况下，对于一个正向行走的人是永远打开的，对于一个逆向行走的人是永远关闭的。不须值守，逆向行人无论如何都无法通过，安装在候车大厅入口处，既美观经济，又安全实用。克服了传统单向门的缺点，填补了我国单向门技术领域的空白。2004 年，该发明取得了国家专利。

襄樊火车站安装这扇门后，立即在铁道部引起反响，专家誉之为"智慧之门"。之后，薛荣森又发明了"一米排线机"，同样引起轰动。(图 4-7)

图 4-7　"一米排线机"

点评 2　看完了以上相关技术后你是否有想法，"一米线"控制装置的方法有很多，但仍然存有缺陷，仍可再创新，如"利用距离传感器控制的'一米线'"、"升降式'一米线'护栏"、"转栏式'一米线'护栏"、"红外线幕墙"、"有记忆的镜子"、"电子狗‘一米线’护栏”、“真假摄像头”等。

创新发明实例 2

一种插座套

所属技术领域　本创新发明属电器插座技术领域，特别涉及一种安全插座套。

背景技术　众所周知，社会上的插板插座已深入人们的生活，成为人们不可缺少、时时接触的一部分，形形色色的插板插座方便了人们的生活。现有的插板多为导电铜片自动夹紧插头导电片，使得插入后不易松脱，但在一些机械、电子产品等器械工作时需要移动，从而电源线也要晃动，导致插头易从插孔掉出，或者长时间依靠导电铜片弹性夹紧会产生疲劳，影响机器正常工作，带有水分的插座很容易造成触电，带来很多麻烦和不便。基于以上种种问题，本创新发明将解决这些难题。本创新发明体积很小，而且很轻。同时本创新发明结构简单，便于操作，也比较适合各个家庭使用，这样还可以解决插座口渗水，触电和插头脱落的问题，是一种有利于社会的创新发明。

发明内容　本创新发明的目的是克服上述不足，提出解决的办法，其技术方案是：发明一种安全插座，主要由①弹性橡胶套，②凹槽，③插座口，④双面胶构成。

本创新发明的技术方案是这样来实现的：本创新发明具有弹性橡胶套，密封在插座外的弹性橡胶套具有防水、防触电和防脱落的功能。

本创新发明的特点是：

(1) 本创新发明结构简单，操作方便，可以重复使用，物价便宜，不分性别，老少适宜。

(2) 本创新发明用弹性橡胶套密封着插座口，以达到防水的作用。

(3) 本创新发明的弹性橡胶套是绝缘体，可以达到防触电的作用。

(4) 当插头插入插座时，弹性橡胶套套着插头，可以达到防脱落的作用。

附图说明　下面结合附图和实例对本创新发明作进一步的说明。图 4-8 是本创新发明一种插座套的内部结构示意图，其中 1 是弹性橡胶套，2 是凹槽，3 是插座口，4 是双面胶。图 4-9 是本创新发明一种插座套插入插头时的内部结构示意图，1 是弹性橡胶套，2 是凹槽，3 是插座口，4 是双面胶，5 是插头，6 是插座插板。图 4-10 是本创新发明一种插座套的插入插头时的三维示意图。

具体实施方式　将插座面板、弹性橡胶片、插座口、导电铜片、插座底板组装在一起。本创新发明用弹性橡胶片密封着插座口，以达到防水的作用。本创新发明的弹性橡胶片是绝缘体，可以达到防触电的作用。当插头插入插座时，弹性橡胶片挤压插头导电片，可以达到防脱落的作用。

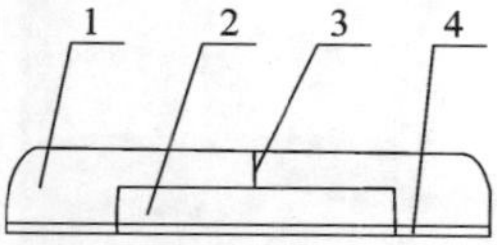

图 4-8　插座套的内部结构示意图

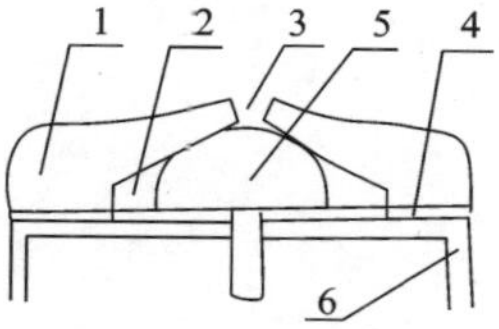

图 4-9　插座套插入插头时的内部结构示意图

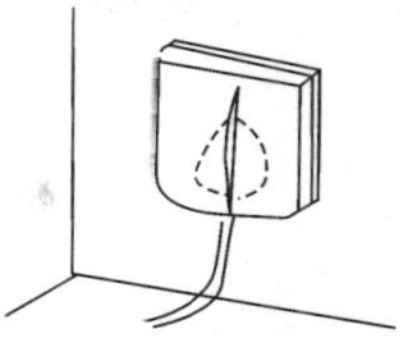

图 4-10　插座套插入插头时的三维示意图

点评 1　此创新发明设想"通过弹性橡胶套，密封在插座外的弹性橡胶套具有防水，防触电和防脱落的功能"来解决现有插板易松脱、易晃动、易触电等不足。

该同学观察生活非常仔细，并能从平常中发现不足，令人敬佩。

插座进水是客观现实，理当改进，在我们的身边还真有高人解决了该问题。

(1) 插座进水可以通过设置防水方式来解决。

(2) 插座进水还可以通过改变电路回路方式来解决。

(3) 插座进水还可以通过增加元器件断电方式来解决。

(4) 插座还可根据用途进行新的设计。

建议　了解相关技术后再创新。

除了防水插座可以加盖防水外，插座在使用上也存在着较多不足，为此，许多人在原有技术的基础上又进行改进、再创新，如图 4-11。

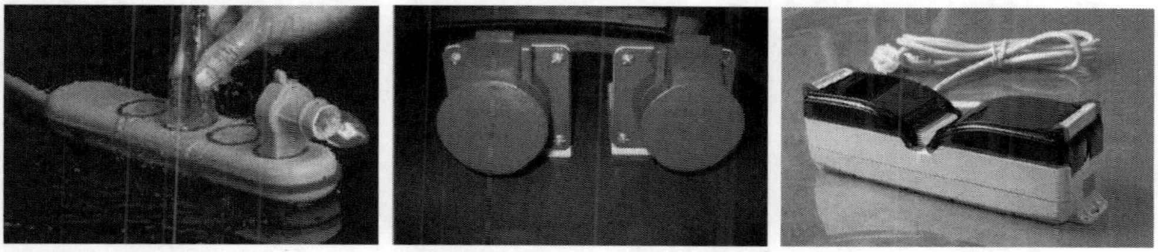

(a)　(b)　(c)

图 4-11　防水插座

① 带开关的旋转插座

带开关的旋转插座试图解决插头方便性和安全性问题，插座的中心部分是可以旋转的，并且在外壳的上部有一个导向槽，在光线不佳的时候我们就可以很方便的顺着导向槽将插头插入插座中，接下来通过一个顺时针的旋转插座就可以通电了，如图 4-12。

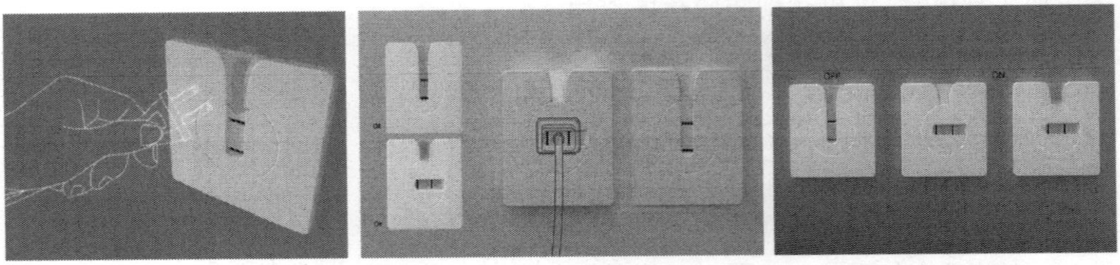

(a)　(b)　(c)

图 4-12　带开关的旋转插座 1

通常我们使用的插座都有一个局限性，只能在一个地方使用，这样电器也就必须围绕在插座周围，非常的不方便。这款带开关的旋转插座由 5 个单个插座组成，分别通过电线连接，不使用的时候电线还可以缠绕在单个插座上面，如图 4-13，这样就使电器在哪里插座就可以随时出现在那里了，是不是很实用呢。

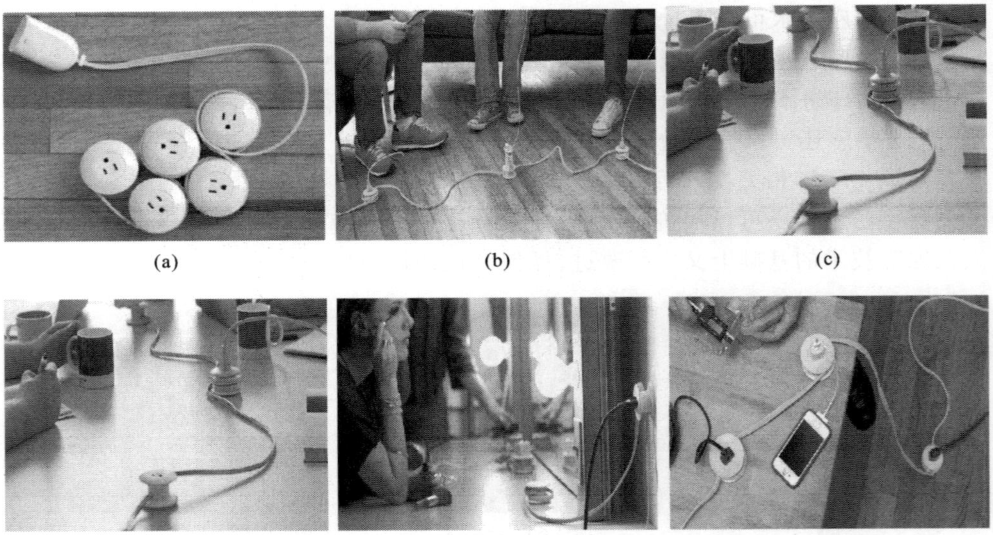

(a)　(b)　(c)

(d)　(e)　(f)

图 4-13　带开关的旋转插座 2

② 粉嘟嘟的小猪插座

我们平常使用的插线板大多为方块的造型，冰冷的塑料材质。有人设计了一款粉红可爱的小猪插座，大胆的造型设计打破传统插座造型，不仅利用了空间，还给我们带来一种轻松愉快的生活感受，如图 4-14。

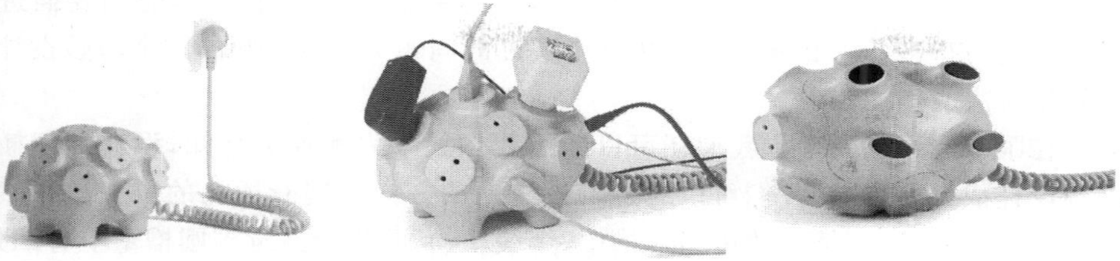

(a)　　　　(b)　　　　(c)

图 4-14　粉嘟嘟的小猪插座

③ 安全插头设计

这款来自三位中国设计师黄光磊、魏敏和蒋忠彪合作设计的插头是我目前为止见过最优秀的设计。首先它的活动折叠式截断电源的方式很安全，不同于一般插头，关掉电器之后插头都还有电，比较危险；其次它的活动关节使它比一般的电插头更短更节省电线材料，当它接通电源时的状态便是紧贴墙面，也比较不会被周围的动作所干扰，造成脱落，如图 4-15。

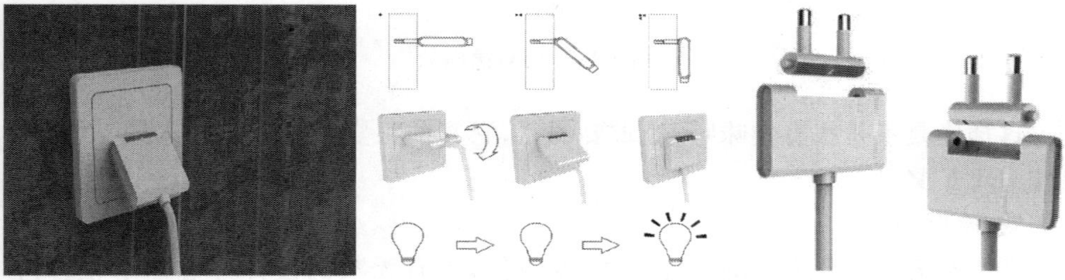

(a)　　　　(b)　　　　(c)

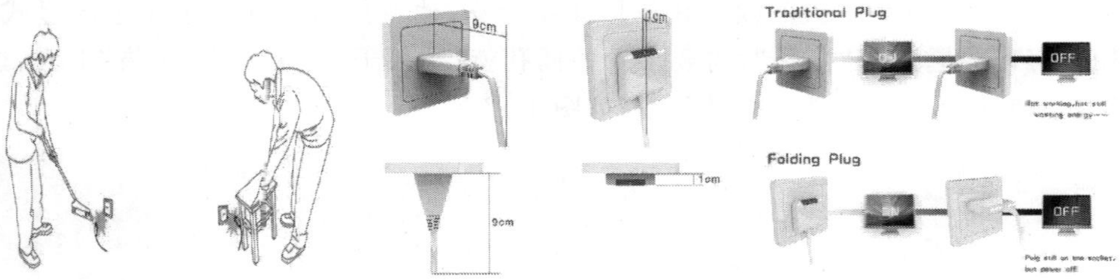

(d)　　　　(e)　　　　(f)

图 4-15　安全插头

④ 创意插座

当一个插座摆在我们面前，我们很容易就能把插头插进去。如果我们的插座位于一个很尴尬的位置，比如办公桌下方，这时由于不能看清插孔，恐怕要插进插头就得费力得多。怎么样才能解决这个实际的问题呢？设计师的这个巧妙设计将能轻松解决我们的焦虑。

在眼睛看不到的地方我们还可以通过我们的手去触摸去感知，设计师把插座周围设计成纹路，这样我们可以通过触摸纹路的方向来判断插孔的位置。当然还有一个办法就是，把插头放进圆形槽中，缓缓转动，我们会感觉到圆槽壁上有凹处，就代表找到了插孔方向，如图 4-16。

(a) (b) (c)

图 4-16 创新插座

这插座是不是很有趣味呀，最重要的是，它真的很实用！此设计入围 2011 年最佳 IDEA 奖。

⑤ 树形插座

插板插孔不够用的问题一直烦扰着我们，也有无数的设计师想出了很多应对的办法，但大多的思维仍然没有跳出插座的原始概念。看看设计师 Eunsung Kwon 设计的这个强大的模块化树形插座分支，他将插座设计成了树干的形式，用户可以将它进行“生长”，需要多少的插孔就给“枝干”拼多少个“树枝”上去，这样就非常好地解决插头相挤的问题，如图 4-17。

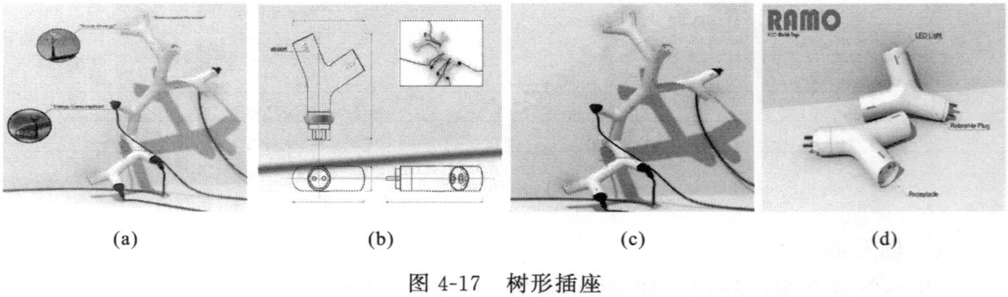

(a) (b) (c) (d)

图 4-17 树形插座

⑥ 带插座的室内电源线

这是一个非常简单的想法，但它却能解决我们生活中的问题。设计师将电源线设计成了带插座的形式，这样就可以利于电器的摆放，而不是像传统插板一样，插板在哪里电器就摆在哪里，如图 4-18。

(a)　(b)　(c)

图 4-18　带插座的室内电源线

⑦ 带定时器的插座

这是一个安全方便的环保插座，其特点是能控制插座的供电时间长短，使用者仅需用手指转动插座上的圆环来设定通电时间的长短，转动的角度越大供电的时间越长，反之越短，如图 4-19。

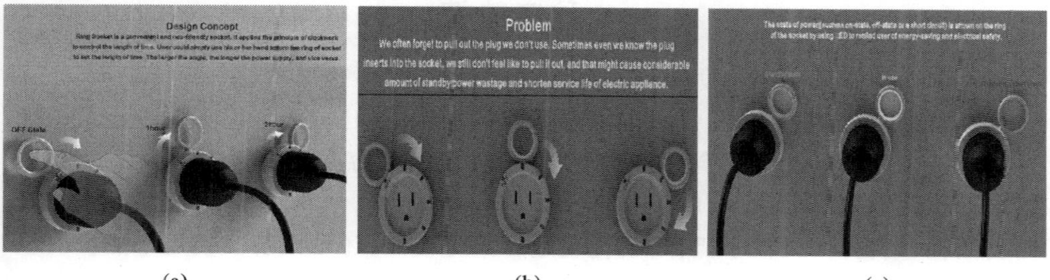

(a)　(b)　(c)

图 4-19　带定时器的插座

⑧ 拼接插座

该插座利用正方体六个面来进行设计，旋转的拼接插座，改变了原来插座的固定使用方式，多面旋转的组合方式让插座使用方便，多角度的使用方式轻松解决了无法同时使用多个插头的问题，组合方式也很方便快捷，如图 4-20。

插座的设计不但可以按用途的设计、创新，还可以根据使用环境、美化环境来设计。

点评 2　看完了以上插座的创意作品后是否感触很深，那么多点子早就想到过，只不过是不知该如何“占有”。其实，创新发明就如“抢食”，你不占有别人肯定占有，创新发明不单有技术领先性，还有独占性。插座的创意还可逆向思维来设

(a)　(b)　(c)

图 4-20　拼接插座

计，比如，插座就一定是简单的“公”与“母”、“凸”与“凹”、“阴”与“阳”的对接吗？能不能有“奇”想？比如，伸缩式插座、隐藏式插座、感应式插座、带密码的插座、有身份识别的插座、同色插座、透明插座、玻璃插座、人形插座、物形插座等等。

创新发明实例 3

一种电热被

所属技术领域　本创新发明属电器用具技术领域，特别涉及一种电热被。

背景技术　众所周知，冬天时电热被能提供保温的功能，但很多地方还是缺乏安全设施。在那些缺乏安全设施的地方使用产品，很容易造成触电和导火。基于以上种种问题，本创新发明电热被将克服这些难题。本创新发明电热被体积很小，而且很轻，结构简单，便于操作，也比较适合家庭使用，还可以解决使用电热被安全的问题，是一种有利于社会的创新发明。

发明内容　本创新发明一种保温床垫，主要由①水管，②小型水泵，③水箱，④加热管，⑤水箱盖，⑥加热及保温器，⑦开关，⑧插头，⑨乳胶绵，⑩纤维绵，⑪绝缘层构成。

本创新发明电热被可分成两个部分，第一部分是床被，第二部分是一种利用温水循环的保温换热器。

本创新发明的特点是：

(1) 本创新发明电热被结构简单，操作方便，可以重复使用，不分性别，老少适宜。

(2) 本创新发明电热被有床被的功能，还具有保温的功能，保护不被触电和导火的作用。

附图说明 下面结合附图和实例对本创新发明作进一步的说明。图 4-21 是本创新发明电热被的保温换热器部分的主视内部结构示意图；图 4-22 是保温换热器部分的平面内部结构示意图；图 4-23 是保温换热器部分的三维内部结构示意图；图 4-24 是床被部分主视内部结构示意图；图 4-25 是保温换热器部分三维内部结构示意图。其中图4-21 中的 1 是水管，2 是小型水泵，3 是水箱，4 是加热管，5 是水箱盖，6 是加热及保温器，7 是开关，8 是插头。图 4-22 中的 1 是水管，2 是小型水泵，3 是水箱，4 是加热管，6 是加热及保温器，7 是开关，8 是插头。图 4-24 中的 1 是水管，2 是小型水泵，6 是加热及保温器，9 是乳胶绵，10 是纤维绵，11 是绝缘层。

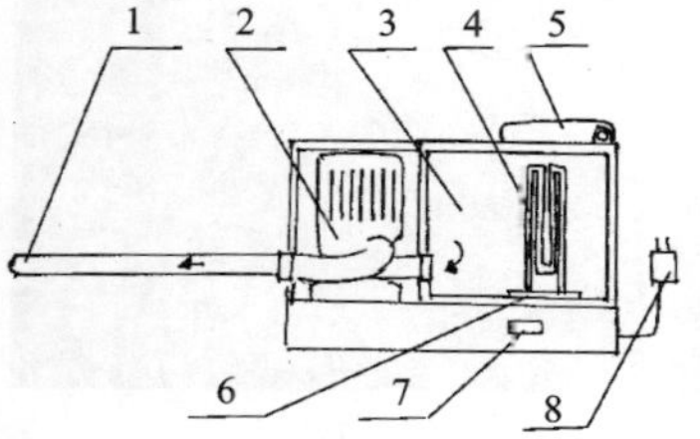

图 4-21 保温换热器部分主视内部结构

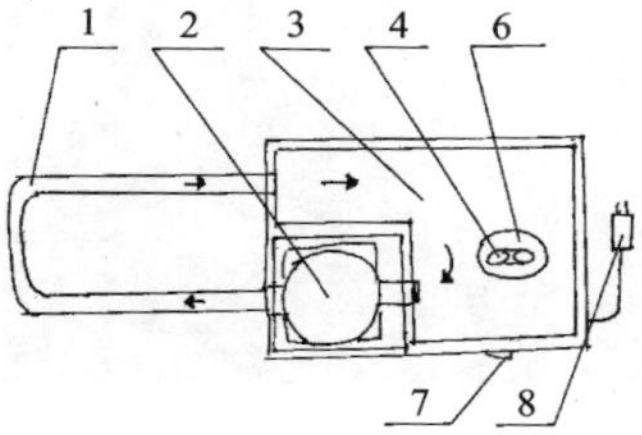

图 4-22 保温换热器部分平视内部结构

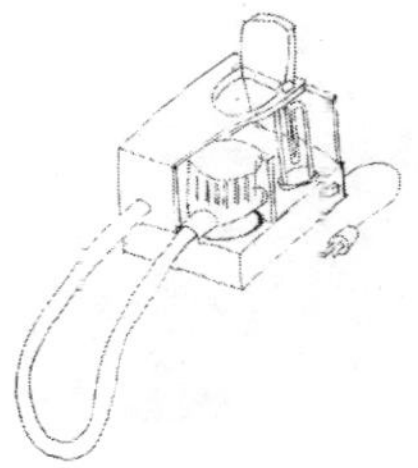

图 4-23 保温换热器部分三维内部结构

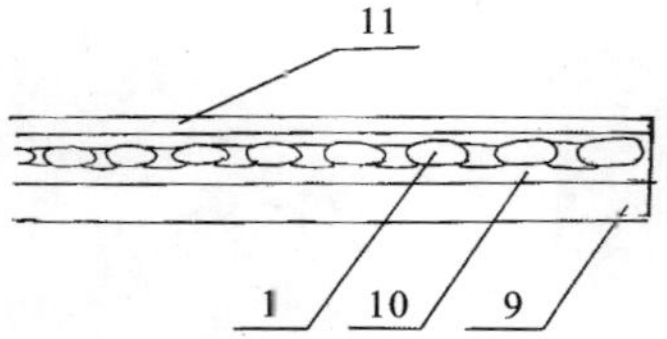

图 4-24 床被部分主视内部结构

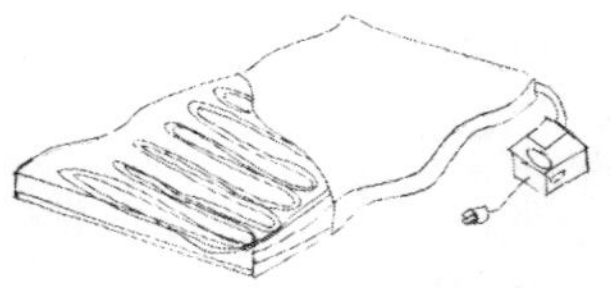

图 4-25 电热被三维内部结构

点评 1 此创新发明属电器用具技术领域，特别涉及一种电热被。此创新发明设想通过“温水循环的保温换热器的床垫”来取代现有的电加热易发生意外触电的不足。

该同学的创新发明构思取才于电热毯，并创新性地提出克服电热毯易漏电伤人的不足，改用泵热暖水的方式来提升热毯的适用范围。除在供热方式有所改变以外还可在外观等方面得到提升，并拓展它的新用途。如形状的改变，如图 4-26 为蛇形电热毯；用途的拓展，如图 4-27 为电热毯衣；新用途的联想，如图 4-28 为电热鞋，图 4-29 为电热手套；用途的扩大，如图 4-30 为电热锅、电热保温杯等新用品及电加热的其他用具用品。

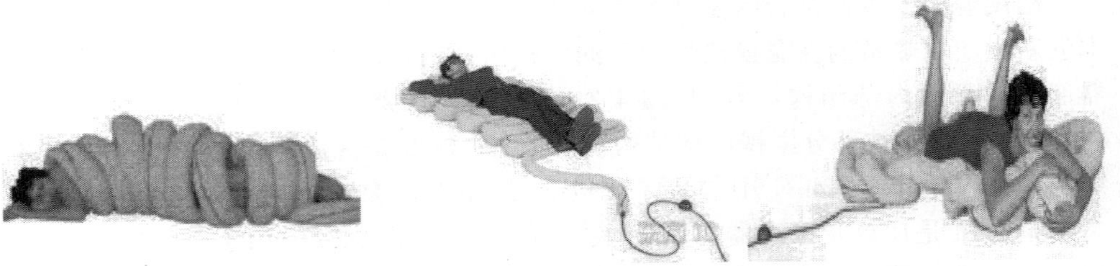

(a)　　(b)　　(c)

图 4-26　蛇形电热毯

(a)　　(b)　　(c)

图 4-27　电热毯衣

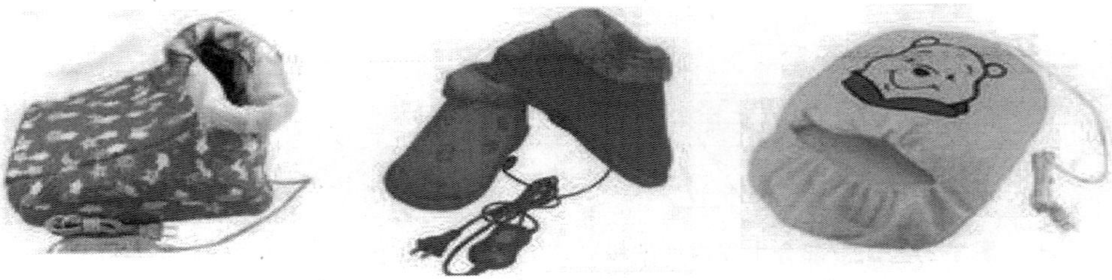

(a)　　(b)　　(c)

图 4-28　电热鞋

(a)　　(b)　　(c)

图 4-29　电热手套

图 4-30　电加热的用具用品

建议　了解相关技术后再创新。

点评 2　看完了以上电加热用品的创意作品后是否感触很深，生活中那么多用品都是别人发明的，你们能不能也有所创造呢？同学们，发明没有国界，创新不分大小，只要能解决存在的问题都是值得赞扬的。此外，该作品还能继续拓展，请同学们思考如需加热的用具用品用途还有哪些？是否电加热是唯一方式？电加热的方式还能不能移用于其他领域？

创新发明实例4

一种多功能旋转电动机

所属技术领域 本创新发明电动机属电动机技术领域，特别涉及一种多功能旋转电动机。

背景技术 众所周知，社会上的厨房电器用具繁多，它们都有独特的功能，但大多数会占用厨房一定的空间，而使得厨房拥挤不堪。基于以上问题，本创新发明电动机将克服这个问题。本创新发明体积很小，可以随意摆设，结构简单，便于操作，也比较适合家庭使用，还可以解决厨房电器用具占空间太多的问题，是一种有利于社会的创新发明。

发明内容 本创新发明一种多功能旋转电动机，主要由①左右摇摆按钮，②机臂，③开关按钮，④机柱，⑤机台，⑥电动机，⑦紧固盘，⑧旋转轴，⑨凹槽，⑩插头，⑪风扇保护网盖，⑫一种可以正反面安装的叶片，⑬搅拌刀和搅拌盒，⑭打蛋器，⑮打蛋碗构成。本创新发明是具有吹风、抽风、打蛋和搅拌功能的旋转电动机。

本创新发明的特点是：

(1) 电动机结构简单，操作方便。

(2) 电动机体积很小，可以随便摆设。

(3) 电动机可以安装一种可以正反面安装的叶片，达到风扇和抽风机的功能。

(4) 电动机可以安装搅拌刀和搅拌盒，达到搅拌器的功能。

(5) 电动机可以安装打蛋器，达到打蛋的功能。

附图说明 下面结合附图和实例对本创新发明作进一步的说明。图4-31是多功能旋转电动机的正面结构示意图；图4-32是旋转电动机的侧面结构示意图；图4-33是多功能旋转电动机的平面结构示意图；图4-34是多功能旋转电动机的结构示意图；图4-35是多功能旋转电动机安装一种可以正反面安装的叶片的结构示意图；图4-36是多功能旋转电动机安装搅拌刀和搅拌盒的结构示意图；图4-37是多功能旋转电动机安装打蛋器的结构示意图。其中图4-31中的1是左右摇摆按钮，2是机臂，3是开关按钮，4是机柱，5是机台，6是电动机，7是紧固盘，8是旋转轴；图4-32中的2是机臂，4是机柱，5是机台，6是电动机，7是紧固盘，8是旋转轴；图4-33中的1是左右摇摆按钮，2是机臂，5是机台，6是电动机，7是紧固盘，8

是旋转轴，9 是凹槽；图 4-35 中的 9 是凹槽，10 是插头，11 是风扇保护网盖，12 是一种可以正反面安装的叶片；图 4-36 中的 13 是搅拌刀和搅拌盒；图 4-37 中的 14 是打蛋器，15 是打蛋碗。

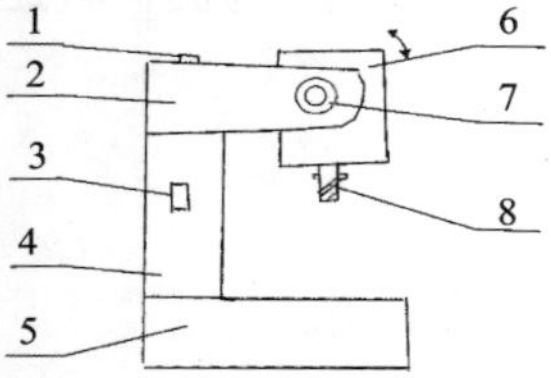

图 4-31　正面结构图

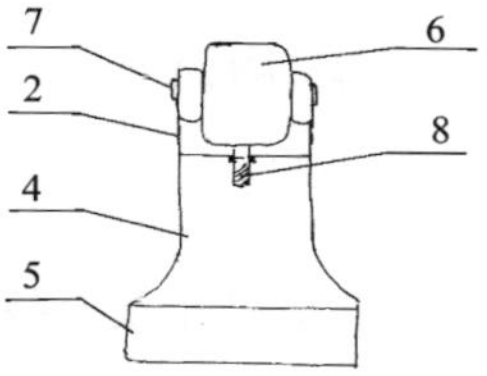

图 4-32　侧面结构图

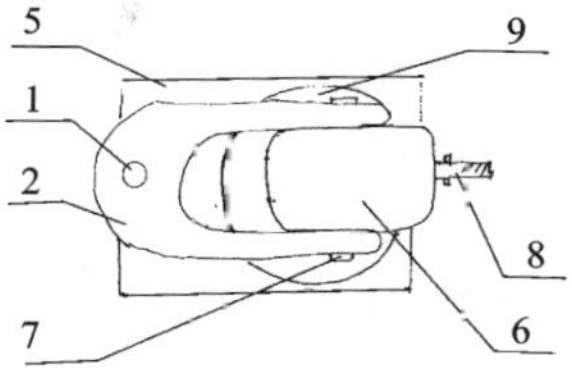

图 4-33　平面结构图

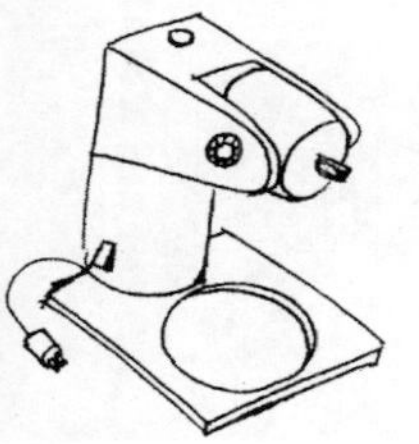

图 4-34　结构示意图

图 4-35　安装叶片结构图

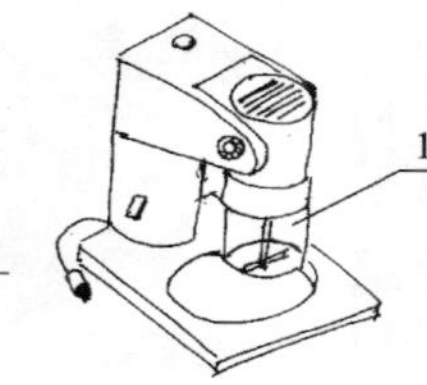

图 4-36　安装搅拌刀、盒结构图

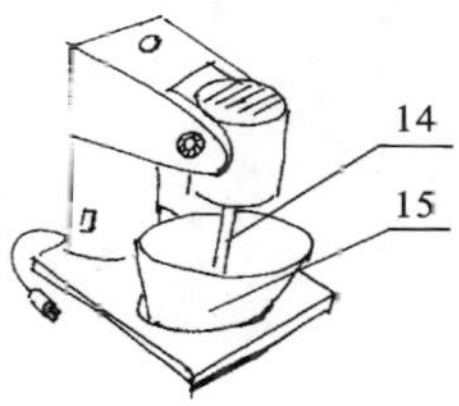

图 4-37　安装打蛋器结构图

具体实施方式　将现有中的左右摇摆按钮、机臂、开关按钮、机柱、机台、电动机、紧固盘、旋转轴、凹槽和插头安装在一起。

风扇的功能：将紧固盘松弛，把发动机 90 度向外朝，锁紧紧固盘，安装风扇保护网盖，接着安装一种可以正反面安装的叶片（正面安装），然后再安装风扇保护网盖，装上电源就可以使用。

抽风机的功能：同样安装风扇的步骤，只是将一种可以正反面安装的叶片反过来安装，装上电源就可以使用。

搅拌器的功能：将紧固盘松弛，把发动机 90 度向下朝，锁紧紧固盘，安装搅拌刀，将要搅拌的材料放入搅拌盒里，安装上搅拌盒，装上电源就可以使用。

打蛋器的功能：将紧固盘松弛，把发动机 90 度向下朝，锁紧紧固盘，安装上打蛋器，把蛋打入打蛋碗，将打蛋碗放入凹槽处，装上电源就可以使用。

点评　该作品属电动机技术领域，特别涉及一种多功能旋转电动机。该作品设想通过对现有电机改进，增加一些辅助配件实现一个电机多种用途，克服电机功能单一的不足。

该作品的创新点选择非常适当，解决了电动机在基本结构不变的情况下改变电动机的工作角度而增加适用性，因此具有新颖性和创造性，改变不大意义却很大。

目前，全世界的电动机都在朝着两极发展，即超大电动机和超小电动机（微电机）。在电机材料方面更是如此，不再是铸铁壳一统天下的局面，如今，电机材料还有有色金属、绝缘材料、塑料、有机玻璃、陶瓷等。

建议 了解相关技术后再创新。

① 现有技术领域

下面图 4-38 中（a）～（l）为各类电动机在现有技术领域中的应用。

(a) 卧式机

(b) 手拉式口袋机

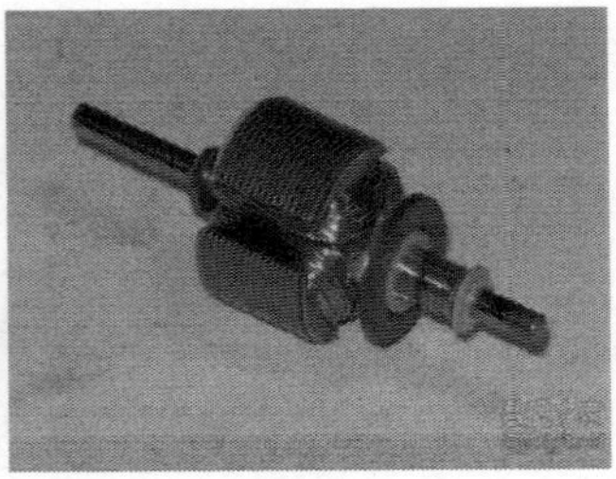

(c) 碳刷式机

(d) 异步机

(e) 同步机

(f) 交流永磁伺服机

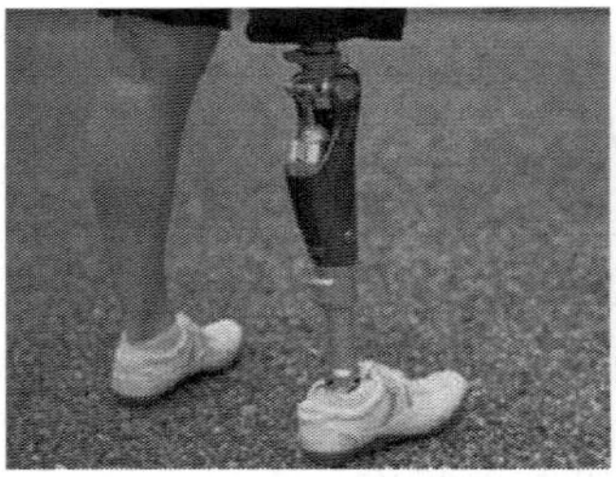

(g) 仿真腿伺服机

(h) 永磁同步机

(i) 万鑫减速机

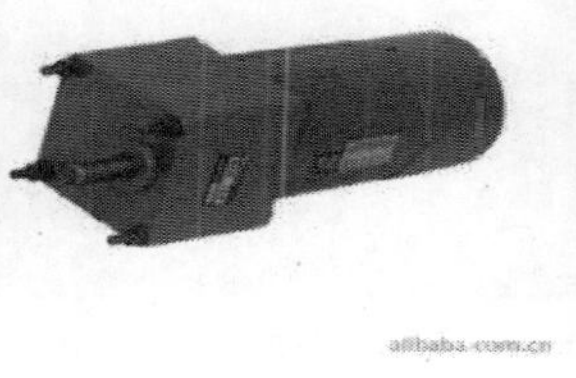

(j) 直线机

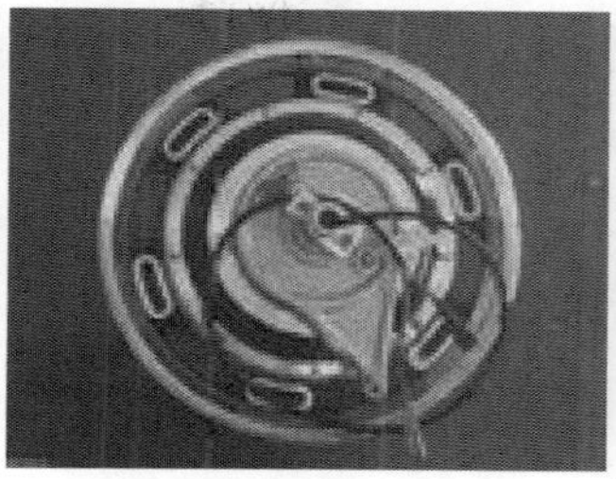

(k) 双动力毂刹王中王机

(l) 电磨机

图 4-38　电动机在现有技术领域中的应用

② 电机运用的新领域

下面图 4-39(a)～(l)为各类电动机在各个新领域中的应用。

(a) 颠波车

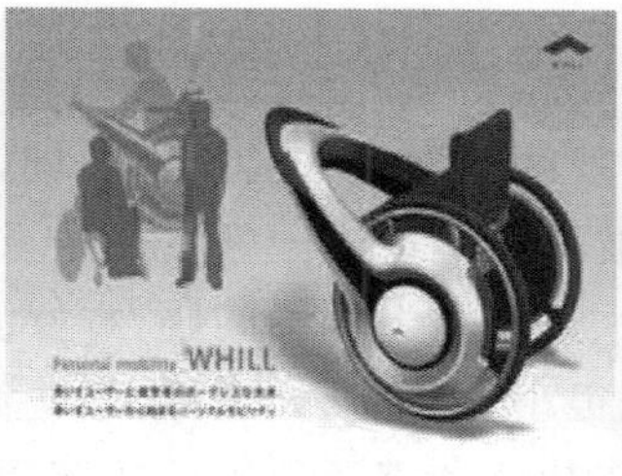

(b) 轮椅车

(c) 双人车

(d) 自行车

(e) 助力自行车

(f) 汽车

(g) 皮鞋车

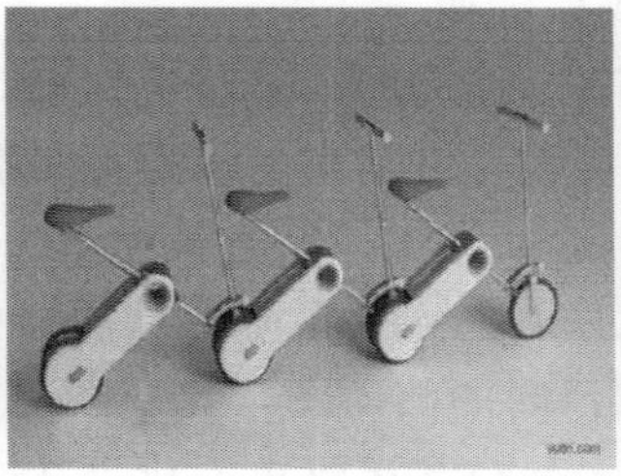

(h) 迷你车

(i) 折叠车

(j) 太阳能采光板　　(k) 移位电钻　　(l) 剪刀

图 4-39　电动机在新领域中的应用

创新发明实例 5

一种海上探测器

所属技术领域　本创新发明属探测工具技术领域，特别涉及一种海上探测器。

背景技术　众所周知，航运业是促进国家发展的重要来源，但很多海域缺乏防海盗，防敌国的战艇的设施。基于以上种种问题，本探测器将克服这些难题。本创新发明一种海上探测器体积很小，可以随处漂浮，结构简单，便于操作，也适合各种海域使用，还可以解决遭海盗劫持和遭遇敌国的战艇问题，是一种有利于社会的创新发明。

发明内容　海上探测器，主要由①螺旋桨，②外壳，③摄像机，④发射机，⑤控制接收单元机，⑥电动机，⑦转动装置，⑧方向固定桨，⑨旋转轴，⑩电池，⑪重力装置，⑫开关构成。

海上探测器可以无线遥控，利用两个螺旋桨作为推动力并利用无线传送信息至遥控室的海上探测器。

海上探测器的特点是：

(1) 探测器结构简单，操作方便。

(2) 探测器体积很小，可以随处漂浮，不易被发现。

(3) 探测器可以利用摄像机和发射机将当地视频情况发回控制室。

附图说明　下面结合附图和实例对本创新发明作进一步的说明。图 4-40 是海上探测器的内部结构示意图；图 4-41 是海上探测器在海上漂浮时的平面图；图 4-42 是海上探测器在海上漂浮时的侧面图。其中图 4-40 中的 1 是螺旋桨，2 是外壳，3 是摄像机，4 是发射机，5 是控制接收单元机，6 是电动机，7 是转动装置，8 是方向固定桨，9 是旋转轴，10 是电池，11 是重力装置，12 是开关。

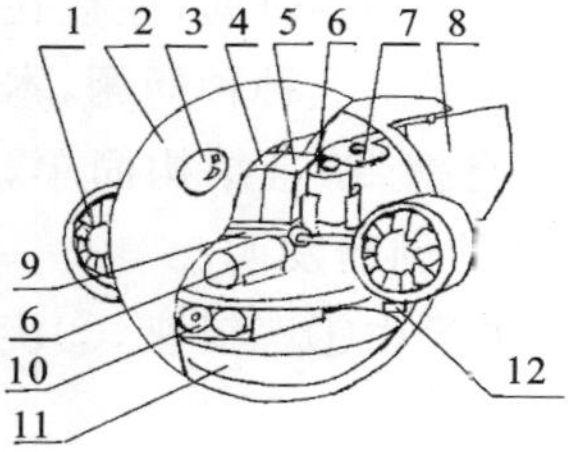

图 4-40　内部结构示意图

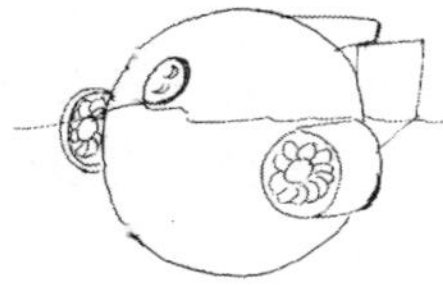

图 4-41　海上漂浮时的平面图

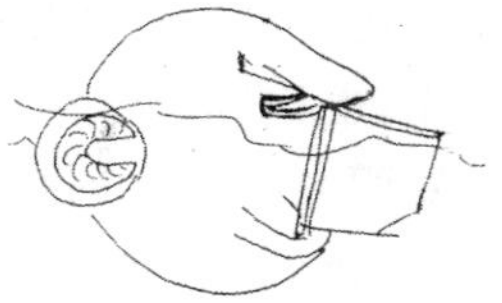

图 4-42　海上漂浮时的侧面图

具体实施方式　将螺旋桨，外壳，摄像机，发射机，控制接收单元机，电动机，转动装置，方向固定桨，旋转轴，电池，重力装置，开关装在一起。

使用步骤一：将开关打开。

使用步骤二：放入海里，因探测器含有重力装置，它不会翻转。

使用步骤三：用遥控器控制和接收视频。

点评　该创新发明属探测工具技术领域，特别涉及一种海上探测器。该发明设想通过无线遥控，利用两个螺旋桨作为推动力和利用无线传送信息至遥控室的海上探测器来实现防海盗和防敌国的战艇侵扰的目的。

该作品通过对探测器技术相关知识的了解学习，运用创新发明方法找到了解决问题的办法，提升了水下探测器实用功能。

建议　了解相关技术后再创新。

该作品还需增设逃生仓以解决遇险逃生问题。该作品还须解决仓内失火问题，可增设拖挂换气装置，降低遇险风险。

创新发明实例 6

一种可以变换三个镜的镜头

所属技术领域　本创新发明属摄像工具技术领域，特别涉及一种可以变换三个镜的镜头。

背景技术　众所周知，数码相机和单反相机的镜头主要是由镜头和一个镜组成，常用数码相机的摄影者可能都有体会，数码相机的曝光过度比曝光不足更可怕，也就是说，数码相机拍照宁欠勿过。因此影友们在拍摄较高色彩反差的照片时既要保证亮度色彩而又不要失去暗部细节，以避免色彩反差过大后期无法调整，一般会随身携带三至四枚不同功能的镜头，如圆形渐变灰镜、渐变橙镜、渐变蓝镜、渐变黄镜、渐变绿镜、偏振镜、偏光镜、星光镜等等，其中每一样都是数码相机拍摄照片中不可缺少的好帮手。但有时候拍摄时换镜很麻烦，需要花一些时间，往往在拍摄动物或移动物体时，不能及时换镜而错过了很多场景。基于以上种种问题，本创新发明镜头可以快速地换镜，体积很小，而且很轻，可以随身携带，且结构简单，便于操作，也比较适合各个家庭外出使用，是一种有利于社会的创新发明。

发明内容　本创新发明一种可以变换三个镜的镜头，主要由①三镜座，②旋转轴，③装镜处，④镜头座，⑤不透光橡胶，⑥弹簧构成。

本创新发明镜头的特点是：

(1) 本创新发明镜头结构简单，可以换三种镜，并且操作起来很简单，价格便宜。

(2) 它适用于各类摄影爱好者。

附图说明　下面结合附图和实例对本创新发明作进一步的说明。

图 4-43 是本创新发明“可以变换三个镜的镜头”的主视结构示意图。

图 4-44 是本创新发明“可以变换三个镜的镜头”的侧面结构示意图。

图 4-45 是本创新发明“可以变换三个镜的镜头”的平面结构示意图。

其中图 4-43 中的 1 是三镜座，2 是旋转轴，3 是装镜处。

图 4-44 中的 1 是三镜座，2 是旋转轴，4 是镜头座，5 是不透光橡胶，6 是弹簧。

图 4-45 中的 1 是三镜座，4 是镜头座，5 是不透光橡胶。

具体实施方式　将现有的镜头座安装在镜头上，镜头座固定下来后，将选好的三片镜安装在三镜座上。当需要换镜时将手按住三镜座，三镜座将挤压弹簧和不透光橡胶，然后旋转需要的镜那面，然后松开手，弹簧弹起锁紧三镜座，本装置换镜完成。

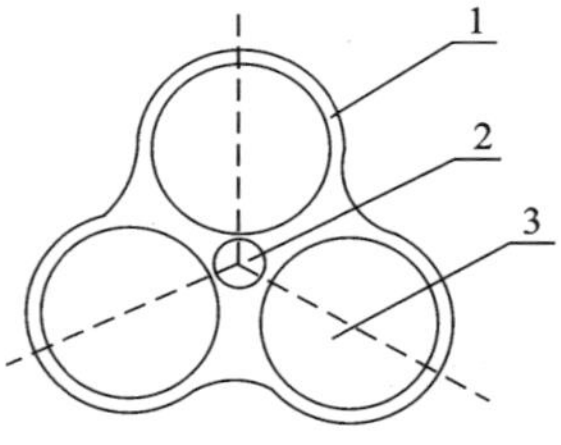

图 4-43　镜头主视结构图

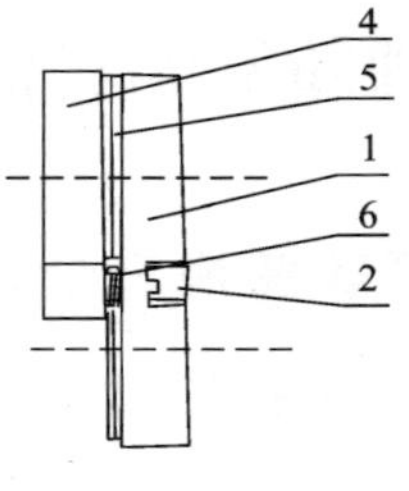

图 4-44　镜头侧面结构图

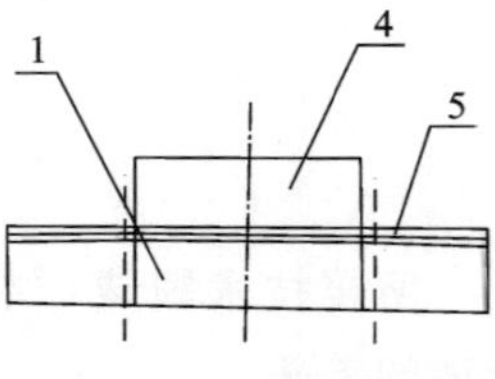

图 4-45　镜头平面结构图

点评　该发明属摄像工具技术领域，特别涉及一种可以变换三个镜的镜头。该发明设想通过选用三个镜头来解决数码相机曝光过度的不足。

该发明取材于生活而又提升了生活。作者通过使用发现数码相机和单反相机的镜头是由单一镜头所组成，如需摄制较远的景色就需更换加长镜头，以免曝光过度，但使用起来很麻烦。于是作者构思设想一种可以变换三个镜的镜头，以主镜头中心为支点，旋转更换不同镜头就能根据不同的情况拍摄不同的景色。

建议　了解相关技术后再创新。

采用三镜头虽然选择多了，但可收藏性却变弱了，如何解决这个问题，同学们应有不同的创意。

广角镜、多镜头的再创造涉及产品功能、产品线规划、包装设计、经销商、价格等方方面面，必须拥有超广阔的视野，才能设计出更好的产品，图 4-46 和图 4-47 分别为单镜头和多镜头照相机。

(a)　(b)

图 4-46　单镜头照相机

(a)　(b)

图 4-47　多镜头照相机

广角镜、多镜头的再创造带来的不止是发现的乐趣，更有参与和再创造的乐趣，图4-48 为变视角照相机。

广角镜、多镜头的再创造可以影响一个品类，可以影响一个品牌，一个企业，甚至一个行业，图 4-49 为 360 度旋转照相机。

如果能给自己的大脑换上个广角镜，可以看清市场的方方面面，更可以去探索很多原来人们并不知晓的东西。

创新实例 1　弹弓相机

弹弓相机是一个有趣的设计概念，它旨在捕捉每一个被拍摄者的真实表情，同

(a)　(b)　(c)

图 4-48　变视角照相机

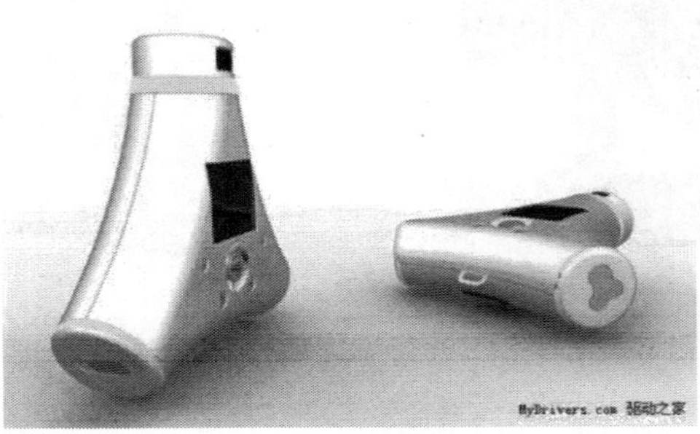

图 4-49　360 度旋转照相机

时也将改变我们使用照相机的方式。这款相机在不使用的时候可以折叠成长方形，小巧轻便，适合随身携带。使用时，您只需将它展开成 Y 字形的弹弓，瞄准被拍摄者，拉动皮筋然后松手，就可以完成一次“出其不意”的拍摄，如图 4-50。

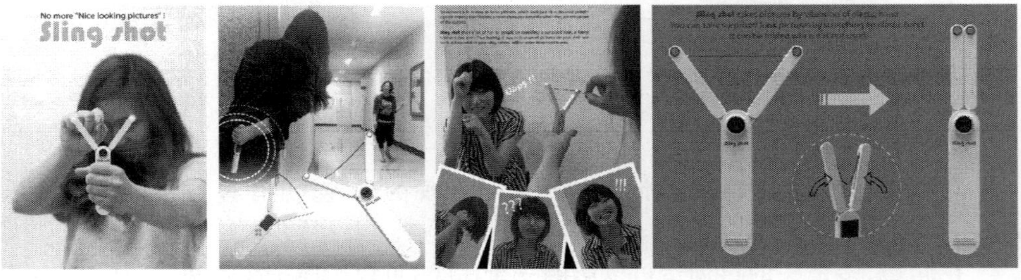

(a)　(b)　(c)　(d)

图 4-50　弹弓相机

创新实例 2　饮料盒造型的照相机

看到图 4-51 中那个可爱的果味儿纸盒饮料你想到了什么？这可不是一个饮

料，其实是一款可以为您记录精彩瞬间的简易照相机。

童心依旧的设计师将方盒简易相机的外形加以改造，让它伪装成饮料盒子的模样，把它放在超市货架上，一定会有不少粗心的家伙会将其误认为是新款饮品呢！

(a)

(b)

(c)

图 4-51　饮料盒造型照相机

创新发明实例 7

一种旋转式防水塞蹲桶盖

所属技术领域　本创新发明蹲桶盖属卫生洁具技术领域，特别涉及一种旋转式防水塞蹲桶盖。

背景技术　众所周知，现在市面上只有马桶盖，但没有蹲桶盖，所以往往洗厕所的时候蹲桶里会有渗水过多的情况，还有小孩失足跌入蹲桶的情况。基于以上种种问题，本创新发明蹲桶盖将克服这些难题。本蹲桶盖可以安装在蹲桶上，结构简单，便于操作，适合家庭使用，还可以解决家里蓄粪池渗水过多，还有小孩失足跌入蹲桶的问题，是一种有很实用的创新发明。

发明内容　本创新发明一种旋转式防水塞蹲桶盖，主要由①螺丝孔，②地板，③轴承，④外壳，⑤橡胶吸盘，⑥旋转盘，⑦旋转轴，⑧螺纹杆构成。

本创新发明蹲桶盖的技术方案是这样来实现的：当旋转旋转盘时，旋转盘的内螺纹带动螺纹杆往下压，螺纹杆带动橡胶吸盘往下压，密封蹲桶水抑制水流；再往相反方向旋转旋转盘时，旋转盘的内螺纹带动螺纹杆往上移，橡胶吸盘松开蹲桶。

本创新发明的特点是：

(1) 蹲桶盖结构简单，价格便宜，并且操作起来很简单。

(2) 洗厕所时可以抑制水流入蹲桶，并且可以在含有蹲桶的厕所积水，减少水源流失，因此节能环保。

(3) 可防止小孩失足跌入蹲桶。

附图说明　下面结合附图和实例对本创新发明作进一步地说明。

图 4-52 是本创新发明旋转式防水塞蹲桶盖的平面结构示意图。

图 4-53 是本创新发明旋转式防水塞蹲桶盖的侧面内部结构示意图。

其中图 4-52 中的 1 是螺丝孔，2 是地板，3 是轴承，4 是外壳，5 是橡胶吸盘，6 是旋转盘。

图 4-53 中的 2 是地板，3 是轴承，4 是外壳，5 是橡胶吸盘，6 是旋转盘，7 是旋转轴，8 是螺纹杆。

具体实施方式　将现有的地板，支撑板，外壳，橡胶吸盘，旋转盘，螺纹杆，旋转轴组装成一个构件，然后把现有的构件安装在蹲桶上，在地板上打 4 个螺丝孔，将螺丝锁上，将构件固定下来，本装置完成安装。

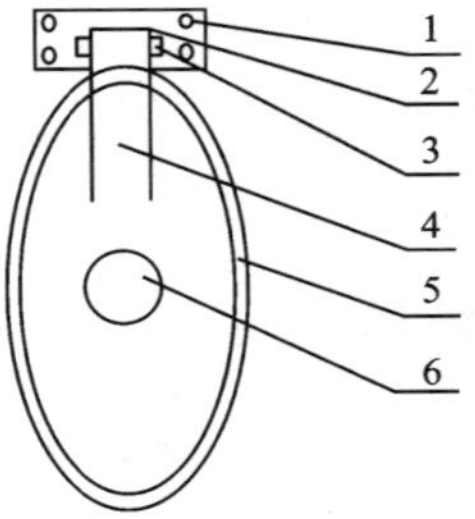

图 4-52　蹲桶盖的平面结构图

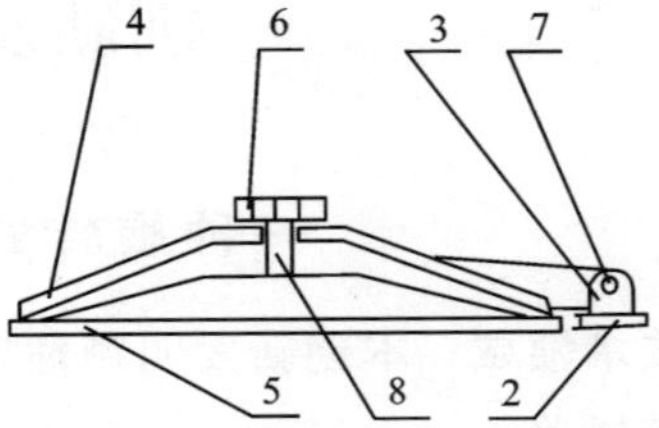

图 4-53　蹲桶盖的侧面内部结构图

点评　该创新发明属卫生洁具技术领域，特别涉及一种旋转式防水塞蹲桶盖。该作品选题取材源于生活，设想通过一种装置来解决蓄粪池渗水过多和小孩失足跌入蹲桶的不足。

点评　(1) 地漏几何形状、防返水翻板、间隙设计等均有缺陷。

(2) 地漏安装位置、结构需进一步改进创新。

创新发明实例 8

一种重力发电的鞋垫

所属技术领域　本创新发明鞋垫属发电方式技术领域，特别涉及一种重力发电鞋垫。

背景技术　众所周知，市面上的重力发电跑步鞋，只有固定的款式和大小设计的跑步鞋才有，并且很贵，很多人还是难以承受。本创新发明鞋垫体积很小，而且很轻，可以放进各种鞋子里，还可以解决充电的问题，是一种很实用的创新发明。

发明内容　本创新发明重力发电鞋垫，主要由①鞋垫，②前垫气囊，③单方向管，④微型发电机，⑤后垫气囊，⑥叶片，⑦微型发电机外壳构成。

本创新发明鞋垫在步行过程中，当前进一步时脚跟先踏地，将后气囊里的空气或液体排出，流入前气囊里，然后脚掌踏地把前气囊的空气或液体排出，流入后气囊，一直重复步骤，空气或液体连续旋转带动中间的发电机旋转产生电源。

本创新发明的特点是：

(1) 鞋垫结构简单，操作方便，可以重复使用，物价便宜，具有发电功能。

(2) 鞋垫，可供不同款式大小的鞋子，而且节能环保。

附图说明　下面结合附图和实例对本创新发明作进一步的说明。

图 4-54 是本创新发明重力发电鞋垫的平面内部结构示意图。

图 4-55 是本创新发明重力发电鞋垫的侧面内部结构示意图。

图 4-56 是本创新发明重力发电鞋垫的发电机部分空气或液体的流动方向示意图。

图 4-57 是本创新发明重力发电鞋垫的当脚跟踏地时鞋垫里的空气或液体的流动方向示意图。

图 4-58 是本创新发明重力发电鞋垫的当脚掌踏地时鞋垫里的空气或液体的流动方向示意图。

其中图 4-54 中的 1 是鞋垫，2 是前垫气囊，3 是单方向管，4 是微型发电机，5 是后垫气囊；图 4-55 中的 1 是鞋垫，2 是前垫气囊，3 是单方向管，4 是微型发电机，5 是后垫气囊；图 4-56 中的 3 是单方向管，5 是后垫气囊，6 是叶片，7 是微型发电机外壳。

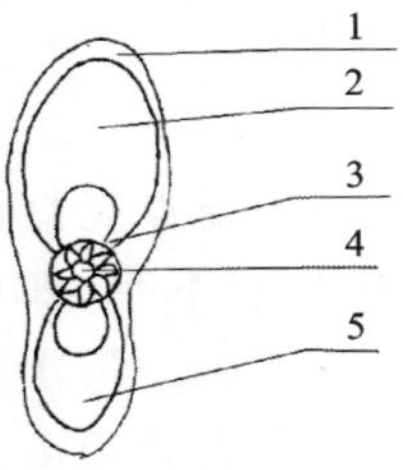

图 4-54　鞋垫平面内部结构图

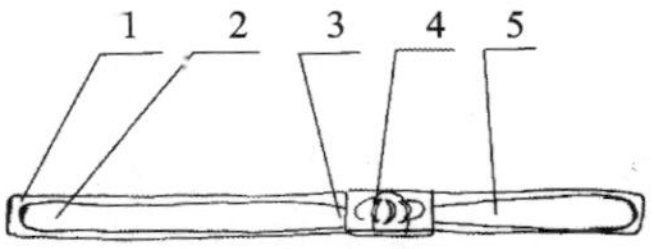

图 4-55　鞋垫侧面内部结构图

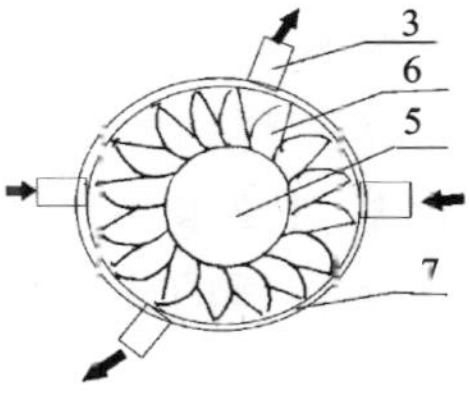

图 4-56　鞋垫空气或液体流动方向示意图

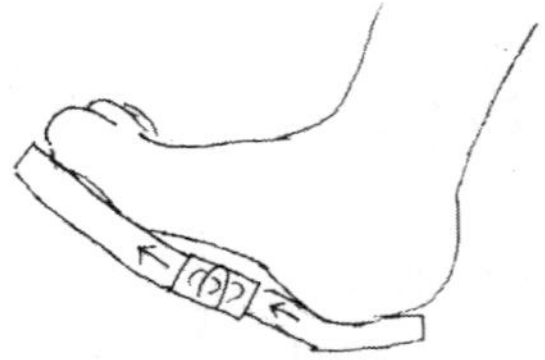

图 4-57 脚跟踏地时空气或液体流动方向示意图

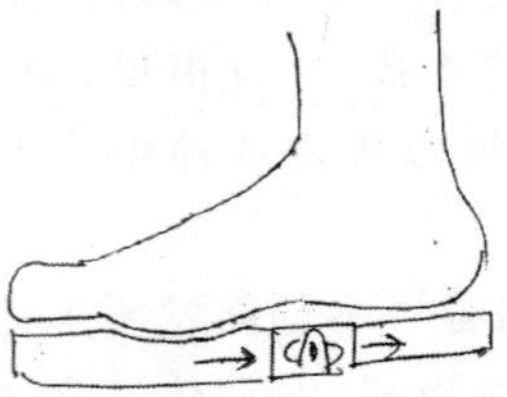

图 4-58 脚掌踏地时空气或液体流动方向示意图

具体实施方式 先将现有的鞋垫，前垫气囊，单方向管，微型发电机，后垫气囊，叶片，微型发电机外壳组装在一起。

使用步骤一：将本创新发明一种重力发电的鞋垫放入鞋子里。

使用步骤二：穿上鞋子。

使用步骤三：将充电插头接到充电器上。本装置安装完成。

使用步骤四：步行或跑步进行充电。

点评 该作品选自节能题材，说明该作者节能意识很强，并能通过自身创新实践而体现节能环保的意识。但该作品的方案还存在一些问题，例如，如何解决风叶旋转不影响鞋的正常使用？如何解决风叶窗口防水防尘问题？发电效能很低，如何解决？

建议 了解相关技术后再创新。

(1) 什么是重力发电

重力发电是一种以重力和磁分子的磁力为动力的新式发电机，其原理是：设置一条与现有发电机的传动机构相连接的水平轴，轴上有一个与轴相垂直的可带轴转动的刚性摆，摆球为磁性材料，沿竖直方向加一磁场，该磁场只通过摆球的运动轨迹平面的一半，对于磁性摆球来说，所述磁场起了“重力屏蔽”作用。

(2) 重力发电的用途

链接 一种用重力发电的落地灯

落地灯内置有一个重力锤，被固定在一个螺旋的柱体上，而当需要点亮灯泡的时候只要事先将重力锤抬升至落地灯顶部让它沿着螺旋主体自然下垂，即可利用重力锤的旋转来发电并点亮底部的 10 个 LED 灯，如图 4-59 所示。每次的下落过程可以持续 4 小时，并且由于落地灯由有机玻璃包裹，可以大大减少由于机械运动产生的噪音。

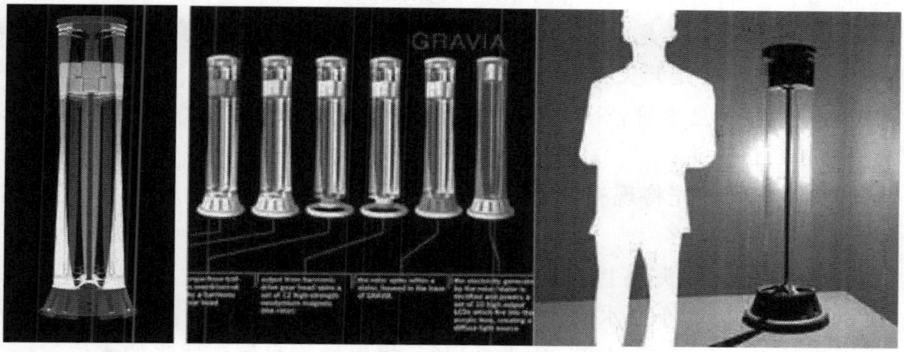

图 4-59　一种用重力发电的落地灯

创新发明实例 9

一种利用温水循环的保温换热器

所属技术领域　本创新发明换热器属于保温换热器属技术领域，特别涉及一种利用温水循环的保温换热器。

背景技术　众所周知，市面上的保温换热器主要是利用电热丝直接加热，很多缺乏必要的安全设施，很容易造成触电和导火，给人们的生命安全造成危险。基于以上种种问题，本创新发明换热器将克服这些难题。本换热器体积很小，而且很轻，结构简单，便于操作，适合各个家庭使用，还可以解决使用保温换热器的安全隐患，是一种非常关用的创新发明。

发明内容　本创新发明利用温水循环的保温换热器，主要由①水管，②小型水泵，③水箱，④加热管，⑤水箱盖，⑥加热及保温器，⑦开关，⑧插头构成。

本创新发明可分成两个部分，第一部分是水的加温和保温，第二部分是小型水泵的水循环。

本创新发明的特点是：

(1) 结构简单，操作方便，可以重复使用，具有换热器的功能，保护不被触电和导火的作用。它可供很多产品使用，不分类别，大小型适宜。

(2) 可以安装在浴缸上，保持浴缸里的水温。

附图说明　下面结合附图和实例对本创新发明换热器作进一步地说明。

图 4-60 是本创新发明利用温水循环的保温换热器的主视内部结构示意图。

图 4-61 是本创新发明利用温水循环的保温换热器的平面内部结构示意图。

图 4-62 是本创新发明利用温水循环的保温换热器的三维内部结构示意图。

其中图 4-60 中的 1 是水管,2 是小型水泵,3 是水箱,4 是加热管,5 是水箱盖,6 是加热及保温器,7 是开关,8 是插头。

图 4-61 中的 1 是水管,2 是小型水泵,3 是水箱,4 是加热管,6 是加热及保温器,7 是开关,8 是插头。

具体实施方式　先将现有的水管,小型水泵,水箱,加热管,加热及保温器,开关,插头组装在一起。

使用步骤一:将插头插上电源。

使用步骤二:启动小型水泵。

使用步骤三:将水倒入水箱,让水泵运行,慢慢地将水倒到适当的水位。

使用步骤四:启动加热器,当加热器把水加热到 60 ℃时自动进入保温状态,不断地将水温维持在 60 ℃。

使用步骤五:将水管放在要保温的东西上,水管是绝缘体不能导电,所以具有防触电功能,也具有防导火的功能。水管不断地运输循环水,不断地将 60 ℃的热能与外界交换,如冬天室温是 5 ℃,保温换热器达到 55 ℃;夏天室温 40 ℃,保温换热器就达到 20 ℃,永远让温度处于适合状态。本装置安装完成。

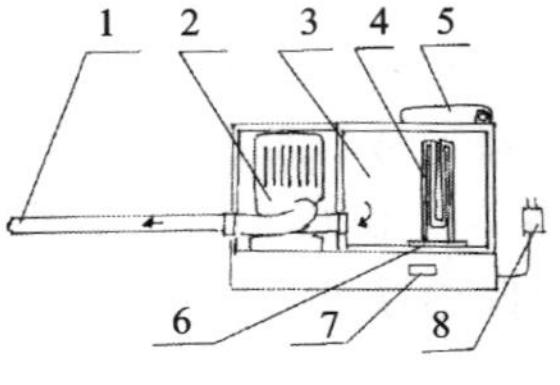

图 4-60　换热器的主视内部结构图

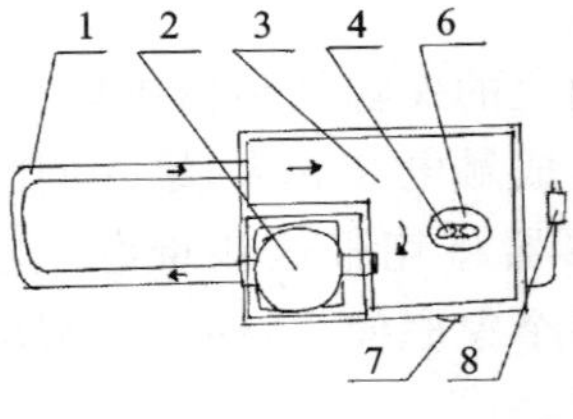

图 4-61　换热器的平面内部结构图

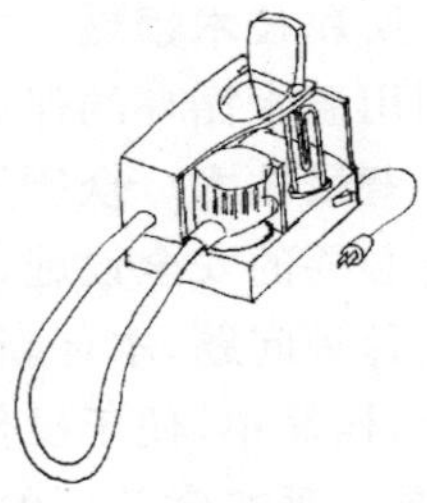

图 4-62　换热器的三维内部结构图

点评　此作品取材于家庭取暖用具用品技术领域,通过对生活的了解发现冬季取暖采用电热毯有可能发生触电伤亡事故。为此,运用发明方法中的逆向思维法,用热水代替电热丝供暖确实是一种好的办法。

缺点　防水有难度

建议　对比现有技术再创新

(1) 用热气试试

(2) 外观造型的设计应多样化,如可将家庭取暖用具用品设计为动物、植物、花卉的造型,即有取暖作用,又有装饰作用。

链接　换热器

保温换热器也叫蹭暖器，是一种换热装置，也可称之为换热器（heat exchanger），这种蹭暖器不用气不用电，连接在暖气管道上，暖气的高温热水与自来水在设备内部进行热量交换，便可源源不断地使用上热水，图 4-63 为各式各样的换热器。

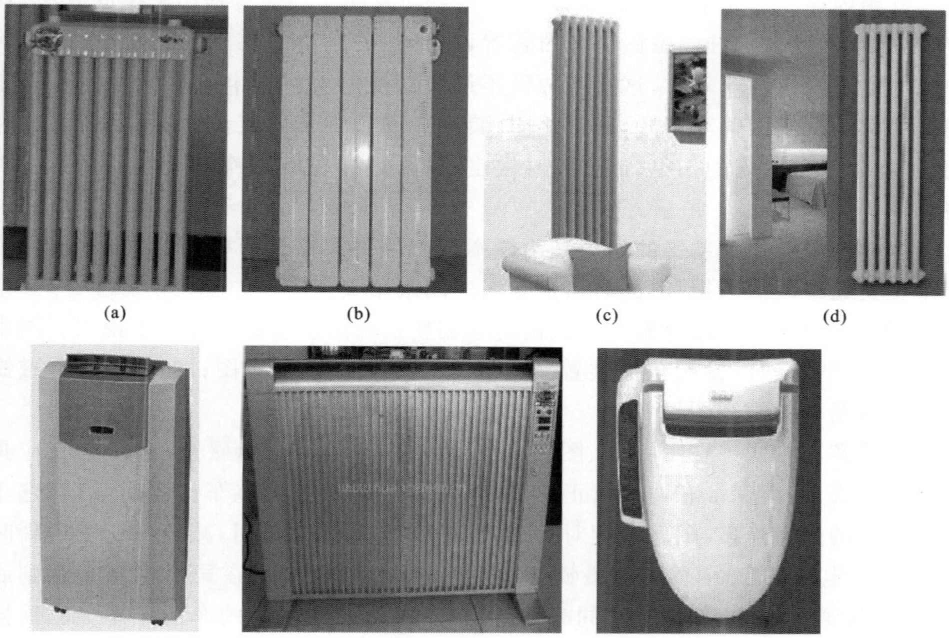

(a) (b) (c) (d) (e) (f) (g)

图 4-63　各式各样的换热器

创新发明实例 10

一种电磁铁防撞装置

所属技术领域　本创新发明防撞装置属汽车防撞技术领域，特别涉及一种电磁铁防撞装置。

背景技术　众所周知，汽车发生车祸最严重莫过于两汽车迎面相撞，或者追尾和连环追尾，这些事故破坏了许多人的家庭，使很多人遭到了不幸。现如今汽车越来越多，如何解决汽车相撞成了许多人考虑的问题，人们发明了很多能防止汽车撞击的装置，但到现在问题依旧没有完美解决，而现在车祸事故依然在频繁发生。

两辆汽车迎面相撞除去人为因素，车的因素也很重要。当人发现对面迎面驶来的车时，往往第一反应都是踩刹车，然后就看两辆车相撞前会不会停止。而一般人们开始反应时，往往已经是距离很近的时候，那时踩刹车基本上只能减小相撞接触时的速度，很少能消除相撞。

发明内容　针对上述中存在的问题，本创新发明防撞装置提出解决的方法，其技术方案是：设计一种电磁铁防撞的装置，用合适的角度装在车前和车尾，使车的中间的电磁铁极性非常大，这样当两辆车迎面相撞的时候在电磁铁同性相斥的作用下能有效地使两辆车错开，避免相撞，装置中间用弹簧固定，增加车辆的缓冲时间，可以减少人所受的伤害，追尾的时候也一样，这样在电磁铁合适的情况下可实现车辆的互不接触。

本创新发明防撞装置的作用是使原本要相撞的车最后可能互不接触，减少了汽车在交通事故上的损坏，同时保护了人们的乘车安全。

附图说明　下面结合附图及实例对本创新发明防撞装置作进一步说明。图中的图 4-64 是本创新发明防撞装置实例的主视图的结构示意图；图 4-65 是电磁铁防撞装置结构的俯视图。

具体实施方式　在图 4-64、图 4-65 中所示的 1 是承载电磁铁的轴承，它应具有很大的强度，能保证在两车以正常速度相撞，电磁铁能把汽车排开时无损，它车头和车尾的弹簧连接，阻止其相对运动；2 是弹簧，起缓冲作用，减少 1 所受的瞬时冲力；3 是电磁铁，车前面的电磁铁开关与汽车刹车相连接，在司机把刹车踩到底时，电路接通电磁铁瞬时响应，同时发出信号，在一定距离内的车的车尾电磁铁接受信号，电磁铁自行接通，所有的车辆的车头和车尾的电磁铁面向车外的极性都是同一个极性，这样就可避免迎面相撞和追尾。

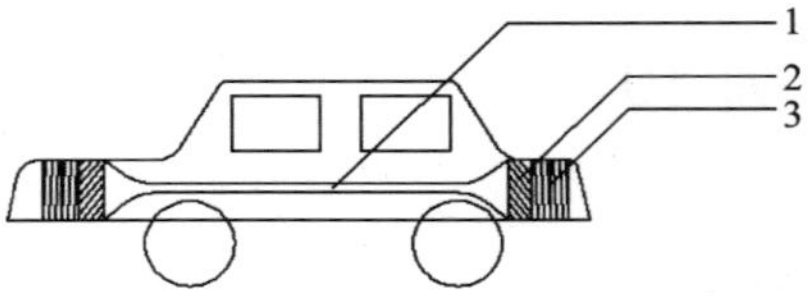

图 4-64　防撞装置主视图

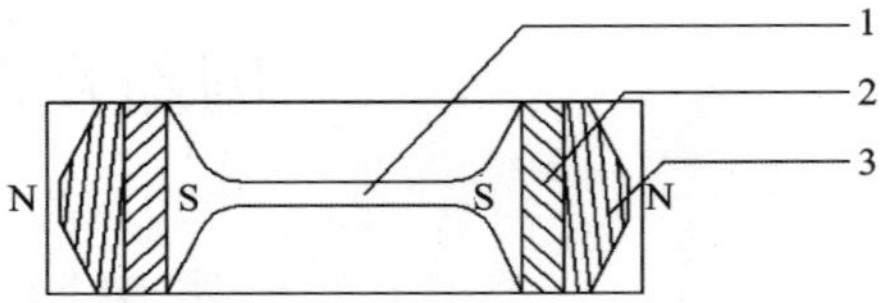

图 4-65　防撞装置俯视图

点评　此作品取材于汽车安全技术领域，采用一种电磁铁防撞的装置，用合适的角度装在车前和车尾，使车中间的电磁铁极性非常大，这样当两辆车迎面相撞的时候在电磁铁同性相斥的作用下能有效地使两辆车错开，避免相撞。

此作品想法比较天真。主要问题在于：如采用大型磁铁，怎样解决给汽车增重后的耗能问题；如采用大型磁铁，怎样解决前后占有大量空间的问题；如何解决强磁场对人的伤害等问题。

建议　对比现有技术再创新

(1) 多了解他人的成功创意。

(2) 换位思考后往往设计出来的设计方案更合理。

链接 1　汽车防撞雷达

虽然随着经济的发展,交通运输业日益繁荣,但由于道路状态、交通管理等硬件难以跟上,加上超车、开小差、错误估计车距等主观的原因,使车辆相互碰撞的交通事故频频发生。解决这个问题的一个有效措施在于给行进中的汽车安装能自动跟踪测距,在危险距离内自动刹车的装置。

随着电子技术的发展,先后出现了激光测距、微波雷达测距、超声波测距及红外线测距。其中激光测距的原理是根据激光束照射在前车上的反射镜(汽车尾部)上,再由反射回来的激光束探测两车距离。

受恶劣的天气、汽车激烈的振动、反射镜表面磨损和污染等因素影响,反射的激光束在一定功率上探测距离比可能探测的最大距离减少 1/2～1/3,损失很大,影响探测的精确度;微波雷达测距技术为军事和某些工业开发采用的装备和振荡器等电路部分价格昂贵,现在几乎还没有开拓民用市场。超声波测距在国内外已有人做过研究,由于采用特殊专用元件价格高,难以推广。红外线作为一种特殊的光波,具有光波的基本物理传输特性——反射、折射、散射等,且其技术难度相对不太大,构成的测距系统成本低廉,性能优良,便于民用推广,图 4-66 为红外线汽车防撞雷达示意图。

图 4-66　红外线汽车防撞雷达示意图

链接 2　汽车安全气囊

安全气囊主要由传感器、微处理器、气体发生器和气囊等部件组成。传感器和微处理器用以判断撞车程度,传递及发送信号;气体发生器根据信号指示产生点火动作,点燃固态燃料并产生气体向气囊充气,使气囊迅速膨胀,气囊容量约在 50～

90 L。同时气囊设有安全阀，当充气过量或囊内压力超过一定值时会自动泄放部分气体，避免将乘客挤压受伤。图 4-67 为汽车安全气囊示意图，安全气囊所用的气体多是氮气或一氧化碳。

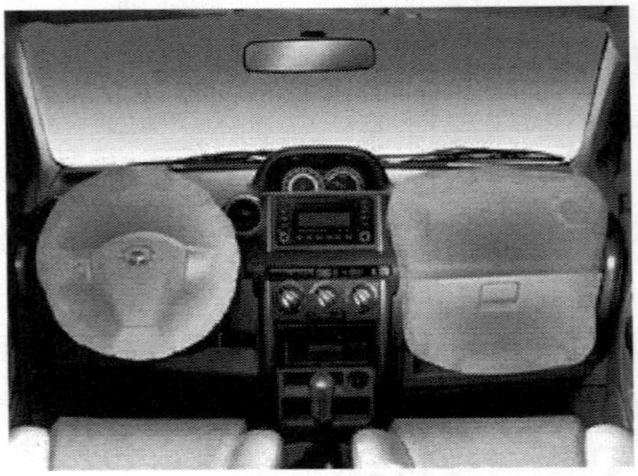

图 4-67　汽车安全气囊示意图

以车速 50 公里每小时进行正面撞车为例，其发生时间只有十分之一秒左右，车辆紧急停止。安全气囊是由传感器、气体发生器、气囊和电控单元组成，传感器感受汽车的碰撞程度并将信号送到控制器，控制器对信号进行处理，当判断有必要打开气囊时发出信号触发气体发生器，气体发生器迅速点火并产生大量气体给气囊充气，整个过程所需要的时间约需 10 毫秒。

驾驶员和副驾驶的正面气囊在中度至重度正面碰撞或接近正面碰撞时膨开，但是，根据设计，只有当碰撞力超过预先设定的限值时气囊才能膨开。该限值描述了气囊膨开时的碰撞严重程度，设定时考虑了多种设想的情况。气囊是否膨开并不取决于车速的高低，而主要决定于碰撞的物体、碰撞的方向和汽车的减速度。

前排侧气囊是安装在前排车座上靠近窗户的一边，一般车上有七个传感器，当传感器检测到车辆受到侧面撞击的时候将会自动打开，保护驾驶员或者副驾驶的安全。

创新发明实例 11

一种陀螺仪

所属技术领域　本创新发明陀螺仪属陀螺仪技术领域，特别涉及一种陀螺仪。

背景技术　众所周知，市面上的陀螺仪是利用若干个旋转轴支撑着陀螺体，但无法完整地发挥全方向的自由旋转作用,很多时候旋转时不是很顺畅,也可能造成陀螺仪无法完整地发挥作用。基于以上问题,本创新发明陀螺仪可以无阻挡地自由旋转,结构简单,便于操作,解决了普通陀螺仪不能完整发挥作用的问题,是一种非常有用的创新发明。

发明内容　本创新发明陀螺仪,主要由①外壳,②内壳,③电动机,④电线,⑤陀螺体,⑥旋转轴,⑦凹槽,⑧钢珠构成。可以利用钢珠来支撑陀螺体,无阻挡的自由旋转。

本创新发明的特点是:

(1) 结构简单,操作方便。

(2) 可以无阻挡的自由旋转。

(3) 可以完善的发挥到陀螺仪的作用。

附图说明　下面结合附图和实例对本创新发明作进一步的说明。

图 4-68、图 4-69、图 4-70 分别是本创新发明一种陀螺仪的内部结构示意图、内部结构截面图、内部结构立体图。图 4-68 中 1 是外壳,2 是内壳,3 是电动机,4 是电线,5 是陀螺体,6 是旋转轴,7 是凹槽,8 是钢珠。图 4-69 中的 1 是外壳,2 是内壳,3 是电动机,5 是陀螺体,7 是凹槽,8 是钢珠。图 4-70 中的 1 是外壳,2 是内壳,3 是电动机,4 是电线,5 是陀螺体,6 是旋转轴,7 是凹槽,8 是钢珠。

具体实施方式　将外壳,内壳,电动机,电线,陀螺体,旋转轴,凹槽和钢珠组装在一起。接上电源,本使用装置就可以进行使用。内壳具有 9 个凹槽,可以放置钢珠,钢珠就在外壳与凹槽之间进行自由旋转。电动机启动,陀螺体旋转,因陀螺体高速旋转,产生离心力作用,达到平衡的状态。

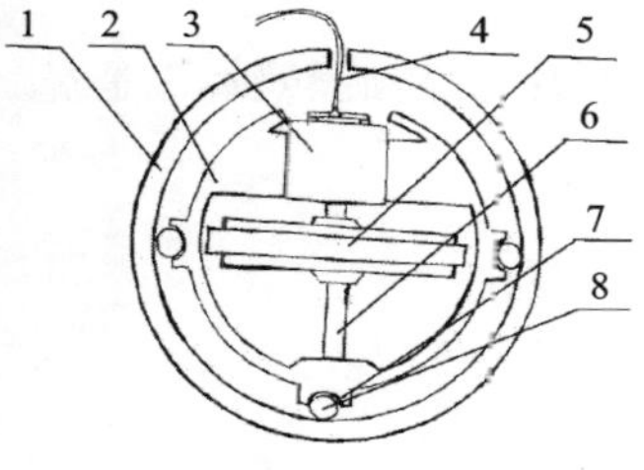

图 4-68　陀螺仪的内部结构图

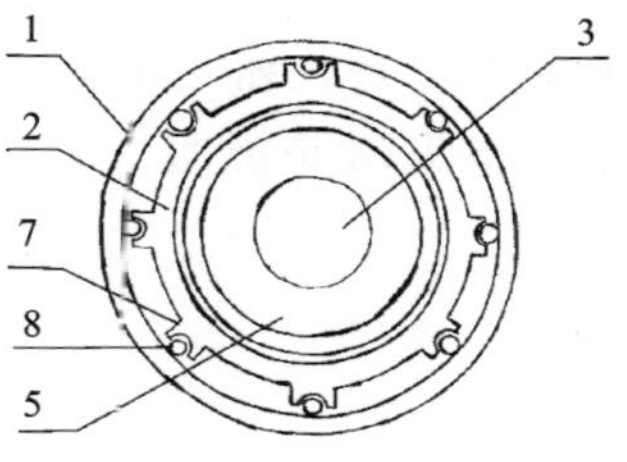

图 4-69　陀螺仪的内部结构截面图

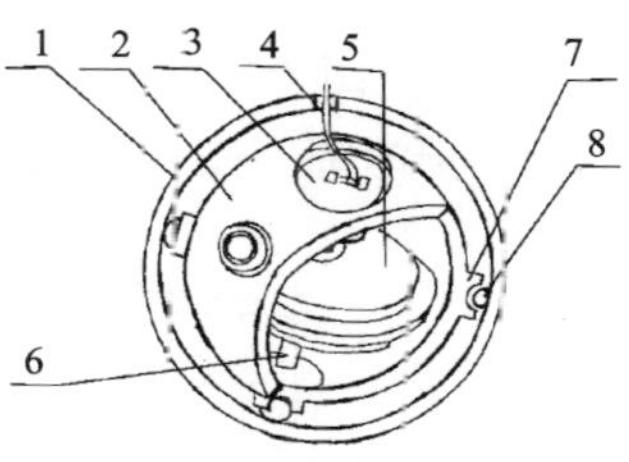

图 4-70　陀螺仪的内部结构立体图

点评　该作品选题有点偏,其技术和用途普通人也很少接触,但该同学视野的宽广,学习的态度令人敬佩。该作品值得从事仪器、仪表、电子工程专业的学生学习和研究。

创新发明实例 12

一种折叠眼镜

所属技术领域　本创新发明属眼镜技术领域，特别涉及一种折叠眼镜。

背景技术　众所周知，眼镜主要是人们用来辅助看清事物的用具，并装放在固定的眼镜盒里。然而很多时候，人们忘了带眼镜或忘了眼镜盒放在哪里。基于以上的问题，本创新发明折叠眼镜将克服这些难题。这种折叠眼镜体积很小，而且很轻，可以随身携带，同时结构简单，便于操作，适合各类人士使用，还可以解决眼镜容易忘带问题，是一种非常有用的创新发明。

发明内容　本创新发明折叠眼镜，主要由①眼镜盒，②收缩式镜脚，③镜片，④旋转轴，⑤鼻托，⑥海绵，⑦桩头，⑧镜框构成。本创新发明折叠眼镜可分成两个部分，第一部分是折叠眼镜，第二部分是眼镜盒。

本创新发明折叠眼镜的特点是：

本创新发明折叠眼镜结构简单，操作方便，且同时具有眼镜和眼镜盒的功能。

附图说明　下面结合附图和实施例对本创新发明作进一步的说明。

图 4-71 是本创新发明折叠眼镜的平面结构示意图。

图 4-72 是本创新发明折叠眼镜的三维结构示意图。

图 4-73 是本创新发明折叠眼镜的使用步骤 1 和使用步骤 2 示意图。

图 4-74 是本创新发明折叠眼镜的使用步骤 3 示意图。

其中图 4-71 中的 1 是眼镜盒，2 是收缩式镜脚，3 是镜片，4 是旋转轴，5 是鼻托，6 是海绵。图 4-72 中的 7 是桩头，8 是镜框。

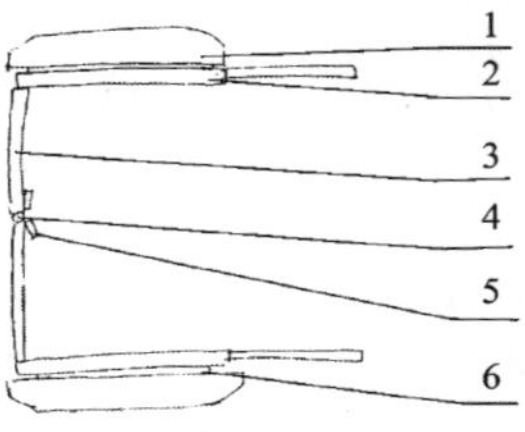

图 4-71　折叠眼镜的平面结构图

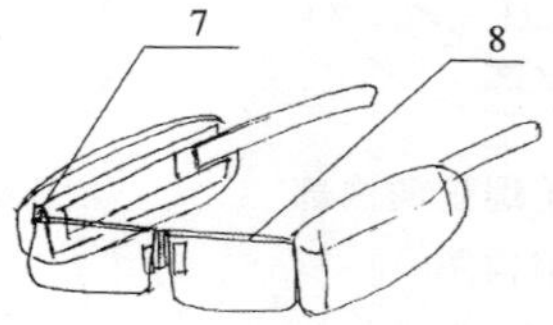

图 4-72　折叠眼镜的三维结构图

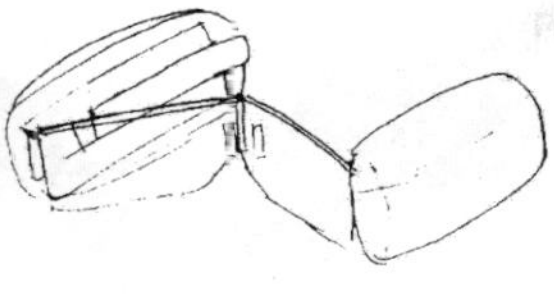

图 4-73　折叠眼镜的使用步骤 1 和 2

图 4-74　折叠眼镜的使用步骤 3

具体实施方式　先将现有的眼镜盒、收缩式镜脚、镜片、旋转轴、鼻托、海绵、桩头和镜框组装在一起。

使用步骤一：将收缩式镜脚收起。

使用步骤二：将镜框折叠起来。

使用步骤三：将眼镜盒合拢，眼镜盒合拢时压缩海绵，海绵起到保护眼镜的作用和打开眼镜盒时将艮镜盒往外推，减少戴眼镜时眼镜盒带来不适的作用。本装置安装完成。

点评　此作品关注日常生活中的用品眼镜，并从观察中发现人们很多时候忘了带眼镜或忘了眼镜盒放在哪里，因此，通过“收缩式镜脚”和“镜框折叠”解决了以上问题。

发明是人的一种本能，是人们因不满现状而作出的一种反抗。发明是一件快乐的事，它能将理想变现实，将不足变满足。

建议　了解现有发明创新后还可再创新

链接　可折叠太阳眼镜盒

太阳镜佩戴起来非常帅气，如图 4-75 所示，但是眼镜的收纳却是个不小的麻烦，而有了 Cursor 可折叠太阳眼镜盒之后，这个麻烦即可迎刃而解。它的外层为类似 iPod 智能保护套 Smart cover 的材料，内藏高强度 PVC 面板，保证强度不易变形，于是，需要的时候这是一个能收纳市面上 99％太阳镜的眼镜盒，而不需要的时候它又能折叠起来，变成厚度不到 1 cm 的长条，随便往挎包或者牛仔裤后袋一塞就了事，如图 4-76 所示。

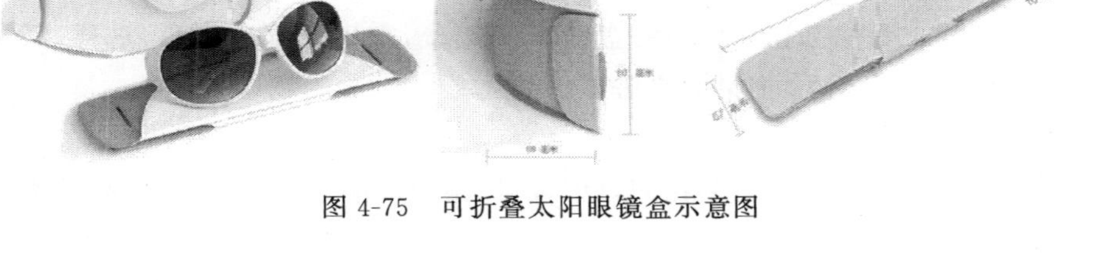

图 4-75　可折叠太阳眼镜盒示意图

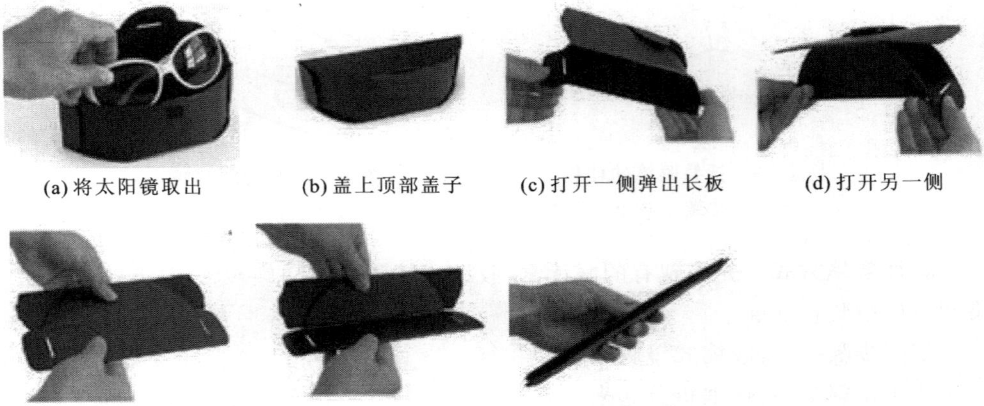

(a) 将太阳镜取出　(b) 盖上顶部盖子　(c) 打开一侧弹出长板　(d) 打开另一侧

(e) 摊平眼镜盒　(f) 对折盒子　(g) 折叠完成

图 4-76　可折叠太阳眼镜的使用方法

创新发明实例 13

一种带夹层的可抽式餐盘

所属技术领域　本创新发明可抽式餐盘属餐具用品技术领域，特别涉及一种带有夹层的可抽式餐盘。

背景技术　众所周知，市面上使用的餐盘都是没带夹层的，在公共用餐场合吃饭时，若有鱼刺、骨头等食物残渣只能直接吐到桌面上，影响桌面的卫生和整洁。在食堂常常可以看到食物残渣遍布桌面，清洁人员在清洁时，难免影响到旁边的人进餐，另外如果食物残渣得不到及时清除，不仅影响人们的食欲，人们也不愿意坐在堆满了食物垃圾的座位吃饭。这样一方面造成劳动人员的负担，另一方面影响其他人的就餐，此外需要聘用一定的数量的清洁人员，使经营成本上升了。

发明内容　针对上述不足，本创新发明可抽式餐盘提出了解决办法，其技术方案是：在原有的餐盘的基础上，加一个带有滑槽装置的底板，餐盘可自由地在滑槽中滑动。这样，当进餐时，可以将餐盘拉开一部分，露出一部分底盘，这样，就可把食物吐到底盘中，而不会把桌面弄脏了。

本创新发明的特点是：

由于所吐的食物全部盛装在底盘中，所以不会影响桌面的卫生和整洁，而且也无需过多的清洁人员对桌面进行清洁工作，降低了劳动力的需求量，从而节约了经营成本。

附图说明　下面结合附图对本创新发明作进一步说明。图 4-77 是本创新发明带有夹层的可抽式餐盘底盘的结构示意图；图 4-78 是带有夹层的可抽式餐盘的结构示意图；图 4-79 是带有夹层的可抽式餐盘抽出盘底的结构示意图。其中 1 为滑槽，2 为餐盘拉手即支撑边，3 为下层吐食物残渣处，4 为餐盘上层。

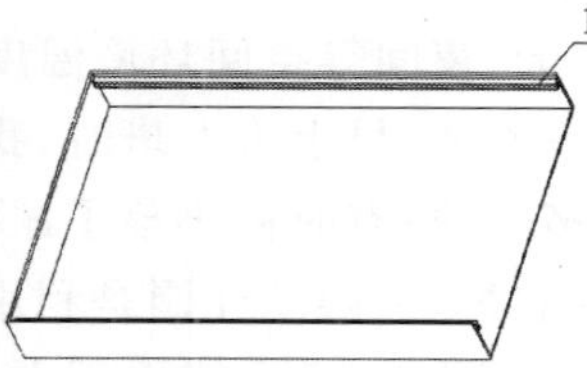

图 4-77　可抽式餐盘盘底的结构示意图

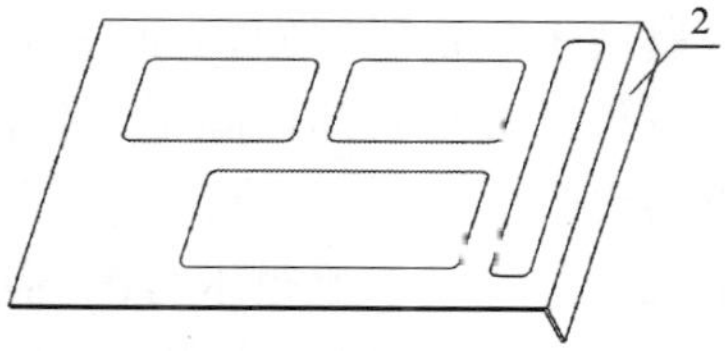

图 4-78　可抽式餐盘的结构示意图

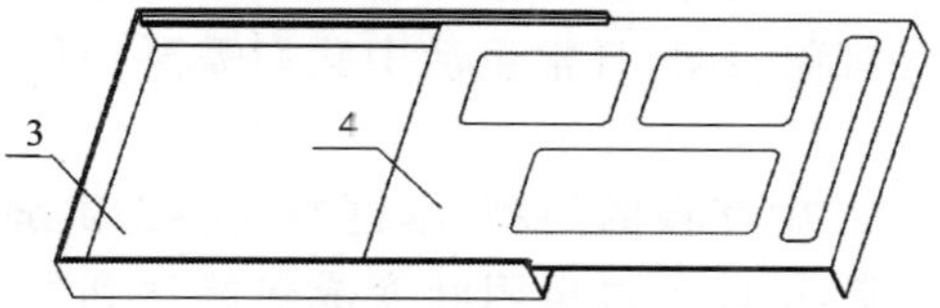

图 4-79　可抽式餐盘抽出盘底的结构示意图

具体实施方式　如图 4-77 所示，在底盘上设有滑槽，以便餐盘可以左右滑动；该底盘右侧无侧边，主要为了与餐盘右侧边接合。

如图 4-78 所示，在餐盘右端有折成 90 度的支撑边，餐盘向右滑出后，仍然有较好的支撑。如图 4-79 所示，该餐盘在未使用时，餐盘滑到最左端；用该餐盘就餐时，如果需要吐食物残渣，只需轻轻将餐盘向右滑出一部分即可，将食物残渣吐在 3 区域，非常方便。而餐盘的 4 区域未设置凹下部分，是为了在把餐盘滑倒左边之后仍然有空间容纳吐在 3 区域的食物残渣。就餐完毕之后，可以将餐盘滑到最左端，方便收拾。清洗时可以方便地将餐盘和底盘分开，分别清洗。

点评　此创新发明“一种带有夹层的可抽式餐盘的餐盘”涉及食品用具用品技术领域，构思非常好，非常巧。通过夹层结构底盘的设计，很好地解决了进餐时有鱼刺、骨头等食物残渣无处吐的问题，值得同学们学习。目前尚未有同类方案或产品走进我们的生活。

创新发明实例 14

一种快速烘干衣服和裤子的装置

所属技术领域 本发明一种快速烘干衣服和裤子的装置属家用电器技术领域,特别涉及一种快速烘干衣服和裤子的装置。

背景技术 众所周知,衣服和裤子等衣物在阴雨天、夜间等空间环境温度较低的环境下很难在短时间内晾干。生活中常常遇到以下不便:早上去上班时,我们急需要更换洗过的衣服,但有时洗的衣服未干,造成诸多不便;有时候小孩子尿裤子、小孩子玩水的时候衣服被水打湿,需要烘干小朋友的衣裤,一般幼儿园是利用吹风机来吹干,此方法不但热能利用率低而且需要人不停地翻动衣物,使用不方便;在衣服意外被水淋湿的情况下,我们都想快速地将衣物烘干来重新换上干衣物,以免着凉生病;冬天的时候,早上起来穿衣服,衣服太凉,我们总想将衣服预热下再穿上。上述生活中的种种现象表明,日常生活中我们需要一种能快速烘干衣物和预热衣服的装置。

发明内容 针对上述中存在的问题,本创新发明提供解决了办法,其技术方案是,利用电源提供电能,电能通过电阻转变成热能达到发热效果,再在本装置内装一种通过电能驱动旋转的风叶将风导入装置内,风经过发热的电阻后,吸收热量,形成热气流,将此热气流导入衣服模型或裤子模型的腔体内。然后在衣服模型或裤子模型上钻密密麻麻的半径很小的孔来连通模型内腔与模型表面,热气流通过小孔导出模型的表面,将衣服裤子套在衣服模型或裤子模型上,热气流便可均匀地导向衣物,当热气流达到一定的速度便可烘干衣物或预热衣物。

本发明特点是:

(1) 在空间环境温度很低的阴雨天或是在意外被水打湿衣服的情况下,本装置能快速形成热气流并将热气流均匀地导向衣服来烘干衣服。由于衣服是套在模型上的,故其热能利用率高。

(2) 本装置还能为幼儿园小孩子,快速烘干被尿裤子,所需时间短,效率高,而且使用方便。

(3) 在冬天温度很低起床穿衣服的情况下,本装置还可给冰凉衣服预热,实用性广泛。

(4) 使用本装置烘干衣物时只需要将衣服和裤子套在腔体模型上即可,打开开关通电即可,不需要人为来照看,使用方便。

附图说明　下面结合附图及实例对本发明作进一步说明。

图 4-80 和图 4-81 是本创新发明吸入冷风加热后导出热风的热气流底座示意图，图 4-81 是衣服腔体模型的示意图，图 4-82 是裤子腔体模型的示意图。

具体实施方式　在图 4-80 所示中的 1 是冷风吸入口，内设电能驱动旋转的风叶，可从外部吸入空气形成气流，并且此底座里还内设有电阻，电能通过电阻转化成热能。当外部冷空气吸入后，经过电阻发热区，冷风被加热，形成热气流。

在图 4-81 所示中的 2 是热气流导出口，将热气流从底座导入至腔体模型中，为腔体模型导入热气流。

在图 4-82、图 4-83 中的 4、5 是热气流导入口，在图 3、图 4 所示中的 3、6 是衣服和裤子腔体模型上密密麻麻的导气孔，可将热气流均匀导出。热气流从 4、5 中导入腔体后，从腔体上密密麻麻的导气孔中均匀导出，便可均匀地导向衣服或裤子。使用者可根据需要选择腔体模型，当想烘干或预热衣服时，将图 4-82 所示的衣服腔体模型装在热气流底座上；当想烘干或预热裤子时，将图 4-83 所示的裤子腔体模型装在热气流底座上。

以下用从气流流动走向的角度来描述实施方式：

烘干衣服：将图 4-81 所示的衣服腔体模型套在图 1 所示的热气流底座上，冷风吸入口 1 吸入外部空气形成气流，经过热电阻形成热气流，热气流从热气流导出口 2 导出，从热气流到入口 4 导入衣服腔体模型内，腔体内的热气流通过密密麻麻的气孔 3 均匀地导向模型表面，热气流便可均匀地冲击套在模型上的衣服，衣服就可快速烘干或预热。

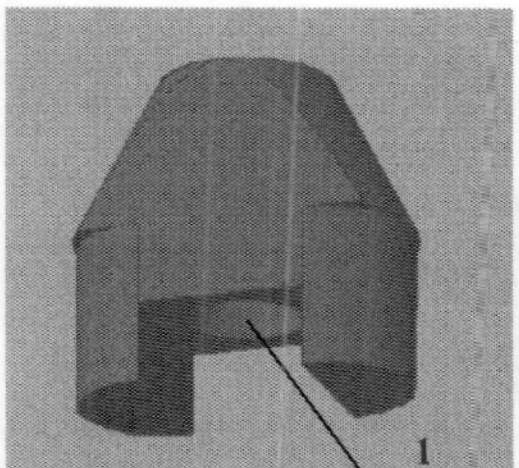

图 4-80　热气流底座示意图

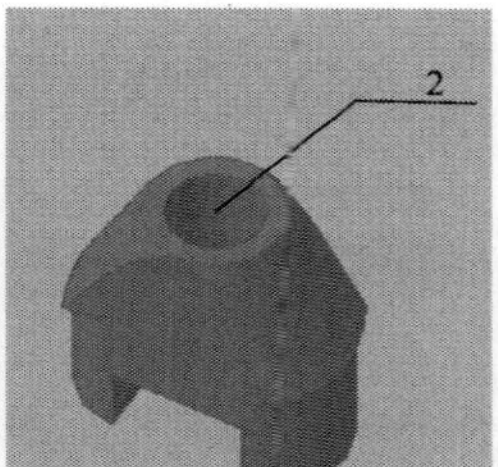

图 4-81　热气流底座示意图

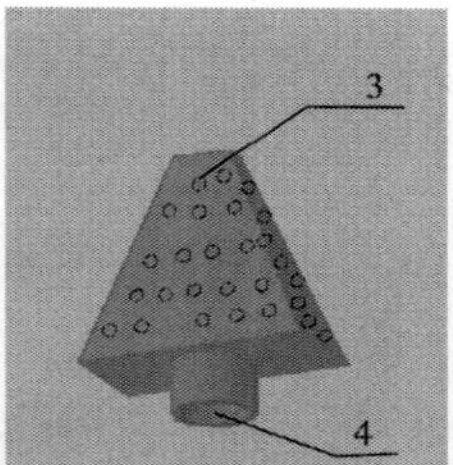

图 4-82　衣服腔体模型示意图

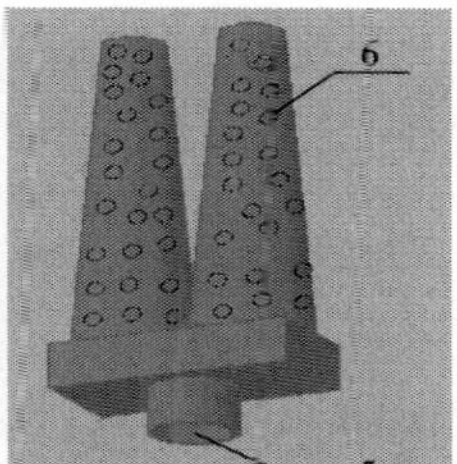

图 4-83　裤子腔体模型示意图

烘干裤子：将图 4-82 所示的裤子腔体模型套在图 1 所示的热气流底座上，冷风吸入口 1 吸入外部空气形成气流，经过热电阻形成热气流，热气流从热气流导出口 2 导出，从热气流到入口 5 导入裤子腔体模型内，腔体内的热气流通过密密麻麻的气孔 6 均匀地导向模型表面，热气流便可均匀地冲击套在模型上的裤子，裤子就可快速烘干或预热。

点评 该作品取材于生活不便,并发现雨天及低温天衣服不易干燥。作者利用电源提供电能,电能通过电阻转变成热能达到发热效果,并通过电能驱动旋转的风叶将风导入装置内,风经过发热的电阻后,吸收热量,形成热气流,将此热气流导入衣服模型或裤子模型的腔体内。

该创新发明方案构思很好,也能实现,非常适合家中有婴幼儿的家庭使用,也适用于雨季天的衣烘干使用,还十分适用于大学生创业与就业。

建议 了解现有技术后还可再创新

链接1 烘干器的工作原理

烘干器利用长波红外辐射加热陶瓷,让水分子产生谐振从而快速蒸干物品。

链接2 现有烘干器的种类

市面上有各类烘干器、干衣机、烘鞋器,图4-84为衣服烘干器,图4-85为衣服干衣机、图4-86为消毒烘鞋器。

(a) (b)

图4-84 衣服烘干器

(a) (b)

图4-85 衣服干衣机

(a) (b) (c) (d)

图4-86 消毒烘鞋器

创新发明实例 15

一种电梯坠落拦截装置

所属技术领域　本创新发明属电梯技术领域，特别涉及一种电梯坠落拦截装置。

背景技术　众所周知，电梯是安装在固定的场所，往高楼运输人或物品的设备，很多电梯都有防坠落设施。若含有防坠落设施的电梯突然坠落时，而防坠落设施无法将电梯减速降落，人们将处于生命危险状态。基于以上问题，本创新发明拦截装置将克服这些难题。本拦截装置安装方便，可以安装在各楼层上，适合各个含有电梯的高楼使用，还可以解决电梯坠落的时候无法减速降落的问题，是一种有非常实用的创新发明。

发明内容　本创新发明电梯坠落拦截装置，主要由①固定板，②尼龙网，③钢丝绳，④螺丝孔，⑤高速旋转式发动机，⑥一种带有凸棘的轴，⑦防御脱落板，⑧轴承，⑨棘爪，⑩棘轮，⑪螺丝，⑫紧固绳锁构成。

本创新发明拦截装置的技术方案是这样来实现的：当电梯坠落时触动警报系统，警报系统触发各个楼层的高速旋转式发动机，发动机高速旋转，带动钢丝绳，钢丝绳带动尼龙网，在短时间内在电梯升降道中形成数个拦截网。

本创新发明拦截装置的特点是：

(1) 安装方便，可以安装在各楼层上。

(2) 结构简单，便于操作，也比较适合各个含有电梯的高楼使用。

附图说明　下面结合附图和实施例对本创新发明拦截装置作进一步的说明。

图 4-87 是本创新发明电梯坠落拦截装置的平面结构示意图，图 4-88 是本创新发明电梯坠落拦截装置的侧面结构示意图，图 4-89 是本创新发明电梯坠落拦截装置的尼龙网部分的结构示意图，图 4-90 是本创新发明电梯坠落拦截装置的高速旋转式发动机的结构示意图，图 4-91 是本创新发明电梯坠落拦截装置的三维示意图，图4-92 是本创新发明电梯坠落拦截装置的拦截过程示意图。其中图 4-87 中的 1 是固定板，2 是尼龙网，3 是钢丝绳，4 是螺丝孔，5 是高速旋转式发动机，6 是一种带有凸棘的轴，7 是防御脱落板，8 是轴承，图 4-88 中的 1 是固定板，2 是尼龙网，3 是钢丝绳，6 是一种带有凸棘的轴，8 是轴承，9 是棘爪，10 是棘轮，11 是螺丝，图 4-89 中的 1 是固定板，2 是尼龙网，3 是钢丝绳，11 是螺丝，12 是紧固绳锁，图 4-90 中的 3 是钢丝绳，6 是一种带有凸棘的轴，8 是轴承，9 是棘爪，10 是棘轮，11 是螺丝。

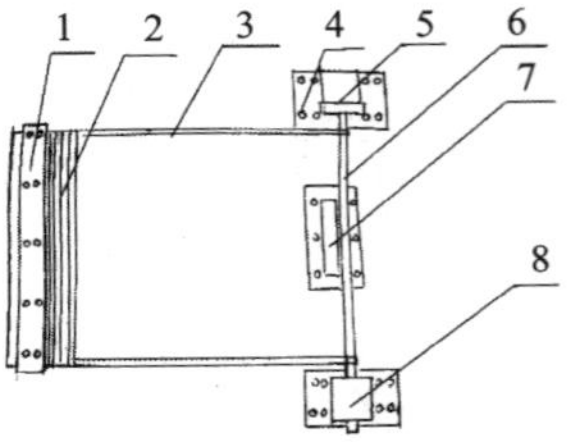

图 4-87　平面结构示意图

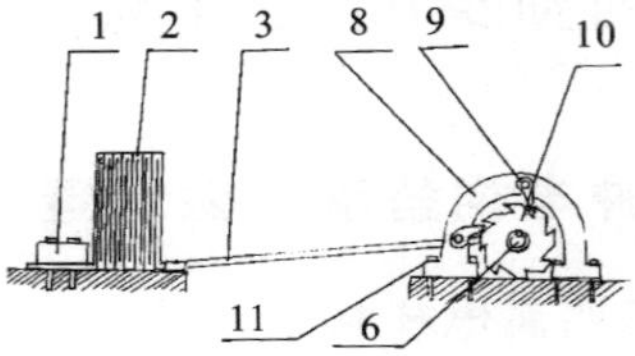

图 4-88　侧面结构示意图

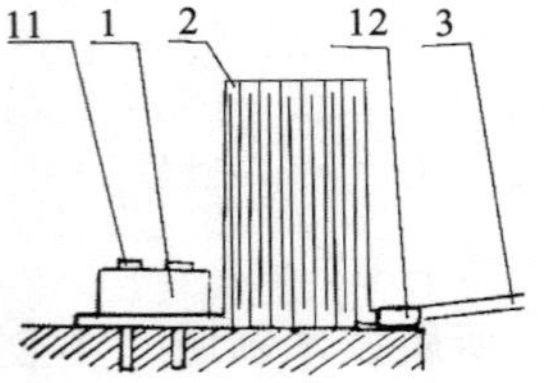

图 4-89　尼龙网部分结构示意图

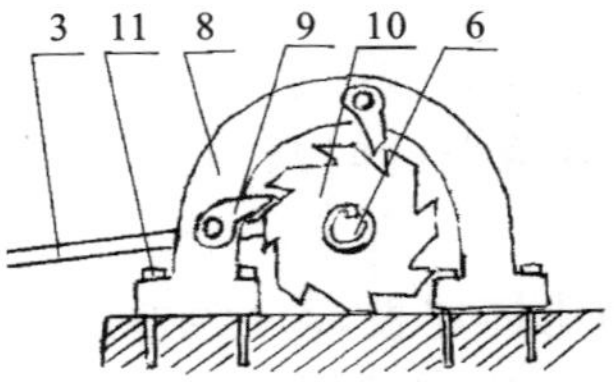

图 4-90　高速旋转式发动机结构示意图

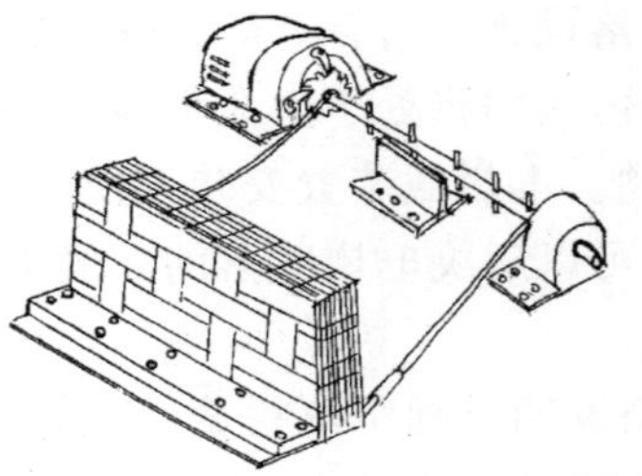
图 4-91　三维示意图

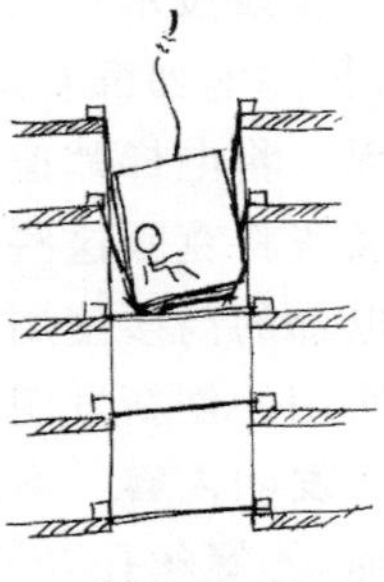
图 4-92　拦截过程示意图

具体实施方式　将现有的固定板、尼龙网、钢丝绳、高速旋转式发动机、一种带有凸棘的轴、防御脱落板、轴承、棘爪、棘轮、紧固绳锁组装成一构件。

使用步骤 1　将构件安装在各个楼层的电梯升降道周围，将螺丝锁上。

使用步骤 2　将电源安装好。

使用步骤 3　将触发器连接到电梯坠落报警系统，当电梯坠落时，此装置将与电梯坠落报警装置同时运行。本装置安装完成。

点评　该作品选题很准，发现电梯存在安全隐患，于是采用“当电梯坠落时触动警报系统，警报系统触发各个楼层的高速旋转式发动机，发动机高速旋转，旋转起钢丝绳，钢丝绳带动尼龙网，在短时间内在电梯升降道中形成数个拦截网”的方式来提高电梯的安全性。

提高电梯的安全性的方法有很多，哪一种方法最好，比较一下也许会给你带来创新的动机。

建议　了解现有技术后还可再创新

链接　电梯的安全装置

电梯是载人的垂直交通运输工具，必须将安全运行放在首位，每一个电梯配件在运行中都起着重要作用。电梯的安全首先应是对人员的保护，同时也要对电梯配件本身和所载货物以及电梯所在的建筑物进行保护。电梯中可能发生的危险一般有：人员被挤压、撞击和发生坠落、剪切；人员被电击、轿厢超越极限行程发生撞击；轿厢超速或因断绳造成坠落；电梯由于材料失效、强度丧失而造成结构破坏等。电梯的安全性除了靠电梯结构的合理性、可靠性和电气控制和拖动的可靠性，还应针对各种可能发生的危险，设置专门的安全装置。

1. 电气安全保护

对电梯的电气装置和线路必须采取安全保护措施，以防止发生人员触电和设备损毁事故。按 GB 7588—1995 的要求，电梯应采取以下电气安全保护措施。

（1）电气安全装置

电气安全装置包括：直接切断驱动主机电源接触器或中间继电器的安全触点；不直接切断上述接触器或中间继电器的安全触点和不满足安全触电要求的触点。但当电梯电气设备出现故障，如出现无电压或低电压，导线中断，绝缘损坏，元件短路或断路，继电器和接触器不释放或不吸和，触头不断开或不闭合，断相错相等情况时，电气安全装置应能防止电梯发生危险状况。

（2）间接触电的防护

间接触电是指人接触正常时不带电而出现故障时带电的电气设备外露可导电部分，如金属外壳、金属线管、线槽等发生的触电。在电源中性点直接接地的供电系统中，防止间接触电最常用的防护措施是将故障时可能带电的电气设备外露可导电部分与供电变压器的中性点进行电气连接。

（3）电气故障防护

按规定交流电梯应有电源相序保护，直接与电源相连的电动机和照明电路应有短路保护，与电源直接相连的电动机还应有过载保护。

（4）直接触电保护

绝缘是防止发生直接触电和电气短路的基本措施。

2. 防电梯超速和断绳的保护

电梯由于控制失灵、拽引力不足、制动器失灵或制动力不足以及超载拖动绳断裂等原因都会造成轿厢超速和坠落，因此，必须有可靠的保护措施。

防超速和断绳的保护装置是安全钳－限速器系统。安全钳是一种使轿厢（或对重）停止向下运动的机械装置，凡是由钢丝绳或链条悬挂的电梯轿厢均应设置安全钳。当底坑下有人能进入的空间时，对重也可设安全钳。安全钳一般都安装在轿架的底梁上，成对地同时作用在导轨上。

限速器是限制电梯运行速度的装置，一般安装在机房。当轿厢上行或下行超速时，通过电气触电使电梯停止运行，当下行超速电气触点动作仍不能使电梯停止，速度达到一定值后，限速器机械动作，拉动安全钳夹住导轨将轿厢制停；当断绳造成轿厢（或对重）坠落时，也由限速器的机械动作拉动安全钳，使轿厢制停在导轨上。安全钳和限速器作用后，必须将轿厢（或对重）提起，并经专业人员调整后方可恢复使用。

3. 防人员剪切和坠落的保护

在电梯事故中人员被运动的轿厢剪切或坠入井道的事故所占的比例较大，而且这些事故后果都十分严重，所以防止人员剪切和坠落的保护十分重要。防人员坠落和剪切的保护主要由门、门锁和门的电气安全触点联合承担。

4. 缓冲装置

电梯由于控制失灵、拽引力不足或制动失灵等情况发生轿厢或对重蹲底时，缓冲器将吸收轿厢或对重的动能，提供最后的保护以保证人员和电梯结构的安全。

5. 报警和救援装置

电梯发生人员被困在轿厢内时，通过报警或通信装置应能将情况及时通知管理人员并通过救援装置将人员安全救出轿厢。

（1）报警装置。电梯必须安装应急照明和报警装置，并由应急电源供电。

（2）救援装置。电梯困人的救援以往主要采用自救的方法，即轿厢内的操纵人员从上部安全窗爬上轿顶将层门打开。随着电梯的发展，再采用自救的方法不但十分危险而且几乎不可能，因此无人员操纵的电梯广泛使用。因此现在电梯从设计上就确定了救援必须从外部进行。救援装置包括曳引机的紧急手动操作装置和层门的人工开锁装置。

6. 停止开关和检修运行装置

（1）停止开关一般称急停开关，按要求在轿顶、底坑和滑轮间必须装设停止开关。

（2）检修运行是为了便于检修和维护而设置的运行状态，由安装在轿顶或其他地方的检修运行装置进行控制。

7. 消防功能

发生火灾时井道往往是烟气和火焰蔓延的通道，而且一般层门在70℃以上时也不能正常工作。为了乘客的安全，在火灾发生时必须使所有电梯停止应答召唤信号，直接返回撤离层站，即具有火灾自动返回基站功能。

消防员在用电梯或有消防员操作功能的电梯（一般称消防电梯），除具备火灾自动返回基站功能外，还要供消防员灭火和抢救人员使用。

消防电梯的布置应能在火灾时避免暴露于高温的火焰下，还能避免消防水流入井道。一般电梯层站宜与楼梯平台相邻并包含楼梯平台，层站外应有防火门将层站隔离，层站内还应有防火门将楼梯平台隔离，这样在电梯不能使用时，消防员还可利用楼梯通道返回。

8. 防机械伤害的保护

电梯运行时很多运动部分在人接近时可能会发生撞击、挤压、绞碾等危险，在工作场地由于地面的高低差也可能会产生摔跌等危险，所以必须采取保护。

人员在操作、维护中可以接近的旋转部件，尤其是传动轴上突出的锁销、螺钉、钢带、链条、皮带、齿轮、链轮、电动机的外伸轴、甩球式限速器等必须有安全网罩或栅栏，以防无意中触及。曳引轮、盘车手轮、飞轮等光滑圆形部件可不加防护，但应部分或全部涂成黄色以示提醒。

轿顶和对重的反绳轮，必须安装防护罩。防护罩要能防止人员的肢体或衣服被绞入，还要能防止异物落入和钢丝绳脱出。在底坑中对重运行的区域和装有多台电梯的井道中不同电梯的运动部件之间均应设隔障。

房地面高度差大于 0.5 米时，应在高处应设栏杆并安设梯子。

在轿顶边缘与井道壁水平距离超过 0.32 米时，应在轿顶设护栏，护栏的安设应不影响人员安全和方便地通过入口进入轿顶。

9. 防超越行程的保护

为防止电梯由于控制方面的故障，轿厢超越顶层或底层端站继续运行，必须设置保护装置以防止发生严重的后果和结构损坏。防止越程的保护装置一般是由设在井道内上下端站附近的强迫换速开关、限位开关和极限开关组成。防止越程的保护装置只能防止在运行中控制故障造成的越程，若是由于拽引绳打滑、制动器失效或制动力不足造成轿厢越程，该保护装置无能为力。

创新发明实例 16

一种公交车上的通风装置

所属技术领域　本创新发明通风装置属通风技术领域，特别涉及一种公交车上的通风装置。

背景技术　众所周知，公交车上方都有通风的功能，但通风范围仅仅只有通风装置下方才起到作用。在挤满人的公交上因为通风不均匀，容易造成有人因缺氧而晕倒等问题。本创新发明通风装置将克服这些问题。本创新发明通风装置利用橡胶塞控制公交上通风口的通风装置，可以解决公交车上的通风不均匀的问题，是一种非常实用的创新发明。

发明内容　本创新发明通风装置，主要由①室内外管，②室外外壳，③空气箱，④室内内管，⑤橡胶塞，⑥空气入口，⑦入风口，⑧空气出口，⑨按钮和⑩弹簧构成。

本创新发明通风装置的特点是：

(1) 结构简单,操作方便。

(2) 体可以手动的调节通风装置。

(3) 可以保持公交车内空气均匀流动分布。

附图说明　下面结合附图和实施例对本创新发明通风装置作进一步的说明。

图 4-93 是本创新发明公交车上的通风装置的内部结构示意图。

图 4-94 是本创新发明公交车上的通风装置的开启通风装置的内部结构示意图。

图 4-95 是本创新发明公交车上的通风装置的公交上方入风口的结构示意图。

图 4-96 是本创新发明公交车上的通风装置的空气流动方向结构示意图。

其中图 4-93 中的 1 是由室内外管,2 是室外外壳,3 是空气箱,4 是室内内管,5 是橡胶塞,6 是空气入口,7 是入风口,8 是空气出口,9 是按钮,10 是弹簧。

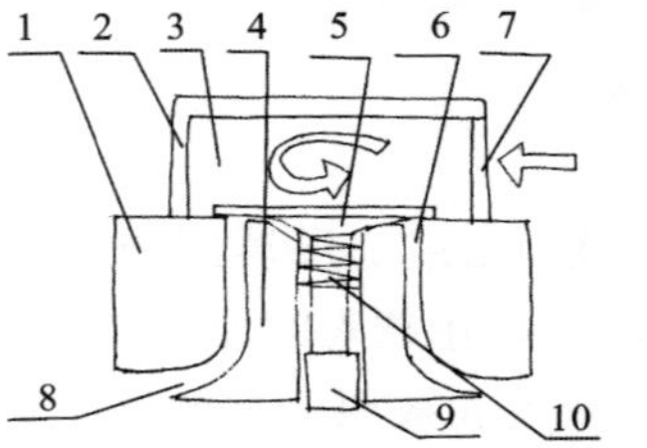

图 4-93　内部结构示意图

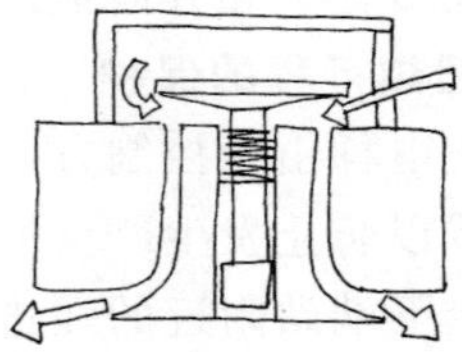
图 4-94　开启通风装置的内部结构示意图

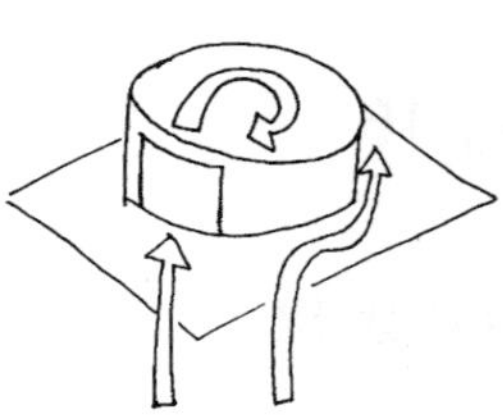
图 4-95　入风口的结构示意图

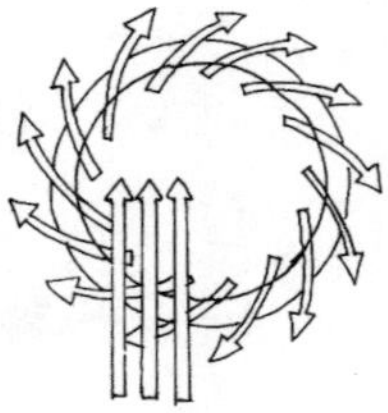
图 4-96　空气流动方向结构示意图

具体实施方式　将室内外管、室外外壳、空气箱、室内内管、橡胶塞、空气入口、入风口、空气出口、按钮和弹簧组装在一起形成本公交通风装置。

公交上空气不流通时,按下本装置的按钮,按钮挤压弹簧顶起橡胶塞,形成空气入口,让空气流入公交内。公交车行驶时空气在空气箱内旋转进入空气入口,使公交车内空气流动均匀。

点评　该作品选题于公交车上的通风装置。的确,在公交车、电影院、商场、会议室、教室人数较多的地方空气质量非常差,通风设置也较差,严重地影响着人们的身心健康。

从该作品的内部结构示意图来看，通风不需耗电，而是利用“开启通风孔”和“空气流动”来解决车内空气不好地问题，这也的确是个好办法。

创新发明实例 17

一种电脑防近视器

所属技术领域 本创新发明电脑防近视器属防近视装置，特别涉及一种电脑屏幕的防近视装置。

背景技术 现代社会，信息高速发展，电脑的几乎成为人们工作的主要工具。但在为人们带来便利的同时，电脑也带来了很多职业病，而在这其中最常见的便是视力问题。由于工作需要等各种各样的原因，人们经常在不知不觉中就对着屏幕看几个小时，而且，随着时间的增加，眼睛渐渐疲劳，便会和屏幕贴得更近。长此以往，人们的眼睛便会受到伤害。

发明内容 本创新发明电脑防近视器，能够实时监测人与屏幕之间的距离，一旦监测值小于正常距离，自动调低屏幕亮度，切换屏幕至屏幕保护桌面，同时弹出警告窗口。若检测到人与电脑屏幕的距离大于设定距离，电脑便恢复工作，亮度恢复正常。同时，有计时模块计算持续使用电脑的时间，超过 1 个小时便切断屏幕电源，强制用户休息，从而有效防止用户用眼过度。

本创新发明的技术手段是这样实现的。将此装置通过外壳背后的夹子固定在电脑屏幕上，再将此装置通过通信模块与电脑连接，红外测距模块与计时模块同时开始工作。红外测距模块检测人头部与屏幕间的距离，如果距离小于 40 cm，红外传感器便通过通信模块给电脑发送信号，降低屏幕亮度，同时调用电脑屏幕保护，电脑屏幕被切换至屏幕保护，同时，弹出警告窗口，警告用户与屏幕距离过近。但是电脑运行不会中断，因此，不会给用户的工作带来不必要的麻烦。待红外测距装置检测检测到用户恢复正常距离，再通过通信模块发送信号给电脑，恢复屏幕亮度，结束屏幕保护程序。当计时模块计时达 1 小时，通过通信模块发送关闭电脑屏幕电源命令，电源被关闭 2 分钟。2 分钟后自动开启，同时计时器清零。整个装置包括外壳、红外测距模块、计时模块、通信模块，电脑软件模块。

附图说明 图 4-97 是装置主视图；图 4-98 是装置左视图；图 4-99 是装置俯视图。

具体实施方案 图 4-97 中 1 是红外测距装置，2 是红外测距装置数据接口，3 是外壳。红外测距装置 1 装在外壳 3 中，通过外壳上的透明塑料片对外发射信号，检测人体的红外信号，8是计时装置。

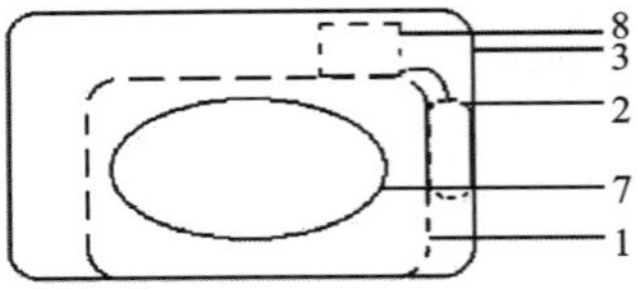

图 4-97　装置主视图

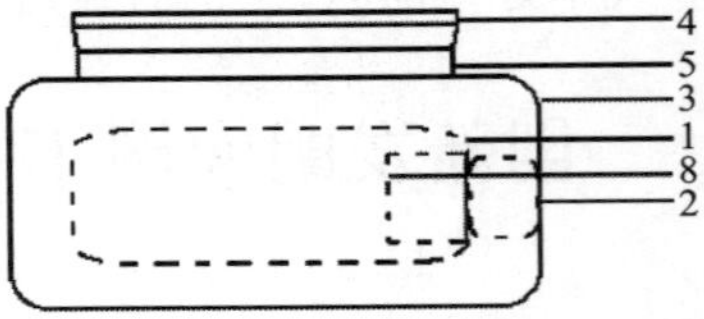

图 4-98　装置左视图

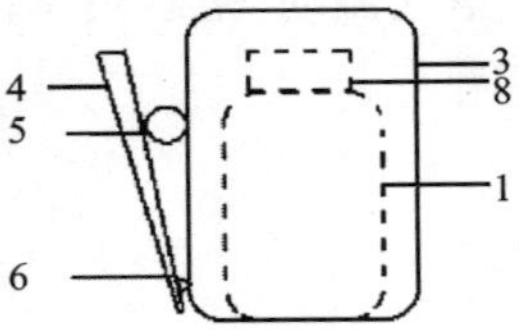

图 4-99　装置俯视图

图4-98中4、5是一个夹子，5是固定在外壳上的与金属弹簧，分别连接4夹子的按动部分与6夹子的夹物部分，通过向下按4，使6抬起，可将此装置固定在笔记本的屏幕上，也可以将其固定在台式机的液晶显示屏上。对于非液晶屏台式机，可将装置直接置于屏幕上方。

点评　此作品选题非常好，十分贴近生活。从日常生活中发现"因工作中的原因，人们使用电脑经常不知不觉中就对着屏幕看几个小时，而且，随着时间的增加，眼睛渐渐疲劳，便会和屏幕贴得更近。长此以往，眼睛便会受到伤害。"因此萌发了解决的办法，通过"电脑视力保护仪器，能够实时监测人与屏幕之间的距离，一旦监测值小于正常距离，自动调低屏幕亮度，切换屏幕至屏幕保护桌面，同时弹出警告窗口。若检测到人与电脑屏幕的距离大于设定距离，电脑便恢复工作，亮度恢复正常。同时，有计时模块计算持续使用电脑的时间，超过1个小时便切断屏幕电源，强制用户休息，从而有效防止用户用眼过度。"

解决"眼疲"的问题办法有很多，我们可以从相似技术中吸取"营养"，从而找到新灵感。

建议　了解现有技术后还可再创新

1. 防近视电脑显示器

这种防近视电脑显示器，在显示器上设有红外感应装置、语音提示装置和按钮。当红外感应装置的感应距离小于等于60 cm，语音提示装置可发出提示音"距离太近请靠后坐"。这种防近视电脑显示器结构简单，方便实用，能够提醒人们与显示器屏幕保持安全的距离，防止近视眼的发生。

2. 防辐射防近视眼镜

这种眼镜由左右液晶镜片和中间供电调控开关连通组成。液晶镜片可以抵挡99%的有害光线，从而达到防辐射的作用。利用液晶通电时不透明，不通电时透明的原理，供电调控开关定时向左右镜片供电，让左眼、右眼按设定的方式，在三种状态下循环往复，轮换休息。三种状态为：左、右镜片不通电，保持透明状态，此为初始状态一；右镜片通电时变为不透明，右眼处于休息状态，左镜片保持断电透明状态。此为状态二；左镜片开始通电进入不透明状态，左眼得到休息，右镜片保持透明状态，此为状态三。此种功能可以有效地预防近视。

创新发明实例 18

一种可以回收能源的减震器

所属技术领域　本创新发明属减震器技术领域，特别涉及一种可以回收能源的减震器。

背景技术　众所周知，减震器主要用来抑制弹簧吸震后反弹时的震荡及来自作用力的冲击，但这些震荡和冲击没有得到很好的利用，这样就造成了浪费，特别目前燃料资源十分紧张的时代。基于以上问题，本创新发明减震器可以利用这些能源，它可将外加重量或冲击力转换为发电机的输入力矩进行发电，同时它结构简单，便于操作，也比较适合各个交通工具使用，这样还可以节约每天燃料的支出费用，是一种非常实用的创新发明。

发明内容　本创新发明可以回收能源的减震器，主要由①外杆，②内杆，③弹簧，④汽缸，⑤活塞，⑥连杆，⑦大齿轮，⑧齿轮发电机构成。

本创新发明减震器的技术方案是这样来实现的：当减震器外杆向下压时，挤压弹簧，带动内杆往下压，汽缸里的活塞被挤压，转动连杆，连杆链接到大齿轮，大齿轮再连接到齿轮发电机，如此可将外加重量或冲击转换为旋转式发电机的输入力矩。

本创新发明减震器的特点是：

(1) 结构简单，并且操作起来很简单。

(2) 可以节约一部分燃料资源，因此节能环保。

附图说明　下面结合附图和实例对本创新发明作进一步地说明。图 4-100 是本创新发明一种可以回收能源的减震器的正面内部结构示意图。图 4-101 是减震器挤压后的正面内部结构示意图。其中图4-100 中的 1 是外杆，2 是内杆，3 是弹簧，4 是汽缸，5 是活塞，6 是连杆，7 是大齿轮，8 是齿轮发电机。

具体实施方式　将现有的外杆、内杆、弹簧、汽缸、活塞、连杆、大齿轮和齿轮发电机组装在一起，然后把电线与电源相连，在重力或冲力的条件下，本装置完成发电的操作。

点评　本作品“一种可以回收能源的减震器”与前例的“一种重力发电的鞋垫”都属储能发电方式，只是作品的选取角度和实施方案有所不同，但共性是发电量较低，储能共用的设备成本过高，所以采用率较低。

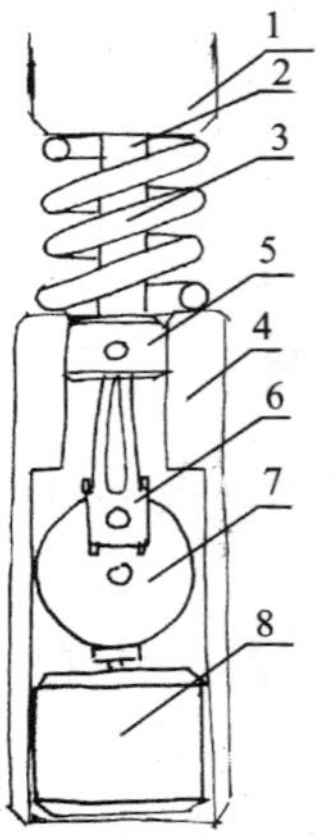

图 4-100 减震器内部结构示意图

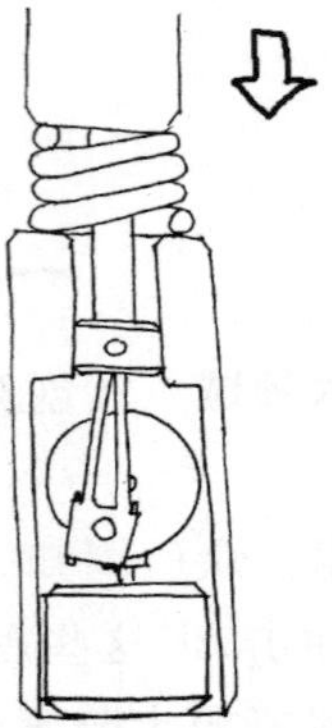
图 4-101 减震器挤压后内部结构示意图

创新发明实例 19

一种深孔弯道取物器

技术领域 本创新发明取物器属家用机械领域，尤其涉及一种深孔弯道取物器。

背景技术 众所周知，在我们的生活中有很多贵重物品或易造成堵塞的物品很容易滑落进深管或弯道里。例如，有时在进入卫生间上厕所时候人们衣裤里的钥匙、钱包、证件等小件物品很容易滑落进下水道，这些物品很小，却很重要，但又不方便人伸手去掏，更困难的是很有可能滑入下方弯道或人眼不能看到的地方不方便取出。现有的打捞方法大多需要拆开管道，甚至破坏装修，另外还有些人由于心急直接用手伸进去掏，导致手被卡住的情况，不得不请求救援，破坏设备。

发明内容 针对上述存在的问题，本创新发明取物器提出了解决的办法。本创新发明方便快捷的深管弯道取物器，主要由充气装置、把手、直杆、活动节、爪手支撑架、拉线、叶片爪和气囊组成。

本创新发明取物器的技术方案是这样来实现的：利用气囊配合爪手，通过肢节把一个小气囊（未充气前气囊很小）送入弯道，并超越过所取物品前方，然后通过后方充气使其膨胀充满管道，然后往后拉回气囊促使物品跟着一起往回滑直至抓手可抓取为止，最终在抓手和气囊的配合下将物品取出。

本创新发明多用取物器具适用于各个公共厕所、各个家庭，有能取出下水道里面的物品或其他堵塞之物等优点，还可用它摘取刺手的或不易够着的果实或杂物，广泛使用于单位、家庭、旅游者的生活中，也是行动不便的老年人工作生活的好帮手。

附图说明　下面结合附图和实施例对本创新发明做进一步说明。图 4-102 是本创新发明一种深孔弯道取物器的示意图。图 4-103 是本创新发明一种深孔弯道取物器的局部示意图。

图 4-102 中，1 是充气装置，2 是把手，3 是控制手柄，4 是拉线，5 是直杆，6 是活动节，7 是三脚抓手，8 是气囊，9 是抓手弹簧

具体实施方式　在图 4-102 中，通过充气装置将气囊充气使管道塞满后，控制手柄上联有拉线，拉线从抓手弹簧中伸出与三脚抓手，当用手捏动控制手柄后，三脚抓手闭合将物品抓住。

在图 4-103 中，拉线与抓手弹簧相连，拉动线的同时，弹簧压缩使三脚抓钩闭合。

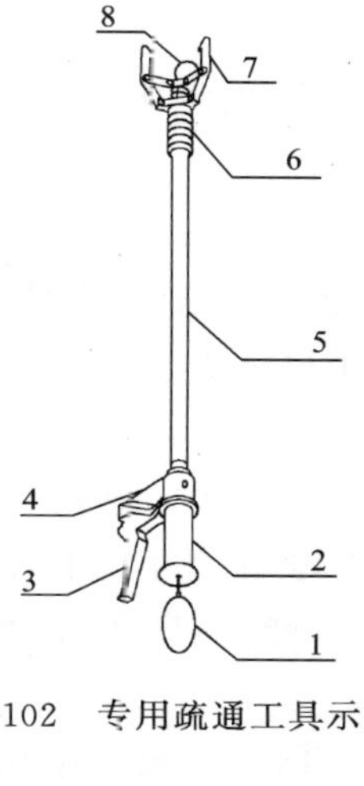

图 4-102　专用疏通工具示意图

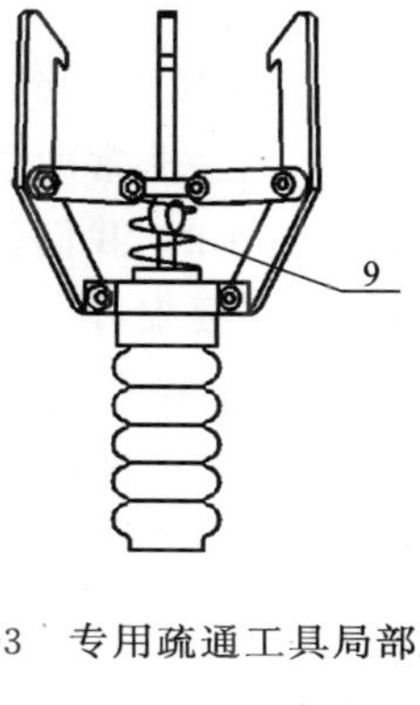

图 4-103　专用疏通工具局部示意图

点评 1　该创新发明所属家用机械领域，主要设想通过“一种方便快捷的深管弯道取物器”来解决人们上卫生间的时候不小心将衣裤里的钥匙、钱包、证件等小件物品滑落进下水道又不方便伸手去掏的问题。设想通过气囊配合爪手，可通过肢节把一个小气囊（未充气前气囊很小）送入弯道超越过所取物品前方，然后通过后方充气使其膨胀充满管道，然后往后拉回气囊促使物品跟着一起往回滑直至抓

手可抓取为止，最终在抓手和气囊的配合下将物品取出。

该创新发明构思非常巧妙，结构也十分简单，值得同学们研究和模仿。

点评 2　深孔、深沟、深缝的落物取出是一件十分不易的事情，现有技术中只能取直孔之物，还没有能出弯道之物的工具。

该创新发明“一种深孔弯道取物器能”利用“活动节”的弯曲调节取物之需及利用“三脚抓手”抓物，比现有技术中的二脚抓手有明显的进步。而且，“一种深孔弯道取物器能”的巧妙利用“充气装置将气囊充气使管道塞满后，控制手柄上联的拉线，拉线从抓手弹簧中伸出与三脚抓手，当用手捏动控制手柄后，三脚抓手闭合将物品抓住”的方案也比现有“长杆”的取物有明显优势。

该创新发明“一种深孔弯道取物器能”不但可以取出深孔、深沟、深缝的落物取出，还可以缩小用具尺寸后用于口腔医学中的喉管取物，如口腔、肠胃、喉管、耳孔、阴沟、肛门内的鱼刺、异物、手术后包块等等。

创新发明实例 20

一种球式个人空间

技术领域　本创新发明球式个人空间属休闲娱乐技术领域，尤其涉及一种球式个人空间。

背景技术　我们经常会碰到以下情况：当我们在火车站、汽车站、飞机场长时间等车或者接人时，人会非常疲惫，然而这些地方人流多，我们不敢休息；到我们需要去某个地方需要转车时，我们往往会多准备几块手机电池；当我们在广场或者游乐园等嘈杂的地方，需要安静一下却找不到地方。

发明内容　针对上述存在的一些情况，本创新发明球式个人空间提出了解决的办法。本创新发明一种球式个人空间，主要由球墙、滑门、中心轴、轴底座、太阳能薄片、小日光灯、插座、电平、抽屉凳、滑桌、智能锁、底座、踏板，圆形窗户组成。

其中智能锁用刷卡的形式进入，按时间计费，打开滑门，揭开座凳放好自己的东西，放下桌子，打开灯，人们可以在里面充电，可以从里面看到外面的风景。

本创新发明球式个人空间的特点是：

本创新发明球式个人空间结构简单，球面上可以贴需要的告示，可广泛用于飞机场、汽车站、火车站、广场等公共场所，给人们提供一个相对的隐私空间，也给放置地提供一道亮丽的艺术风景。

附图说明　下面结合附图和实施例对本创新发明球式个人空间做进一步说明。

图 4-104 是本创新发明球式个人空间的三维示意图，图 4-105 是本创新发明球式个人空间倒立示意图，图 4-106 是本创新发明球式个人空间局部墙体示意图。

图中，1 是中心轴，2 是太阳能薄片，3 是圆形窗户，4 是滑门，5 是智能锁，6 是底座，7 是轴底座，8 是球墙，9 是小型日光，10 是抽屉凳，11 是插座，12 是滑桌，13 是踏板，14 是电瓶。

具体实施方式　在图 4-104 中，球墙用建三脚架的形式建成，外面用熟料包装。

在图 4-105 中，轴底座将轴固定，与底座用三角铁链连接，稳定中心。

在图 4-106 中，墙体外有太阳能薄片吸收太阳能，里面有生活必备设施，我们通过刷卡进入。

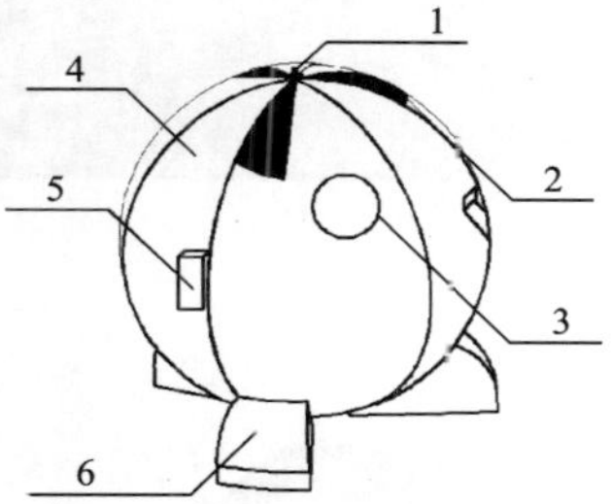

图 4-104　球式个人空间的三维示意图

图 4-105　球式个人空间的倒立示意图

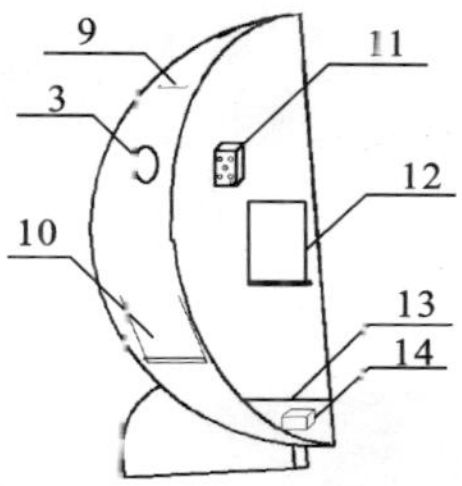

图 4-106　球式个人空间局部墙体示意图

点评　该作品“一种球式个人空间”涉及公共设备建设领域，主要想解决火车站、汽车站、飞机场长时间等车或者接人时，人会非常疲惫，无处“藏身”的问题，并设想通过“一种球式个人空间”来提供一个相对隐私的空间，并解决人们休息难的不足。

链接　目前全世界都没有投币式计时个人空间(屋)，但如果在公共场所(汽车站、火车站、机场、码头)采用投币式计时个人空间(屋)，在满足个人付费用房需求的同时又促进了和谐社会的建设，也促进了经济的发展。小木屋式个人空间能满足在外的个人对于拥有计费用房的需求，如图 4-107。而在设计方案的基础上增加投币式、刷卡计时付费的管理方式，如图 4-108 和 4-109，就更能取得市场的认同。

(a)　(b)　(c)

(d)　(e)　(f)

图 4-107　小木屋式个人空间

(a)　(b)　(c)

(d)　(e)　(f)

图 4-108　计时付费小屋的构思创意

(a) (b) (c)

图 4-109 借鉴现有技术后计时付费小屋的构思创意

创新发明实例 21

一种水下骑行游泳圈

技术领域 本创新发明游泳圈属用具用品技术领域，尤其涉及一种水下骑行游泳圈。

背景技术 众所周知，在现实生活中，很多人都喜欢在水里嬉戏游玩，可是对于一个初学者来说，就只能望水兴叹了。虽然我们有游泳圈，但对于初学者在水里前行和玩乐就显得很困难了。另外会游泳的人虽然能够游去自如，但是想在水里多玩一会时，就显得力不从心了，想要在水里休息、娱乐，在水里飘游更是难上加难。所以我们希望能有一种既节省体力又可以自由前进还可以在水上休闲娱乐的工具。

发明内容 针对上述存在的情况，本创新发明游泳圈提出了解决的办法。本创新发明水下骑行游泳圈包括游泳圈、游泳圈加固连接环、支撑框架、脚踏动力装置、同步带轮、同步带、双涡轮式旋转叶片推进装置。

本创新发明游泳圈的下部有一条气垫式的座位带，使用者可以坐在座位带上，然后通过蹬踩脚下的骑行装置（骑行装置全部在水里），使同步带带动后面的涡轮式旋转叶片推进装置，并推进整个游泳圈前进。涡轮式旋转叶片推进装置和骑行装置都通过固定框架和游泳圈连接在一起。

本创新发明的特点是采用了水下骑行的设计，趣味性强，具有结构简单，节省体力的优点。

附图说明 下面结合附图和实例对本创新发明做进一步说明。图 4-110 是本创新发明水下骑行游泳圈的主视图的示意图，图 4-111 是本创新发明水下骑行游泳圈的左视图的示意图，图 4-112 是本创新发明水上骑行游泳圈的俯视图的示意图，图 4-113 是本创新发明水上骑行游泳圈的总的结构的示意图。

其中,1是游泳圈,2是游泳圈加固连接环,3是支撑框架,4是座位软带,5是同步带,6是后轴,7是小同步带轮,8是涡轮叶片,9是大同步带轮,10是踏板摇臂,11是中轴,12是轴承端盖,13是后轴轴承套筒,14是游泳圈加固连接环的连接杆,15是踏板、16是脚踏动力装置,17是传动装置,18是双涡轮式推进装置。

具体实施方式　本创新发明水下骑行游泳圈的游泳圈的外形如图4-110所示,两端分别装有一个加固连接环用以连接下面的支撑框架,支架与中、后轴的套筒焊接在一起用以连接下面的驱动装置。

本创新发明水下骑行游泳圈的驱动装置包括16脚踏动力装置、17传动装置、18双涡轮式推进装置,推进装置由后轴、轴承、涡轮组成,脚踏动力装置由中轴、踏板、踏板摇臂、轴承组成,脚踏动力装置把脚踏回转的动力通过同步带轮和同步带传递给推进装置,从而推动游泳圈前进,如图4-111。

本创新发明水下骑行游泳圈座位带如图所示,人坐在游泳圈里的座位带里,脚踩踏板骑行,如图4-112。

本创新发明水下骑行游泳圈在使用操纵时,由驾驶者手扶游泳圈坐在座位软带上,双脚踏动动力装置,通过同步带和同步带轮带动叶片旋转,使之前进,如图4-113。

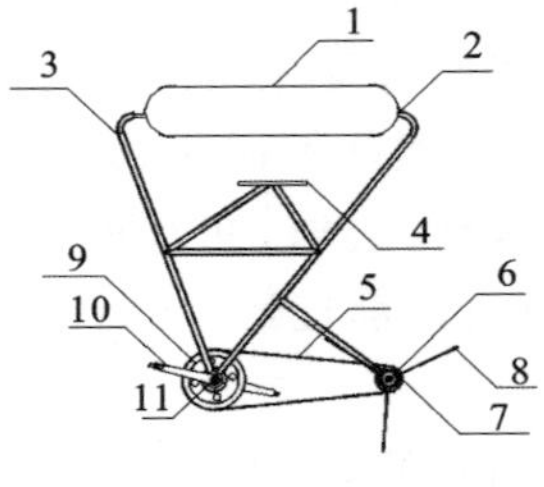

图4-110　水下骑行游泳圈主视图

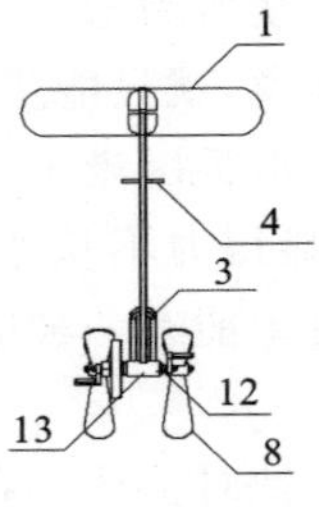

图4-111　水下骑行游泳圈左视图

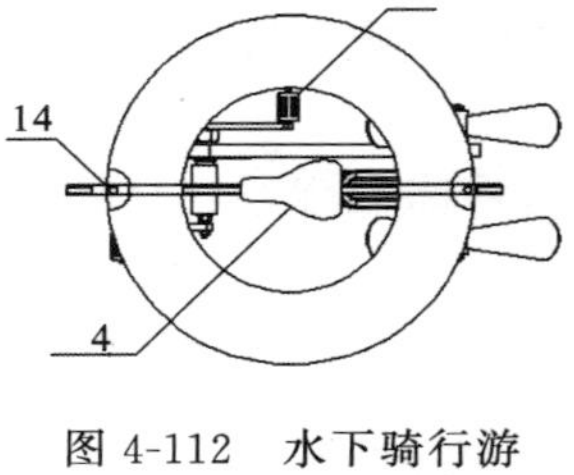

图4-112　水下骑行游泳圈俯视图

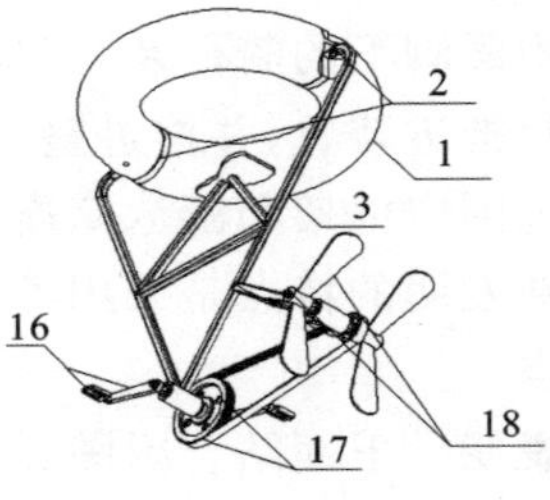

图4-113　水下骑行游泳圈结构示意图

点评　该作品“一种水下骑行游泳圈”涉及水上嬉戏游玩的工具，主要解决现有游泳圈只能“戴”不能骑的缺陷，只有保护功能没有骑行功能的不足。

创新发明实例 22

一种立式爬梯健身机

技术领域　本创新发明健身机属健身器材技术领域，特别涉及一种立式爬梯健身机。

背景技术　众所周知，随着人们生活水平的日益提高，人们已不再满足吃饱与吃好的基本生活状况，而是在满足吃饱与吃好的基础上强调健身与长寿。因此，健身器材已经成为了不少家庭日常生活中必不可少的生活用品。然而，现有的跑步机只能满足室内跑步的健身需求，却不能满足健四肢同时锻炼全身的健身需求。

发明内容　本创新发明立式爬梯健身机主要由①圆管拉伸可变活动金属受力支架，②方管拉伸可变活动金属链条通道支架，③活动接头，④电机，⑤电机罩，⑥可控传感器元器件，⑦齿轮，⑧链条，⑨表面胶皮，⑩开关组成。

本创新发明健身机的技术方案是这样来实现的：

1. 机械部分

1）本创新发明立式爬梯健身机由电机输出功率带动变速器（在电机罩内）后（高速变低速），变速器上的齿轮带动链条工作实现位移（由上向下），如图 4-114 所示。

2）本创新发明立式爬梯健身机圆管拉伸可变活动金属受力支架和圆管拉伸可变活动金属链条通道支架通过活动接头可根据使用空间大小及使用高度和夹角实现自由调节，达到可俯爬登高，也可调节成为仰爬较难的角度（120 度），为不同健身、取乐的人群提供功能更全的健身选择（见图 4-115 所示）。

3）本创新发明立式爬梯健身机能使健身者由下向上慢速重复爬行到顶，健身者足不出门就可在家里通过这种立式爬梯健身机实现由下向上攀爬锻炼而达到强健四肢的目的。（见图 4-116 所示）。

2. 控制部分

本创新发明立式爬梯健身机通过开关控制整机运行（可控传感器元器件的工作与现有跑步机相似，这里不述），并调节、控制健身机的工作速度符合正常人生谢节奏和习惯。

图 4-120 所示是本创新发明立式爬梯健身机的传感器位置分布的示意图，其中图4-120 中的 1、2、3、4 是激光传感器的接收装置，图中的 5、6、7、8 是激光传感器

的发射装置。

控制部分的主要功能　当人登梯的速度增加或减小时，电机能自动控制上下行的速度，使之随着增加或减小。开始时电机以某一个速度匀速转动，人也以该速度向上爬，人相对底面静止，当人向上攀爬的速度增加时，相对于底面的位置升高，会触发两边的传感器，传感器会向信号处理中心发出一个信号，处理中心处理过信号之后输出一个一定电压的信号给电机调速板，使电机加速；当人的速度继续增加，相对底面的位置升高的高度更多时，会触发更高位置的传感器，传感器同样向信号处理中心发出一个信号，信号处理中心处理过该信号后会向电机调速板发出一个更高电压的信号，电机的速度增加更快，使得人不能继续向上爬。人越向上爬，处理中心发出的信号电压越高，电机的速度越快，由此，即可实现当人的速度增加时，电机的速度随之增加，同理，当人的速度减小时，电机的速度也会相应减小。

3. 传感器的选择与配置

传感器的作用是能够检测到人速度的变化，并将速度变化的信号传到信号处理中心，进而控制电机的速度。传感器的选择首先是传感器类型的确定：人不能看作一个质点，在不同的时间里检测信号可以打在人身上的任何地方，因此，用速度传感器或者距离传感器时误差很大；当做不同的动作时，人的手和脚对于横杆的压力是不均匀的，同时将压力信号传到信号处理中心比较困难，因此，将传感器放在横杆上的方法不适用；横杆以一定的速度向下运动，若人向上爬的速度和横杆的速度相同，则人相对于底面是静止的，若人的速度大于横杆的速度，则人相对于底面会向上运动，同理，若人的速度小于横杆的速度，则人相对于底面会向下运动，因此，人位置的变化可以放映出人速度的变化，最终选择位置传感器作为检测传感器。

本创新发明健身机的传感器参数为：

1）电源电压：24 V

2）控制电压有效范围：1.5 V～3.5 V

3）输出电流：限流 10 A（可以定制其他限流值）

4）输出最大功率：200 W

其次，传感器放置的位置以及排列方式的选择，采用多个传感器来检测人位置的变化：人向上爬的过程中总是手在最上面抓横杆，因而选择在攀爬梯的两边排列设置多个传感器，当人手到达某一位置时，会遮挡住传感器发射端发出的信号，此时，接收端不能接收信号，通过后续的信号处理模块，即可将该信号转化为相应的模拟信号，使电机的速度改变。

最后，是传感器种类的选择，可供选择的传感器有红外传感器、超声波传感器和激光传感器。红外传感器的波长较长，衍射性强，因此，方向性不好，而且经过多次反射后进入接收端传感器会干扰接收信号；超声波传感器的发散性强，波束不容易集中，遮挡也比较困难；激光传感器的波束较细，直线性很好，不容易发生衍射，接收信号的干扰很小，因此，最终选择了激光传感器。

本创新发明健身机使用 6 个激光传感器，每隔 20 cm 安装一个，激光传感器输入电压为5 V，当接收到激光时输出高电平，电压 5 V，未接收到激光时为输出低电平，电压为 0 V。

本创新发明健身机信号处理模块的作用是将激光传感器接收到的逻辑信号转化为不同大小的模拟电压信号并将该模拟信号送往控制板，因此，选用 DAC0832 数模转换器来实现。激光传感器接收到的有效信号为低电平，DAC0832 转换器的有效电平为高电平，在激光器的接收端首先用一个用一个 74LS04 非门将低电平转变为高电平。调速板的有效输入电压为 1.5 V～3.5 V，1.5 V 及以下时电机停转，3.5 V 及以上时电机全速运转，为了保证开始时电机以一定的速度转动，设定初始电压为 2 V，6 个传感器由下到上传感器的编号为 1，2，3，4，5，6，可以在初始电压的基础上分别增加 0.25 V，0.5 V，0.75 V，1.0 V，1.25 V，1.5 V，电压增加的越多，即人越靠近攀爬梯上端，即人的速度越大，电机的速度越大。DAC0832 是一个 8 位转换器，取基准电压 $V_{erve}=4$ V，则输出电压 $V_0=-\frac{D}{2^j}\times V_{ref}$，D 为输入的数字量，1 接口若为高电平，则代表数字量为 2^0，2 接口若为高电平，则代表数字量为 2^1，……，8 接口则代表数字量为 2^7，产生 2 V 电压需要的数字量为 128，8 接口始终为高电平即可，产生 0.25 V 电压需要的数字量为 16，1 号传感器的输出端需要接在 5 接口上，产生 0.5 V 电压需要的数字量为 32，2 号传感器的输出端接在 6 接口上，产生0.75 V 电压需要的数字量为 48，3 号传感器需要接在 5 和 6 接口上，产生 1.0 V 电压需要的数字量为 64，4 号传感器接在 7 接口上，产生 1.25 V 电压需要的数字量为 80，5 号传感器接在 5 和 7 接口上，产生 1.5 V 电压需要的数字量为 96，6 号传感器接在 6 和 7 接口上。

由此，5 接口上共接 3 个传感器，6 接口上共接 3 个传感器，7 接口上共接 3 个传感器，为了防止产生干扰，5，6，7 接口上各有一个四输入或门。

本创新发明健身机的特点是：

本创新发明健身机克服了现有跑步机只能健脚不能健手的不足，实现了个人可以根据家庭有限空间实现健四肢的愿望，为全民健身，健身强国提供了条件。本发明结构简单实用，美观大方价格适中，特别适合健身馆、企业、机关、政府工作人员休息健身，也适合部队、警察训练之用，还适合家庭个人休闲养生取乐使用。

附图说明　图 4-114 是本创新发明立式爬梯健身机的结构分布主视图的示意图。图中 1 是链轮盒，2 是滑槽，3、11 是支撑架，4 和 6 是伸缩杆，5 是伸缩杆调节旋钮，7 是伸缩杆支座，8 是电机，9 是底座，10 是伸缩杆拆装旋钮。

图 4-115 是本创新发明立式爬梯健身机的结构分布俯视图的示意图。图中 1 是底座，2 是伸缩杆拆装旋钮，3 是伸缩杆调节旋钮，4 是伸缩杆，5 是伸缩杆底座，6 和 9 是底座连接横杆，7 是伸缩杆套筒，8 是电机，10 是爬杆。

图 4-116 是本创新发明立式爬梯健身机的结构分布和仰视图的示意图。图中 1 是电机，2 是底座，3 和 7 是底座连接杆，4 是链轮盒，5 是爬杆，6 是中央包装盒。

图 4-117 是本创新发明立式爬梯健身机的结构分布左视图的示意图。图中 1 是链轮盒，2 是支撑架，3 是伸缩杆固定座，4 是伸缩杆拆装旋钮，5 是伸缩杆，6 是伸缩杆调节旋钮，7 是伸缩杆套筒，8 是伸缩杆底座，9 是电机，10 是底座连接杆，12 是爬杆，13 是从动轴，14 是中央包装盒。

图 4-118 是本创新发明立式爬梯健身机的结构分布右视图的示意图。图中 1 是链轮盒，2 是链条滑道，3 是支撑架，4 是伸缩杆固定座，5 是伸缩杆拆装旋钮，6 是伸缩杆套筒，7 是伸缩杆调节旋钮，8 是伸缩杆，9 是伸缩杆底座，10 是底座，11 是底座连接杆，12 是主动轴，13 是电动机，14 是爬杆，15 是从动轴，16 是中央包装盒。

图 4-119 是本创新发明立式爬梯健身机的结构分布后视图的示意图。图中 1 是链轮盒，2 是滑道，3 是支撑架，4 和 6 是伸缩杆，5 是伸缩杆调节旋钮，7 是伸缩杆底座，8 是底座，9 是伸缩杆拆装旋钮，10 是支撑架。

图 4-120 是本创新发明立式爬梯健身机的传感器位置分布的示意图。

具体实施方式　根据图中所述，本创新发明立式爬梯健身机可通过开关控制实现整机运行。此外，还可根据健身馆、企业、机关、政府、家庭室内有限空间，拉伸可变活动金属受力支架和方管拉伸可变活动金属链条通道支架，通过活动接头可根据使用空间大小及使用高度实现自由调节由下向上攀爬锻炼而健四肢的目的。

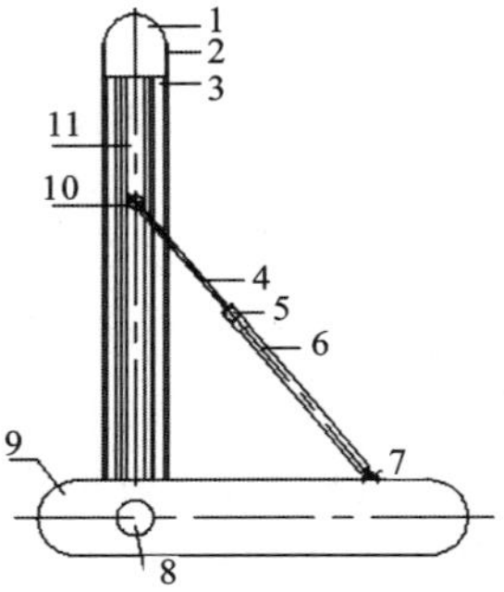

图 4-114　主视图

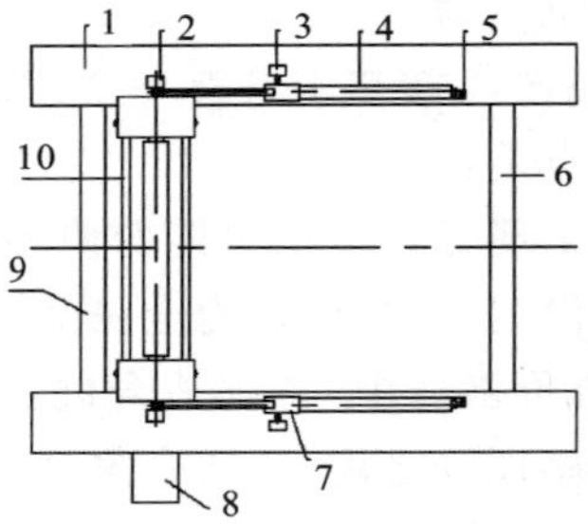

图 4-115　俯视图

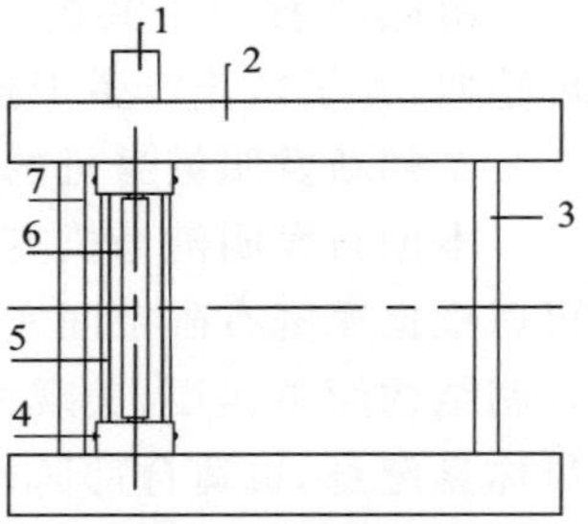

图 4-116　仰视图

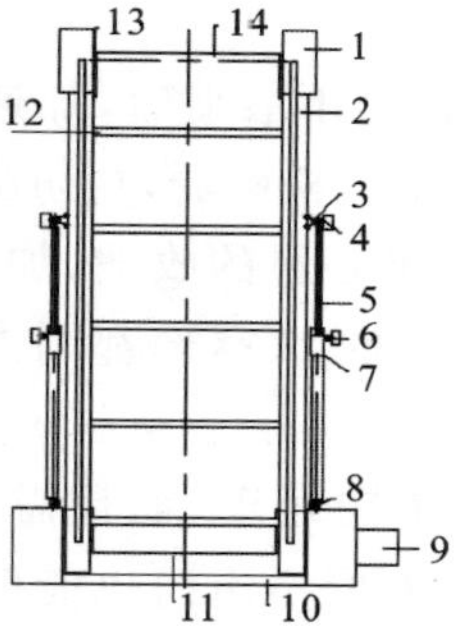

图 4-117　左视图

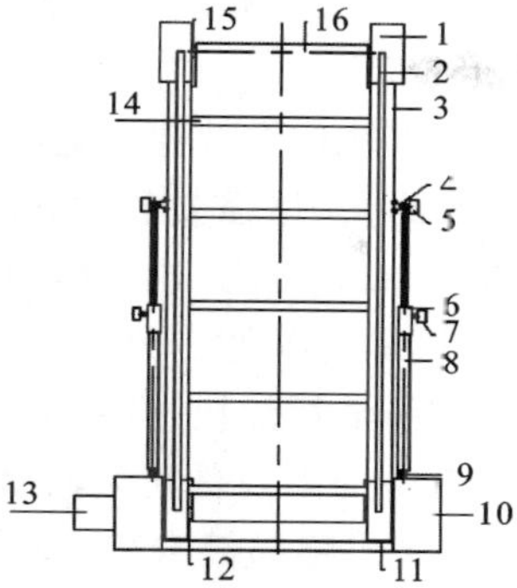

图 4-118　右视图

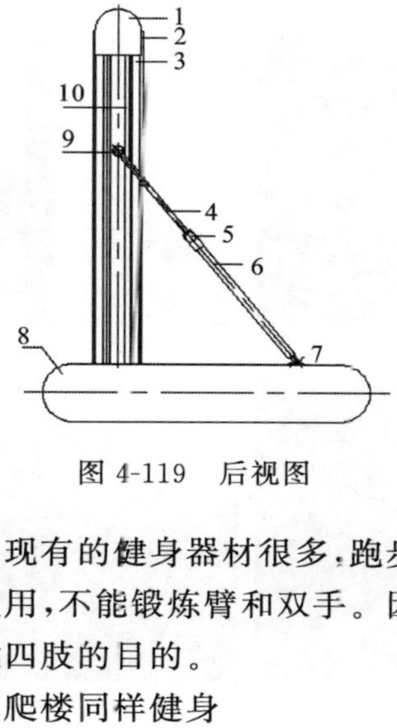

图 4-119　后视图

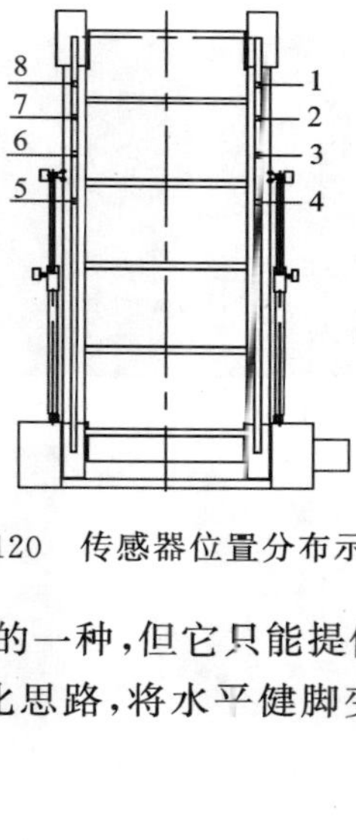

图 4-120　传感器位置分布示意图

点评　现有的健身器材很多，跑步机是最常见的一种，但它只能提供水平面的脚步健身使用，不能锻炼臂和双手。因此，作者变化思路，将水平健脚变成立放爬高而达到健四肢的目的。

链接　爬楼同样健身

国外许多国家的民众很热衷爬楼运动，如美国的爬楼梯运动始于 1968 年，那时，著名的生理学家库珀通过研究证明了爬楼梯对人体生理机能会产生效果显著的作用，便开始倡导利用爬楼梯进行健身。

关于爬楼梯的健身效果有这样一些研究数据：每天爬 5 层楼梯，可使心脏病的发病率要比乘电梯的人少 25%。每周爬 5000 级楼梯(即每日登 714 级，大约相当于上下 6 层楼 3 次)所消耗的热量约为 2000 卡路里，坚持这样活动的人的死亡率比那些不运动的人低 1/3～1/4。爬楼梯能量消耗比静坐多 10 倍，比散步多 3 倍，比打乒乓球多 1.3 倍；登 6 楼 2～3 趟，相当于慢跑 800～1500 米的运动量。

很多日常行为其实就是健身方式，例如爬楼梯。相关专家表示，经常上楼梯不但能增强心肺功能，还能有效增强腰背肌肉和腿部肌肉的力量，增强关节的灵活程度，防止骨质疏松。

上楼梯时腿部肌肉有节律性地收缩和放松，能挤压下肢血管，加速血液循环，增加腿部肌肉的力量，增强关节的灵活程度，防止骨质疏松脆弱，预防腿老。同时，爬楼梯还能增强心肺功能。这是因为爬楼梯时加强了心肌的收缩，加快了血液循环，促进了身体的新陈代谢。另外，爬楼梯时腰部、臀部、大腿部都用力较大，从而使这些部位的脂肪消耗加快，有利于减肥。

从图 4-121 中的图片你可发现登高、爬梯均为单向运动，而且需较大的运动场所。而“一种立式爬梯健身机”反向行之，解决了人们不出门也能健身的难题，特别适合政府机关、学校、公司、家庭白领们、宅男宅女们、老少爷们、顽童顽孙们健身、娱乐、休闲使用。

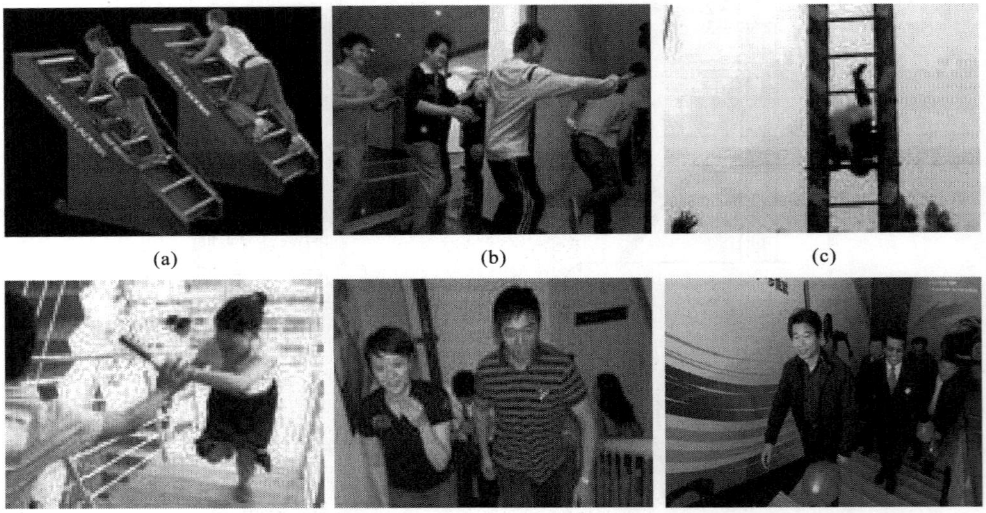

(a)　(b)　(c)　(d)　(e)　(f)

图 4-121　爬梯健身

创新发明实例 22

鱼脊式隧道逃生舱

技术领域　本创新发明鱼脊式逃生舱是在水底隧道的基础上增加逃生舱，在紧急事故发生时，给人们提供一个紧急避难的地方，安全等待救援人员；运用仿生学原理将逃生舱和隧道都改进成鱼脊式，逃生舱通过管道连接在隧道上，并配以螺旋门、通信天线、照明、供氧保温和食物等应急逃生物品，为救援人员提供更多时间。

背景技术 海底隧道的安全稳定通航在整个建设项目进行中起着举足轻重的作用，尽量避免发生事故的可能性或发生事故后将伤亡减少到最小程度，也成为了一个世界性难题。众所周知，在水底隧道中最容易发生的事故是车难，火灾，后果最严重的事故是透水塌方。隧道现在都采用圆形结构，这样上方的受力全部聚集在圆的顶部，这样压力过大，可能会造成顶部的过压变形，最终导致塌方事故。如果采用现有的向下或者水平逃生方式都很难做到快速安全逃生，在发生透水事故时采用上述逃生方法更无异于自杀。

发明内容 针对现有隧道存在着逃生方式不足及隧道圆形结构存在受力支撑不够科学的不足，我们提出了通过鱼脊式结构逃生舱向上逃生的解决方案。

本逃生舱采用的技术方案是：鱼脊式逃生舱运用仿生学原理设计成鱼脊式结构，该结构可起到有效的分压作用。逃生舱与主隧道呈 V 字型，采用向上逃生的方式比现有的向下逃生更安全可靠。逃生舱通过封闭式通道与主隧道相接，当主隧道发生透水火灾等紧急事故时，隧道内的人员可通过安全门向上爬到安全舱里并旋紧安全门，等待救援。通过螺纹的配合实现密封的效果，上下两道安全门可保证人员安全。舱内备有水、食物、供氧设备等，可保障一段时间内保障人身安全。

本创新发明的特点是：本创新发明采用向上逃生方式，逃生路线采用双向逃生舱，而且采用单向双道安全门，成 45°倾斜向上分布，当发生透水事故时可有效提高逃生机率。

附图说明 下面结合附图和实例对本创新发明做进一步说明。在江底（海底、河底、湖底）设有主隧道，图 4-122 和 4-123（支隧道）（逃生舱）两者之间通过过道（图 4-126）相连，为了安全还特别设置有排水沟（图 4-124），电缆沟（图 4-125），通气管道（图 4-127），解决废气的排气舱（图 4-128）以及用于隧道内照明的线路（图 4-129），还有照明灯具（图 4-130），遇险逃生的过道中的台阶（图 4-122 中的 10），用于监控隧道实情的摄像头及温控传感器（图 4-122 中的 11）来解决一系列遇险逃生难题。

点评 1 该作品“鱼脊式逃生舱”选题涉及隧道逃生技术领域，发现现有江底隧道逃生存有险情，于是创意采用“鱼脊式逃生舱”方式来解决江底隧道遇险的逃生问题。

该作品的创新方向正确，有鲜明的独创性，代表着隧道逃生的发展方向。

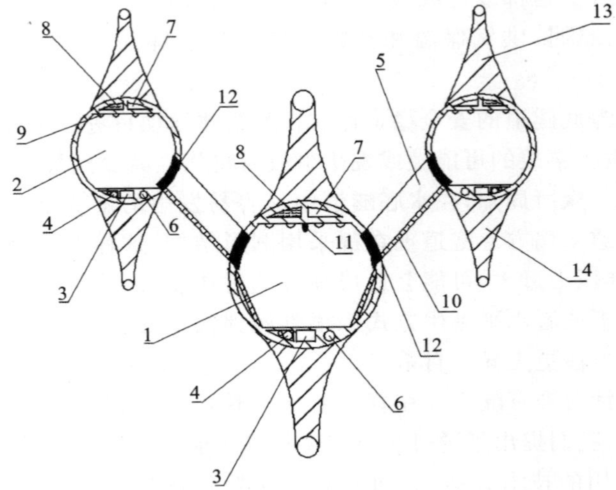

图 4-122　鱼脊式逃生舱结构分布示意图

1—主隧道　2—支隧道(逃生舱)　3—排水沟　4—电缆沟　5—通道
6—通气管道　7—排气舱　8—照明线路　9—照明灯具　10—水泥台防
11—摄像头和传感器　12—密封舱门

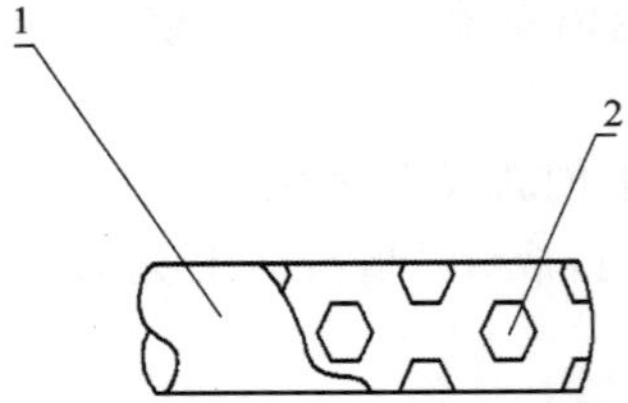

图 4-123　通气管道的结构示意图

1—通气管　2—出气孔

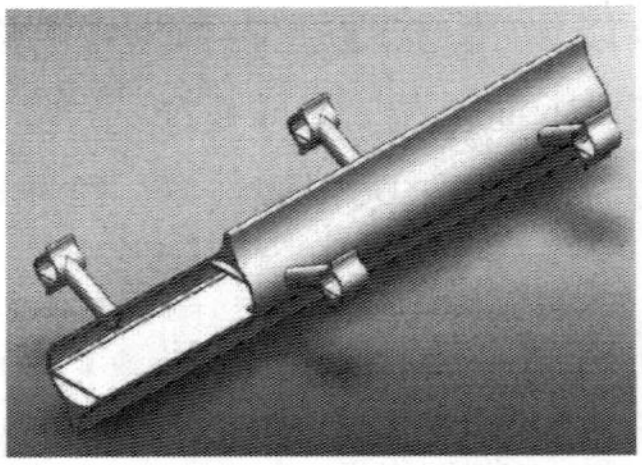

图 4-124　排水沟

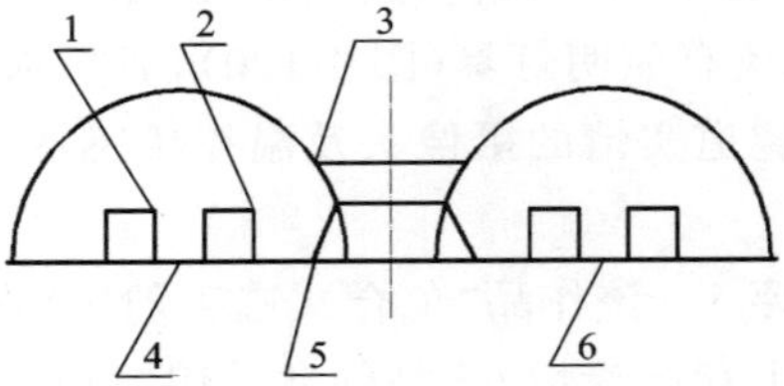

图 4-125　电缆沟

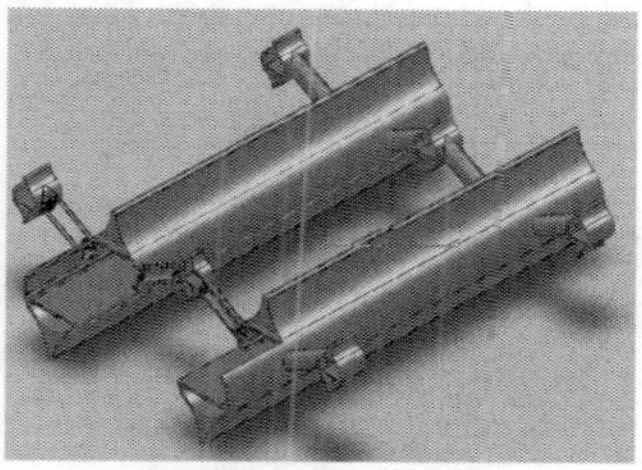

图 4-126　过道

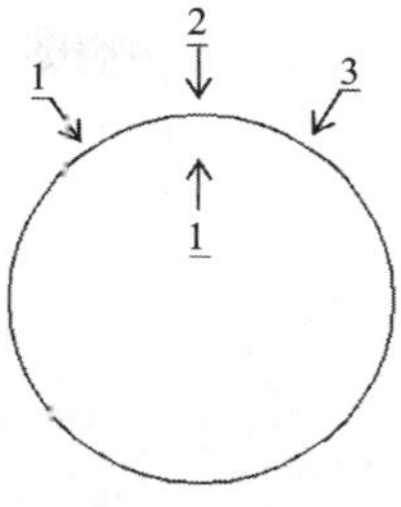

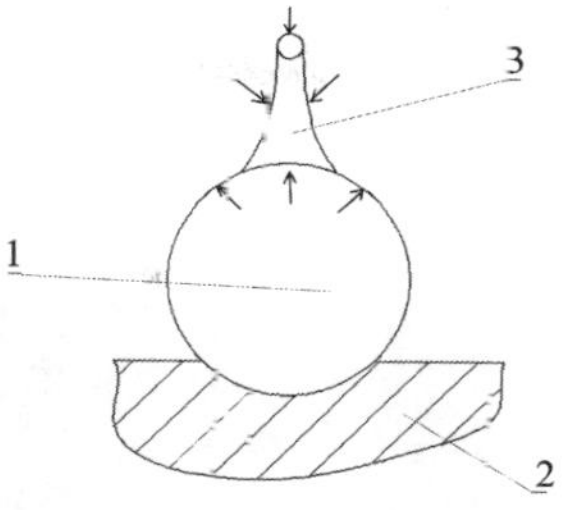

图 4-127　通气管道

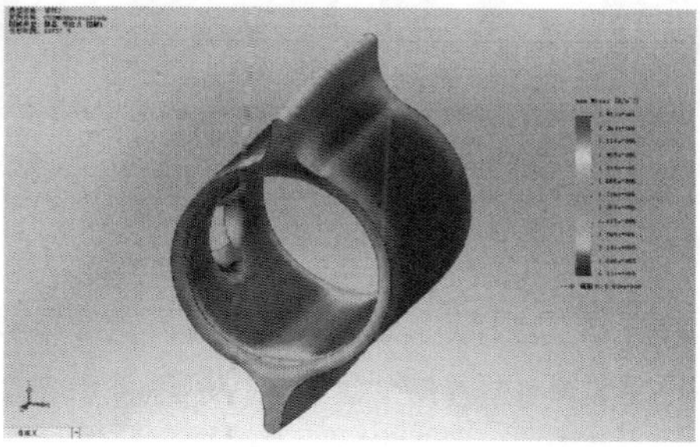

图 4-128　排气舱

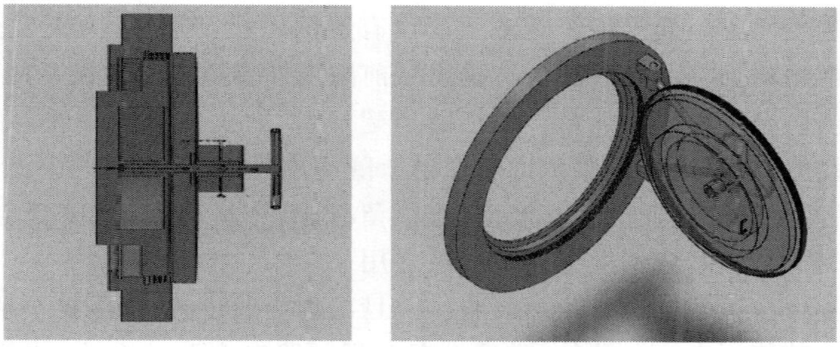

图 4-129　照明线路

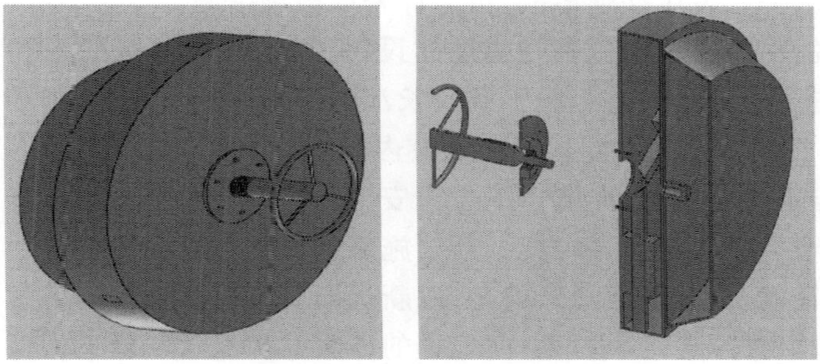

图 4-130　照明灯具

链接 武汉长江隧道

据“长江第一隧”项目主要设计人、铁四院高工焦齐柱介绍，无论是隧道自身的坚固性，还是对通道内人员的安全保障，武汉长江隧道都采用了世界一流的设计，如图 4-131。

(a)

(b)

图 4-131 武汉长江隧道

一是，设置遮光棚保护司机眼睛。由于隧道内外光线强弱悬殊，车辆突然从暗光区进入亮光区时，司机视觉难以适应，容易引发交通事故。为此，武汉过江隧道两端洞口设计有遮光棚，人为搭建一个亮光过渡带，给司机一个适应过程。

二是，排烟通道设计世界领先。隧道最怕火灾，火灾产生的烟气如不及时扩散，易熏昏逃生的人。武汉长江隧道顶部设有专门的排烟通道，火灾发生后，立即启动风阀，产生的烟雾可及时排放。这是目前国内外隧道中绝无仅有的。

三是，消防网络覆盖无死角。长江隧道建成后，有火灾自动报警系统，隧道侧壁有逃生滑梯通往路面下的紧急逃生通道。隧道内每隔 45 米有一个消防栓，覆盖无死角。另两个通车孔间的隔离墙上，分段留有 10 个横向通道口（紧急出口），联络两个通车孔道，供紧急情况下人员疏散之用。

四是，隧道车道两侧设有防撞设施。一旦出现交通事故，可保护车辆不会撞损隧道壁，影响其使用寿命。此外，隧道设有全程闭路电视监控系统，能随时监控隧道内交通情况，一旦发生交通事故，可立即采取救援措施。

焦齐柱说，尽管这些设施都是辅助建设，但对于使用隧道的人和车，它们都是最重要的。隧道遇险如何逃生呢？武汉长江隧道采取向下逃生，如图 4-132。

点评 2 气向上行，水向下流。隧道内遇透水，是水流的快，还是人跑的快？是向水的上方逃安全，还是向隧道下方逃安全？答案一目了然。创新就是“排异立新”，“以新代旧”，以新思想、新方法、新措施来解决以往存在的问题。“鱼脊式逃生舱”的方案设计就是“标新立异”，就是“以新代旧”，就是推陈出新的过程。

“鱼脊式逃生舱”遇险（水、火）向上逃的方案与武汉长江隧道遇险（水、火）向下

(a)　(b)　(c)

图 4-132　武汉长江隧道逃生示意图

逃的方案相比就有一定进步,也侧面证实了现有的隧道逃生方法存在着一定不足,值得同学们探讨。

创新发明实例 23

一种破冰斧

所属技术领域　本创新发明破冰斧属工具技术领域,特别涉及破冰斧。

背景技术　众所周知,普通的破冰斧大部分用在爬冰山,拥有独特的破冰功能。但那些破冰斧比较占位置,又很容易刺穿衣服。本创新发明破冰斧将克服这些问题,它体积很小,长短可以伸缩,结构简单,便于操作,是一种有非常有用的创新发明。

发明内容　本创新发明破冰斧,主要由①刀锋,②调节孔,③杆臂,④杆身,⑤伸缩杆,⑥尼龙绳,⑦锯锋,⑧刀部紧固盘,⑨杆臂紧固盘,⑩橡胶,⑪锤构成。本创新发明破冰斧可以自行调节各个杆与杆间的角度,是具有破冰,刺,锯,切和锤功能的破冰斧。

本创新发明破冰斧的特点是:

1. 本破冰斧结构简单,操作方便。它可供男女使用,不分性别,老少适宜。
2. 本破冰斧体积很小,长短可以伸缩。
3. 本破冰斧具有刀锋可以切东西。
4. 本破冰斧可以调节刀锋向上成直线型,可以用来自卫和打猎。
5. 本破冰斧可以调节成破冰斧。
6. 本破冰斧具有锤可以锤东西。
7. 本破冰斧具有锯可以锯东西。
8. 本破冰斧的锋利部分可以藏入杆臂里,防止刺穿衣服。

附图说明　下面结合附图和实施例对本创新发明作进一步的说明。

图 4-133 是本创新发明破冰斧的结构示意图，图 4-134 是本创新发明破冰斧调节刀锋向上成直线型的结构示意图。其中图 4-133 中的 1 是刀锋，2 是调节孔，3 是杆臂，4 是杆身，5 是伸缩杆，7 是锯锋，8 是刀部紧固盘，9 是杆臂紧固盘，10 是橡胶，11 是锤，图4-133 中的 1 是刀锋，2 是调节孔，3 是杆臂，4 是杆身，5 是伸缩杆，6 是尼龙绳，7 是锯锋，8 是刀部紧固盘，9 是杆臂紧固盘，10 是橡胶。

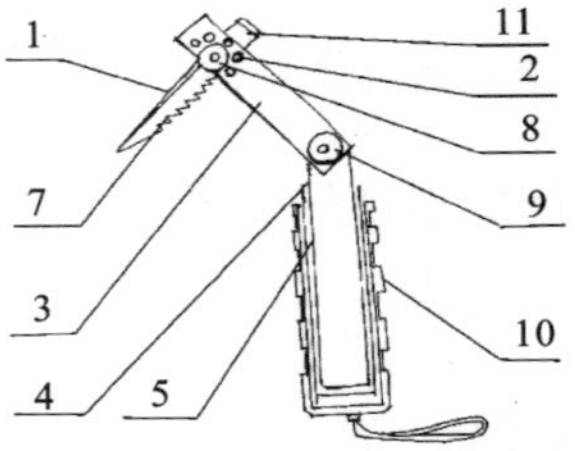

图 4-133　结构图

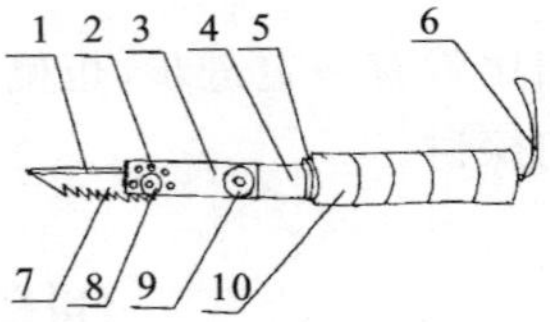

图 4-134　刀锋向上时结构图

具体实施方式　将现有中的刀锋，调节孔，杆臂，杆身，伸缩杆，尼龙绳，锯锋，刀部紧固盘，杆臂紧固盘，橡胶和锤组装在一起。

切的功能：调节刀锋向上成直线型，利用刀锋切东西。

刺的功能：调节刀锋向上成直线型，展开伸缩杆，形成茅。

锯的功能：调节刀锋向上成直线型，利用刀锋背面的锯齿来锯。

锤的功能：调节杆臂和杆身成直线型，刀锋与杆臂成 90 度角，刀锋的下端是锤。

破冰的功能：调节杆臂和杆身成 45 度角，刀锋与杆臂成 90 度角形成破冰斧。

支撑的功能：调节锤向上成直线型，展开伸缩杆形成拐杖。

点评　该创新发明“一种破冰斧”涉及登山工具技术领域，主要解决原有破冰斧体积大且很容易刺穿自身衣服的不足。该创新发明通过改进将“直柄破冰斧”变成“折叠式破冰斧”，并增加了多项其他功能，值得大家学习。

创新发明实例 24

一种显微镜

所属技术领域　本创新发明属显微镜技术领域。

背景技术　众所周知，普通的显微镜是属于较大、较重的桌上式显微镜，无法带出野外使用，且无法在当地直接观察。基于以上种种问题，本创新发明显微镜将克服这些难题，它体积很小，可以随身携带，结构简单，便于操作，适合各类人士使用，是一种有非常实用的创新发明。

发明内容　本创新发明显微镜，主要由①观察台，②目镜，③镜筒外壳，④镜筒，⑤螺旋镜筒，⑥物镜，⑦载物台，⑧调节器构成。

本创新发明显微镜的特点是：

1. 本创新发明显微镜结构简单，操作方便。
2. 本创新发明显微镜体积很小，可以随身携带。

附图说明　图 4-135 是本创新发明显微镜的螺旋镜筒收缩时的内部结构示意图，图 4-136 是本创新发明显微镜的螺旋镜筒展开时的内部结构示意图。

其中图 4-135 中的 1 是观察台，2 是目镜，3 是镜筒外壳，4 是镜筒，5 是螺旋镜筒，6 是物镜，7 是载物台，8 是调节器，图 4-136 中的 1 是观察台，2 是目镜，3 是镜筒外壳，4 是镜筒，5 是螺旋镜筒，6 是物镜，7 是载物台，8 是调节器。

具体实施方式　将现有中的观察台、目镜、镜筒外壳、镜筒、螺旋镜筒、物镜、载物台和调节器组装在一起，形成显微镜。

使用步骤一：将标本放入观察盒里。

使用步骤二：合上观察盒。

使用步骤三：将观察盒装在载物台上。

使用步骤四：调整调节器至看清楚观察物。

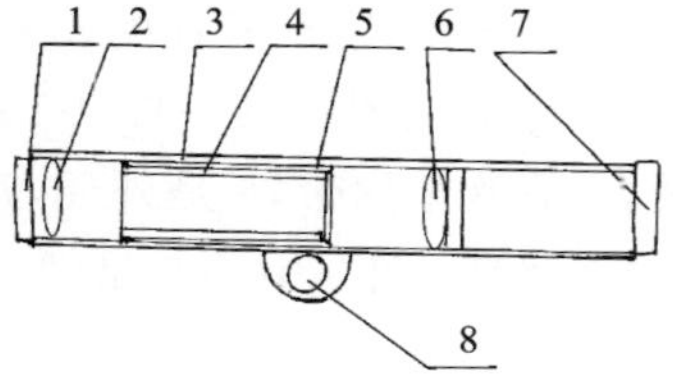

图 4-135　收缩时内部结构图

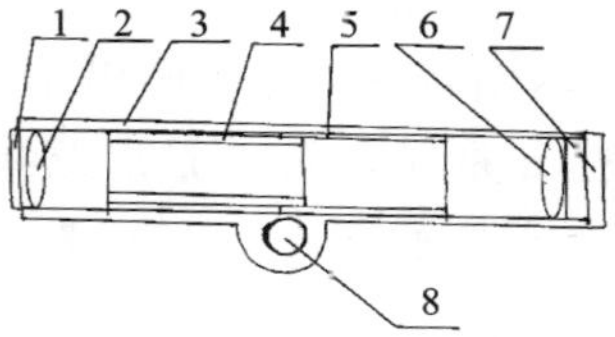

图 4-136　展开封内部结构图

点评　该项目一种显微镜涉及电子仪器技术领域，主要解决现有显微镜体积较大较重的不足。

建议：

1. 能否将望远镜与显微镜功能相加，实现一物多用的目的。
2. 能否将显微镜的微调功能注入手机调距。
3. 能否将显微镜的微调功能用于宝石、金银、钱币、书画的鉴别。

创新发明实例 25

一种保护坠崖车装置

所属技术领域 本创新发明属公路护栏技术领域，特别涉及保护坠崖车装置。

背景技术 众所周知，普通的防坠崖装置还不能完全有效地保护坠崖车，缺少自动化的功能，遇到坠崖车时无法将其拦截。本创新发明保护坠崖车装置可以安装在围栏上，用来保护坠崖车，结构简单，便于操作，是一种有利于个人及社会的创新发明。

发明内容 本创新发明保护坠崖车装置，主要①由围栏，②尼龙网，③尼龙绳，④紧固绳锁，⑤煞车丝带，⑥外壳，⑦环，⑧螺丝，⑨轴承，⑩丝维线和⑪勾构成。

本创新发明的特点是：

(1) 本创新发明结构简单，操作方便。

(2) 本创新发明具有拦截功能，能够有效保护坠崖车。

附图说明 下面结合附图和实例对本创新发明作进一步地说明。图 4-137 是本创新发明保护坠崖车装置的内部结构示意图，图 4-138 是本创新发明保护坠崖车装置的煞车丝带结构示意图，图 4-139 是本创新发明保护坠崖车装置被扯开煞车丝带结构示意图，图 4-140 是本创新发明保护坠崖车装置的装置的示意图，图 4-141 是本创新发明保护坠崖车装置的拦截坠崖车的示意图。其中图 4-137 中的 1 是围栏，2 是尼龙网，3 是尼龙绳，4 是紧固绳锁，5 是煞车丝带，6 是外壳，7 是环，8 是螺丝，9 是轴承，11 是勾；图 4-138 中的 5 是煞车丝带；图 3 中的 5 是煞车丝带，10 是丝维线。

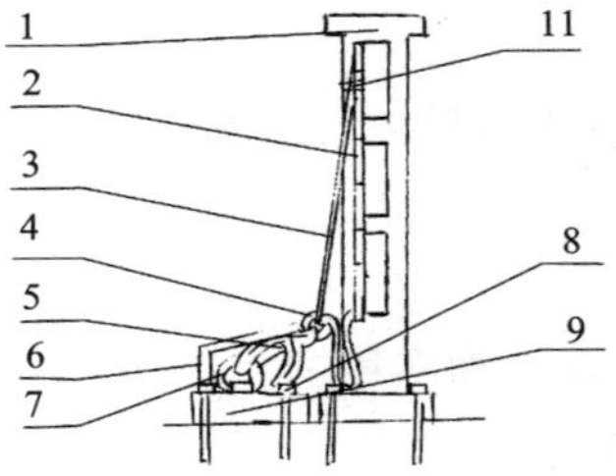

图 4-137 内部结构示意图

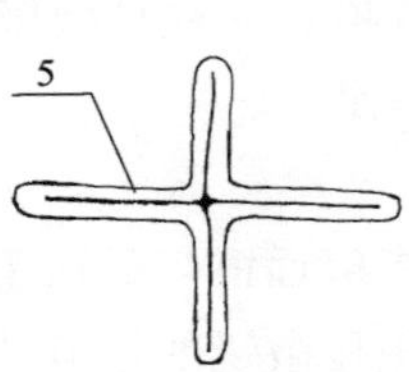

图 4-138 煞车丝带结构示意图

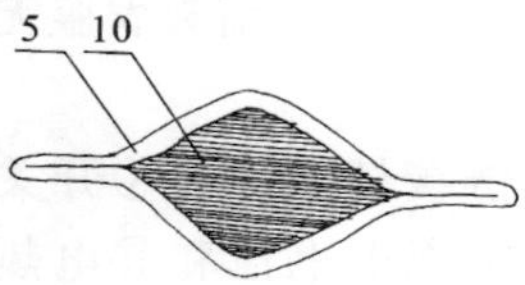

图 4-139　扯开煞车丝带结构图

图 4-140　装置示意图

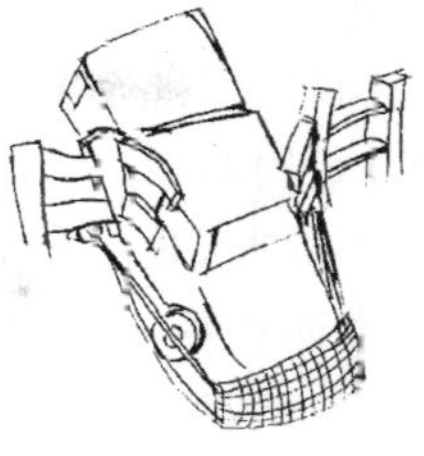

图 4-141　拦截坠车示意图

点评　此创新发明一种保护坠崖车装置属坠崖车的保护技术领域，主要构思通过尼龙网的尼龙绳索对坠崖车实施应及保护。但是，该创新发明也存在着一些不足，如遇到事故车追尾撞车又着火时，岸边的尼龙网的尼龙绳就难起作用了，可将尼龙绳索改为金属绳索或“钢丝绳”。本发明采用软质护栏代替硬质金属护栏是一次大胆的创新。

建议　了解现有技术后还可再创新

现有的高速公路、山间公路的护栏钧采用硬质金属护栏保护遇险车辆，但遇险结果常常是车损人伤，甚至死亡。

如采用尼龙网和尼龙绳索对坠崖车实施应及保护，也许车损会减轻，值得大家思考和再创新。为了提高防护栏的防护强度，建议在山崖转弯等险地改为笼式设计方案，如图4-142 所示。

(a)　(b)

图 4-142　笼式设计方案

创新发明实例 26

一种电热衣架

所属技术领域　本创新发明属电加热技术领域，特别涉及电热衣架。

背景技术　众所周知，社会上的衣架是晾衣服所用，但在下雨天时无法晾干衣服，时间长了甚至会导致发霉。基于以上问题，本创新发明将克服这些难题，它体积小，结构简单，便于操作，也比较适合各个家庭使用，还可以解决下雨天衣服无法晾干的问题，是一种非常实用的创新发明。

发明内容　本创新发明电热衣架，主要由①外壳，②链接杆，③勾，④开关按钮，⑤旋转盘，⑥插头，⑦旋转伸缩器，⑧旋转轴，⑨布，⑩可充电电池和⑪电热丝构成。

本创新发明电热衣架的特点是：

(1) 本创新发明电热衣架结构简单，操作方便。

(2) 本创新发明电热衣架可以让衣服迅速晾干。

(3) 本创新发明电热衣架可以进行充电。

(4) 本创新发明电热衣架方便外出携带。

附图说明　下面结合附图和实施例对本创新发明作进一步的说明。图 4-143 是本创新发明一种电热衣架的结构示意图，图 4-144 是本创新发明一种电热衣架插头部分的结构示意图，图 4-145 是本创新发明一种电热衣架的内部结构示意图，图 4-146 是本创新发明一种电热衣架将布拉开的结构示意图。其中图 4-143 中的 1 是外壳，2 是链接杆，3 是勾，4 是开关按钮，5 是旋转盘；图 4-144 中的 6 是插头，7 是旋转伸缩器；图 4-145 中的 1 是外壳，2 是链接杆，3 是勾，4 是开关按钮，8 是旋转轴，9 是布，10 是可充电电池；图4-146 中的 11 是电热丝。

具体实施方式　将现有中的外壳、链接杆、勾、开关按钮、旋转盘、插头、旋转伸缩器、旋转轴、布、可充电电池和电热丝按图示组装在一起。电热丝平均分布在布上，以达到温度的均匀平衡。

使用步骤一：将布从外壳里拉出。

使用步骤二：将湿衣服挂在衣架上。

使用步骤三：接上电源，本使用装置就可以进行工作。

使用步骤四：开启开关按钮，调节热度调节器，本使用装置就可以进行加热使衣服迅速晾干。

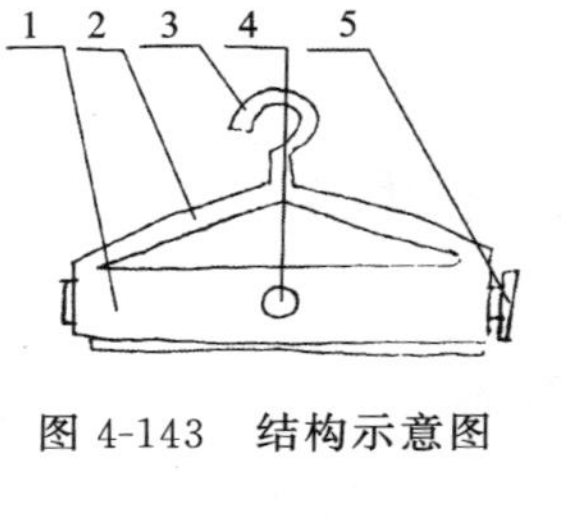

图 4-143　结构示意图

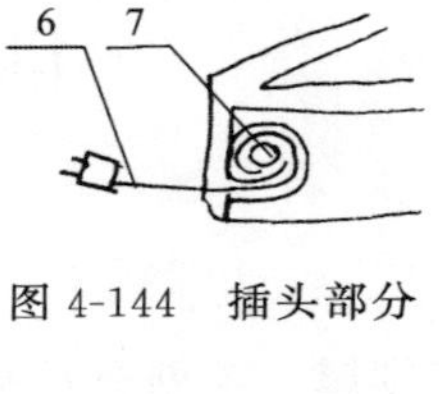

图 4-144　插头部分

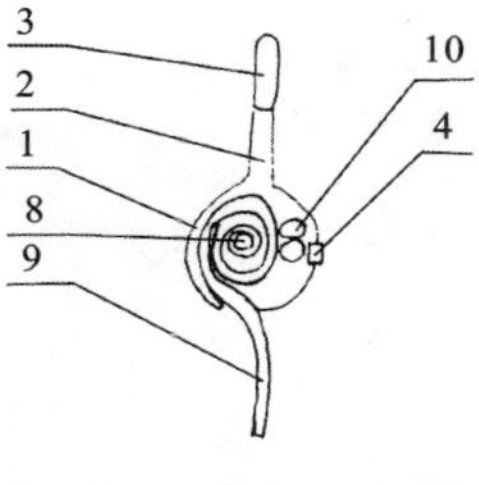

图 4-145 内部示意图

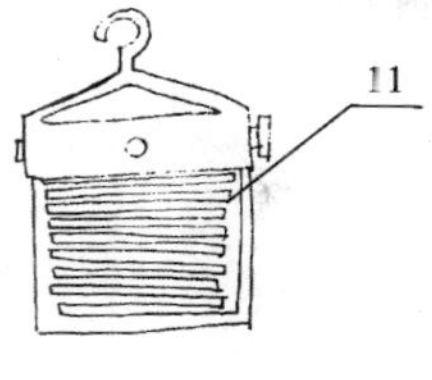

图 4-146 拉开后的示意图

点评 此创新发明一种电热衣架涉及电加热衣架技术领域，主要解决下雨天衣服无法晾干的问题。起初对于雨天的湿衣都是炭火烘干，后来人们对其加以改进，克服了“炭火烘干”有粉尘的不足，而采用无尘的电加热方式烘衣。此创新发明的优点在于根据用品的单一形状进行针对性的设计，提高了烘衣的效率。

链接 电加热技术

1. 电阻加热

电阻加热利用电流的焦耳效应将电能转变成热能以加热物体，通常分为直接电阻加热和间接电阻加热。前者的电源电压直接加到被加热物体上，当有电流流过时，被加热物体本身(如电加热熨平机)便发热。可直接电阻加热的物体必须是导体，但要有较高的电阻率。由于热量产生于被加热物体本身，属于内部加热，热效率很高。间接电阻加热需由专门的合金材料或非金属材料制成发热元件，由发热元件产生热能，通过辐射、对流和传导等方式传到被加热物体上。由于被加热物体和发热元件分成两部分，因此被加热物体的种类一般不受限制，操作简便。

间接电阻加热的发热元件所用材料，一般要求电阻率大、电阻温度系数小，在高温下形变小且不易脆化。常用的材料有铁铝合金、镍铬合金等金属材料和碳化硅、二硅化钼等非金属材料。金属发热元件的最高工作温度，根据材料种类可达 1000～1500 ℃；非金属发热元件的最高工作温度可达 1500～1700 ℃。后者安装方便，可热炉更换，但它工作时需要调压装置，寿命比合金发热元件短，一般用于高温炉、温度超过金属材料发热元件允许最高工作温度的地方和某些特殊场合。图 4-147 为电阻加热设备。

2. 感应加热

感应加热利用导体处于交变电磁场中产生感应电流(涡流)所形成的热效应使导体本身发热，如图 4-148 为高频感应加热设备。根据不同的加热工艺要求，感应加热采用的交流电源的频率有工频(50～60 赫)、中频(60～10 000 赫)和高频(高于 10 000 赫)。工频电源就是通常工业上用的交流电源，世界上绝大多数国家的工频为 50 赫。感应加热用的工频电源加到感应装置上的电压必须是可调的。根

图 4-147　电阻加热设备

图 4-148　高频感应加热设备

据加热设备功率大小和供电网容量大小，可以用高压电源（6～10 千伏）通过变压器供电，也可直接将加热设备接在 380 伏的低压电网上。

中频电源曾在较长时间内采用中频发电机组。它由中频发电机和驱动异步电动机组成，这种机组的输出功率一般在 50～1000 千瓦范围内。随着电力电子技术的发展，目前大量使用的是晶闸管变频器中频电源。这种中频电源利用晶闸管先把工频交流电变换成直流电，再把直流电转变成所需频率的交流电。由于这种变频设备体积小，重量轻，无噪声，运行可靠，已逐渐取代了中频发电机组。

高频电源通常先用变压器把三相 380 伏的电压升高到约 2 万伏左右的高电压，然后用闸流管或高压硅整流元件把工频交流电整流为直流电，再用电子振荡管把直流电转变为高频率、高电压的交流电。高频电源设备的输出功率从几十千瓦到几百千瓦。

感应加热的物体必须是导体。当高频交流电流通过导体时，导体产生趋肤效应，即导体表面电流密度大，导体中心电流密度小。

感应加热可对物体进行整体均匀加热和表层加热；可熔炼金属；在高频段，改变加热线圈(又称感应器)的形状,还可进行任意局部加热。

3. 电弧加热

电弧加热利用电弧产生的高温加热物体。电弧是两电极间的气体放电现象。电弧的电压不高但电流很大,其强大的电流靠电极上蒸发的大量离子所维持,因而电弧易受周围磁场的影响。当电极间形成电弧时,电弧柱的温度可达 3000～6000 K,适于金属的高温熔炼,如图 4-149。

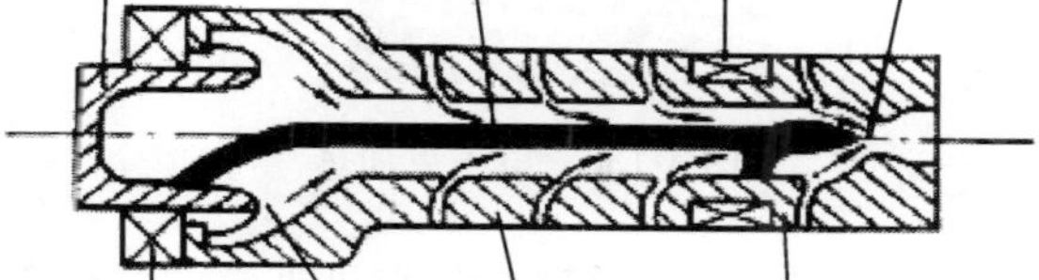

图 4-149 电弧加热器

电弧加热有直接和间接两种。直接电弧加热的电弧电流直接通过被加热物体,被加热物体必须是电弧的一个电极或是媒质。间接电弧加热的电弧电流不通过被加热物体,主要靠电弧辐射的热量加热。电弧加热的特点是电弧温度高,能量集中。炼钢电弧炉溶池的表面功率可达 560～1200 千瓦/平方米。但电弧的噪声大,其伏安特性为负阻特性(下降特性)。为了在电弧加热时保持电弧的稳定,在电弧电流瞬时过零时电路电压的瞬时值大于起弧电压值,同时为了限制短路电流,在电源回路中,必须串接一定数值的电阻器。

4. 电子束加热

电子束加热利用在电场作用下高速运动的电子轰击物体表面,使之被加热。进行电子束加热的主要部件是电子束发生器,又称电子枪。电子枪主要由阴极、聚束极、阳极、电磁透镜和偏转线圈等部分组成。阳极接地,阴极接负高位,聚焦束通常和阴极同电位,阴极和阳极之间形成加速电场。由阴极发射的电子,在加速电场作用下加速到很高速度,通过电磁透镜聚焦,再经偏转线圈控制,使电子束按一定的方向射向被加热物体,如图 4-150。

电子束加热的优点是可以方便而迅速地改变加热功率;利用电磁透镜可以自由地变更被加热部分或可以自由地调整电子束轰击部分的面积;可增加功率密度,以使被轰击点的物质在瞬间蒸发掉。

5. 红外线加热

红外线加热利用红外线辐射物体,物体吸收红外线后,将辐射能转变为热能而使物体加热。

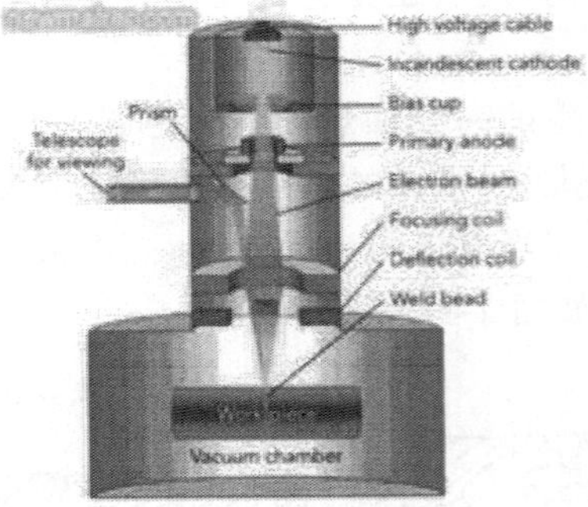

图 4-150　电子束加热

红外线是一种电磁波。在太阳光谱中，处在可见光的红端以外，是一种看不见的辐射能。在电磁波谱中，红外线的波长范围在 0.75～1000 微米之间，频率范围在 10^3～10^4 赫兹之间。在工业应用中，常将红外光谱划分为几个波段：0.75～3.0 微米为近红外线区；3.0～6.0 微米为中红外线区；6.0～15.0 微米为远红外线区；15.0～1000 微米为极远红外线区。不同物体对红外线吸收的能力不同，即使同一物体，对不同波长的红外线吸收的能力也不一样。因此应用红外线加热，需根据被加热物体的种类，选择合适的红外线辐射源，使其辐射能量集中在被加热物体的吸收波长范围内，以得到良好的加热效果。

电红外线加热实际上是电阻加热的一种特殊形式，即以钨、铁镍或镍铬合金等材料作为辐射体，制成辐射源。通电后，由于其电阻发热而产生热辐射。常用的电红外线加热辐射源有灯型(反射式)、管型(石英管式)和板型(平面式)三种。灯型是一种红外线灯泡，以钨丝为辐射体，钨丝密封在充有惰性气体的玻璃壳内，如同普通照明灯泡。辐射体通电后发热(温度比一般照明灯泡低)，发射出大量波长为 1.2 微米左右的红外线。若在玻璃壳内壁镀反射层，可将红外线集中向一个方向辐射，所以灯型红外线辐射源也称为反射式红外线辐射器。管型红外线辐射源的管子是用石英玻璃做成，中间是一根钨丝，故亦称石英管式红外线辐射器。灯型和管型发射的红外线的波长在 0.7～3 微米范围内，工作温度较低，一般用于轻、纺工业的加热、烘烤、干燥和医疗中的红外线理疗等。

板型红外线辐射源的辐射表面是一个平面，由扁平的电阻板组成，电阻板的正面涂有反射系数大的材料，反面则涂有反射系数小的材料，所以热能大部分由正面辐射出去。板型的工作温度可达到 1000 ℃以上，可用于钢铁材料和大直径管道及容器焊缝的退火。

由于红外线具有较强的穿透能力，易于被物体吸收，并一旦为物体吸收，立即转变为热能；红外线加热前后能量损失小，温度容易控制，加热质量高，因此，红外线加热应用发展很快。

6. 介质加热

介质利用高频电场对绝缘材料进行加热。主要加热对象是电介质。电介质置于交变电场中，会被反复极化(电介质在电场作用下，其表面或内部出现等量而极性相反的电荷的现象)，从而将电场中的电能转变成热能。

介质加热使用的电场频率很高。在中、短波和超短波波段内，频率为几百千赫到 300 兆赫兹，称为高频介质加热，若高于 300 兆赫兹，达到微波波段，则称为微波介质加热。通常高频介质加热是在两极板间的电场中进行的；而微波介质加热则是在波导、谐振腔或者在微波天线的辐射场照射下进行的。

电介质在高频电场中加热时，其单位体积内吸取的电功率为 $P=0.566fE\varepsilon \mathrm{rtg}\delta\times 10$(瓦/厘米)

如果用热量表示，则为：

$$H=1.33fE\varepsilon \mathrm{rtg}\delta\times 10 \quad (卡/秒·厘米)$$

式中 f 为高频电场的频率，or 为电介质的相对介电常数，δ 为电介质损耗角，E 为电场强度。由公式可知，电介质从高频电场中吸取的电功率与电场强度 E 的平方、电场的频率 f 以及电介质的损耗角 δ 成正比。E 和 f 由外加电场决定，而 or 则取决于电介质本身的性质。所以介质加热的对象主要是介质损耗较大的物质。

介质加热由于热量产生在电介质(被加热物体)内部，因此与其他外部加热相比，加热速度快，热效率高，而且加热均匀。

介质加热在工业上可以加热热凝胶，烘干谷物、纸张、木材，以及其他纤维质材料；还可以对模制前塑料进行预热，以及橡胶硫化和木材、塑料等的粘合。选择适当的电场频率和装置，可以在加热胶合板时只加热粘合胶，而不影响胶合板本身。对于均质材料，可以进行整体加热。

创新发明实例 27

一种防止物品丢失装置

所属技术领域 本创新发明属小五金用具用品热技术领域，特别涉及防止物品丢失装置。

背景技术 众所周知，社会上的有各种各样的防止物品丢失装置，但只可以随身携带装置连接物品才达到防止丢失，连接物品脱落了就无效了。本创新发明一种防止物品丢失的装置将克服这些难题，它体积很小，可以随身携带，结构简单，便于操作，也比较适合各类人士使用，是一种有利于个人及社会的创新发明。

发明内容　本创新发明一种防止物品丢失装置，主要①由寻找器外壳，②开关按钮，③弹簧，④上导电铜片，⑤发射机，⑥下导电铜片，⑦电池，⑧寻找器盒，⑨链，⑩出声孔，⑪喇叭，⑫电池，⑬钥匙圈和⑭接收单元机构成。

本创新发明的特点是：

(1) 结构简单，操作方便。

(2) 体积很小，可以随身携带。

(3) 可以发出警报以方便寻找。

(4) 报警器部分还可以作为物品的装饰品。

附图说明　下面结合附图和实例对本创新发明作进一步地说明。图 4-151 是本创新发明防止物品丢失装置的寻找器未按下开关按钮时内部结构的示意图，图 4-152 是本创新发明防止物品丢失装置的寻找器按下开关按钮时的内部结构示意图，图 4-153 是本创新发明防止物品丢失装置的寻找器盒结构的示意图，图 4-154 是本创新发明防止物品丢失装置的报警器内部结构的示意图，图 4-155 是本创新发明防止物品丢失装置的报警器结构的示意图，图 4-156 是本创新发明防止物品丢失装置的寻找器放入寻找器盒的结构示意图。

其中图 4-151 中的 1 是寻找器外壳，2 是开关按钮，3 是弹簧，4 是上导电铜片，5 是发射机，6 是下导电铜片，7 是电池；图 4-152 中的 1 是寻找器外壳，2 是开关按钮，3 是弹簧，4 是上导电铜片，5 是发射机，6 是下导电铜片，7 是电池；图 4-153 中的 8 是寻找器盒；图 4-154 中的 9 是链，10 是出声孔，11 是喇叭，12 是电池，13 是钥匙圈，14 是接收单元机。

具体实施方式　将寻找器外壳、开关按钮、弹簧、上导电铜片、发射机、下导电铜片和电池组装在一起形成寻找器。将链、出声孔、喇叭、电池、钥匙圈和接收单元机组装在一起形成报警器。

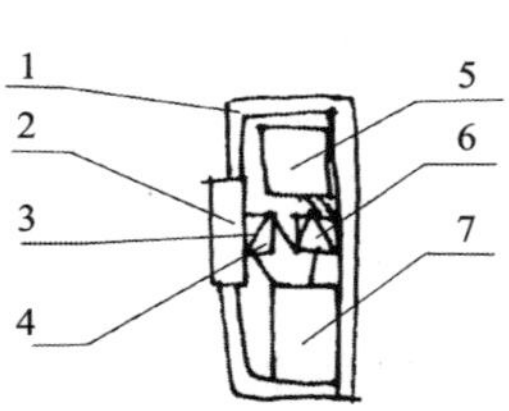

图 4-151　未按开关时内部结构图

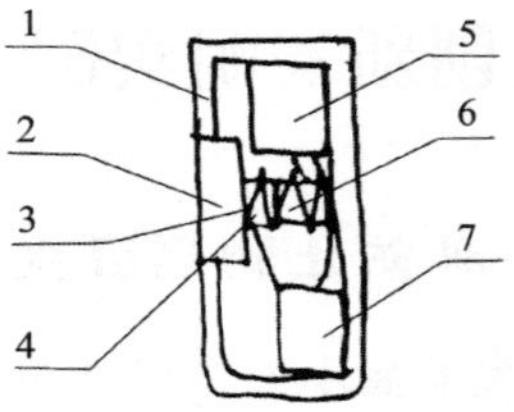

图 4-152　按下开关后内部结构图

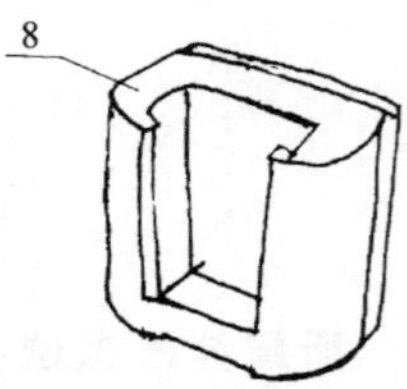

图 4-153　寻找盒结构图

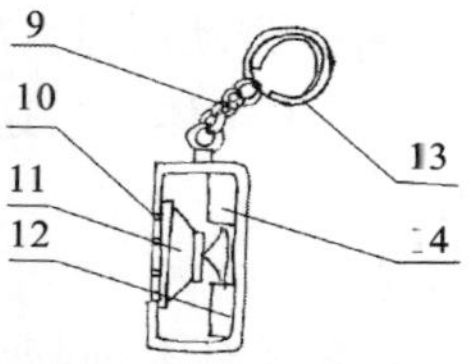

图 4-154 报警器内部结构图

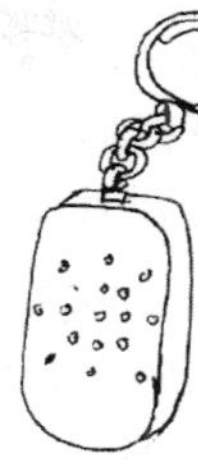
图 4-155 报警器外部结构图

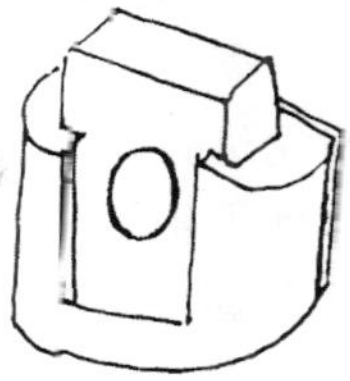
图 4-156 寻找器放入寻找盒

使用步骤一:将报警器圈在时常要寻找的物品上。

使用步骤二:将寻找器盒用双面胶贴在墙上。

使用步骤三:将寻找器放在寻找器盒里。

使用步骤四:当找不到物品时,按下寻找器上的开关按钮,开关按钮带动上导电铜片链接下导电铜片完成导电回路,触发发射机发射信息给接收单元机,接收单元被触发产生报警,就可以根据报警的声音方向进行寻找。

点评 此创新发明“一种防止物品丢失装置的寻找器”涉及防止物品丢失装置的技术领域,主要解决“防止物品丢失的问题”。当找不到物品时,按下寻找器上的开关按钮,开关按钮带动上导电铜片链接下导电铜片完成导电回路,触发发射机发射信息给接收单元机,接收单元被触发产生报警,就可以根据报警的声音方向进行寻找。

此创新发明与“分体式手机”、“子母式手机”、“短距对讲机”的原理相似,只是在使用方式上做了部分改进。从创新的角度讲,此创新发明还属初级创新作品,还需提高完善。

创新发明实例 28

一种悬挂式升降衣柜

技术领域 本创新发明属家具技术领域,尤其涉及一种悬挂式升降衣柜。

背景技术 众所周知,衣柜是我们每个家庭都会使用的一样家具,但是普通的衣柜都是直接放置在地上,所以衣柜的下面容易藏污纳垢,十分的不便于打扫。因而衣柜的底部也成了各类害虫的聚集之地,而且有时候当有什么小东西掉到下面去了也不好拿出来。如果我们的衣柜可以升降的话就可以解决上述问题。

发明内容 针对上述存在的问题,本创新发明提出解决的办法。本创新发明一种悬挂式升降衣柜，主要由①柜子主体，②吊环，③吊绳，④滑轮，⑤摇杆组成。当衣柜无需升起来时，我们可以将衣柜放置在地面上，这样衣柜就可以像普通的衣柜一样。而当需要将衣柜升起来时，我们可以通过转动摇杆，通过摇杆来带动吊绳。吊绳通过滑轮进行换向，吊绳的另一端系在吊环上，吊环固定安装在柜子主体上。这样，就可以使得柜子主体进行上升，同样也可以对其进行下降操作。

本创新发明的特点是：衣柜具有新颖实用、可以升降等优点。

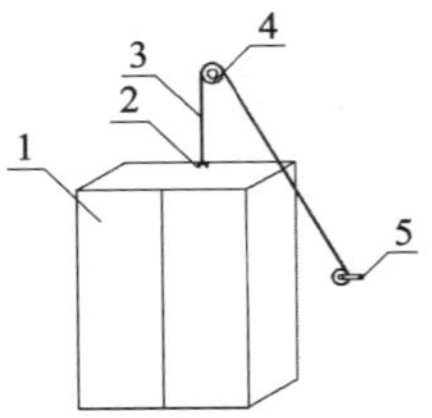

图 4-157　可升降衣柜

附图说明　下面结合附图和实施例对本创新发明做进一步说明。图 4-157 是本创新发明一种悬挂式升降衣柜的作用时的示意图。图中，1 是柜子主体，2 是吊环，3 是吊绳，4 是滑轮，5 是摇杆。

具体实施方式　如图 4-157，吊环固定安装在柜子主体的上方，吊绳系在吊环上，滑轮和摇杆均固定安装在墙体上，吊绳通过滑轮换向与摇杆相连。

点评　此创新发明所属家具技术领域，尤其涉及一种悬挂式升降衣柜。此创新发明通过“摇杆来带动吊绳”使得柜子主体进行上升，同样也可以对其进行下降操作，解决了衣柜下不便打扫，掉进东西时不便取出等问题。

建议　先了解相关技术后还可再创新

随着人们生活水平的不断提高，我们的衣物也在不断地增加，也许之前买的衣柜已经空间不够了，这时候你可能会想，如果这个衣柜能够变大就好了。

1. 一种滑动式储藏柜

在日常生活中，四季变换我们需要增减衣物和睡觉所盖的棉被，或者整理房间需要将一些不用的杂物存放起来。但由于柜子过高，不方便拿取物品。我们在家中的房屋面积是有限的，而需要存放的东西往往比较多。在需要用到柜子的同时我们的活动空间无疑被缩小，这样的话日常生活不是很方便。

因此，我们需要一套简单方便的储存柜来存放物品和整理物品，并且减少爬高的麻烦。为了改善这种现象并解决这一问题，我们开发了“一种可滑动式储藏柜”，此物品解决了高处的东西不方便拿取的问题，且因其本身的储物单元格能够更好整理归类所存放的物品。

解决方案　我们设计的可滑动式储藏柜整体借鉴了魔方的灵感，采用方格组合的形式使柜子整体格局更有层次感。整个柜子由 4×4 个小空间组成，中间由四个小空间组成固定的大柜子，剩下的十二个小空间由十个小柜子和两个空余的空间组成，两个空余的空间一定处在中心对称的位置上。连接部分借用了链轮机构和齿轮传动，其中，链条上每隔一定距离有加长销轴，通过插入小柜子的孔上来带动柜子的移动。

柜子上面和下面分别用一条链条带动小柜子移动，而上下两条链条之间用传动轴和齿轮组合进行联动，使上、下的小柜子一个向左一个向右同时移动，左右的小柜子采用同样的机构也能一个向上一个向下同时移动，这样使小柜子的联动效果更好。

小柜子单元格在链条的传动下做整体运动，达到了一定的联动效果。在转弯处，小柜子通过水平（竖直）方向链条带动转换为竖直（水平）方向的链条上，从而实现顺时针和逆时针的转动，这样使小柜子移动更加连贯，如图 4-158。

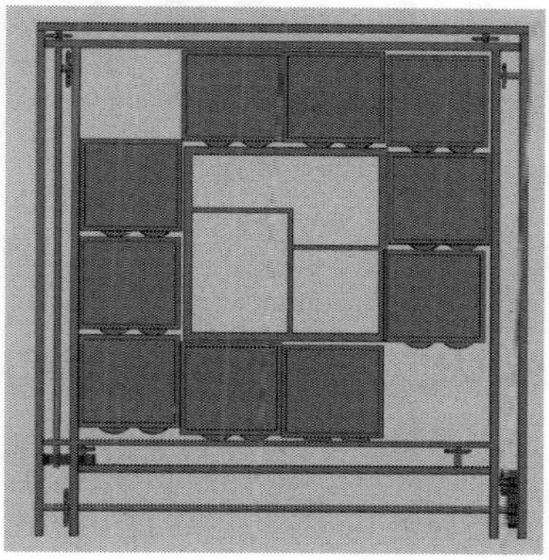

(a)

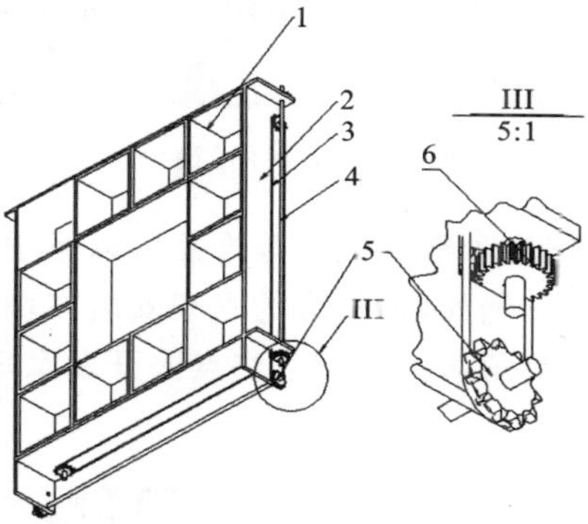

(b)

图 4-158　滑动式储藏柜

2. 多功能衣柜

一户人家的收纳规划是否井井有条，通过衣柜就能一目了然。当你将多功能衣柜推门轻轻打开，一个完全不同的储物空间展现在你眼前，所有的一切都被安置得妥妥帖帖。然而最令人惊讶的是，在这么狭小的空间里，却能体现出多种人性化的收纳设计。衣柜是收纳衣物的位置，但是，发挥其他收纳的功能也未尝不可。

单门衣柜的背后若能充分利用起来，收纳量将比传统衣柜多出一倍。收纳袋中特有的多格设计可以满足存储需求，将衣柜门后的空间再利用以分类存放更多物品。保证整齐，是高效收纳的良好效果，如图 4-159。

单只粘钩的价格便宜，超市或大型卖场都能找到。其收纳灵活度极高，且易于使用，可以运用在衣柜侧面等地方，增加空间边角的利用率，是家居收纳的得力助手。但是最好要选用无伤害的挂钩，以免伤害柜体，如图 4-160。

图 4-159　利用门后

图 4-160　利用粘钩

腰带、项链或围巾等饰品可以运用隐藏式的存储方法，而不必一定占用到衣柜的空间。例如，将长形的衣架安装在墙面与家具的缝隙中即可。你是不是已经遗忘了这些角落？那还不快点去开发家里其他边角里的存储空间，发挥它的作用，如图 4-161。

图 4-161　利用缝隙

一些狭隘的内里空间可以利用窄柜进行收纳，以存放些许小物品。能够调节每层高度的隔板可以方便地根据自己的需求安排不同的存储类别，如图 4-162。

想让抽屉里的有限空间变得美观，并存放更多物品，可以选择这样的单元格用于专门存放一些常用的小东西、饰品或化妆品，将它们分类管理，且单元格有不同的尺寸可供选择，如图 4-163。

图 4-162　调节隔板

图 4-163　利用单元格

创新发明实例 29

一种可漂浮防震临时寓所

技术领域　本创新发明属逃生装置技术领域，尤其涉及一种可漂浮防震临时寓所。

背景技术　在 2008 年，中国四川一带出现了史上罕见的大地震，它不仅给人们造成了重大的经济损失，更是使得无数条生命早早地离开了人世。而同样的，在此之前的印尼海啸也造成了重大的人员伤亡。而在美国的一些地方，由于常年遭受龙卷风的致命袭击，人们已经有经验地在家中设置有一个紧急避险装置。同样由于自然灾难的不可预测性，我们应该事先做好准备，以备在出现天灾时作为庇护所，但是现在的一般的家庭都没有该类设施。

发明内容　本创新发明一种可漂浮防震临时寓所，主要由①上部房体，②下部中空舱体，③通道舱门，④减震装置组成。

本创新发明可漂浮防震临时寓所，下部中空舱体虚掩在地面下。当出现地震时，我们只需经由设置在上部房体底部的通道舱门进入到下部中空舱体。由于在下部中空舱体安装有减震装置，这样就可以有效地减小地震的损害，而且由于下部中空舱体位于地下，也可以进一步减小被建筑物垮塌而导致伤亡的可能性。而当出现有类似于海啸的一类水灾时，我们也只需进入到下部中空舱体，并且关闭通道舱门。由于我们的下部中空舱体是被制造成船型的，所以具有一般船只的功能，当水灾来临时，我们可以借由该下部中空舱体而漂浮于水面上，从而避免被大水淹没。

本创新发明的特点是：

这种可漂浮防震临时寓所具有结构简单，避险效果好，适合多种灾情等优点。

附图说明 下面结合附图和实施例对本创新发明做进一步说明。

图 4-164 是本创新发明一种可漂浮防震临时寓所示意图。图中，1 是上部房体，2 是下部中空舱体，3 是通道舱门，4 是减震装置。在图中，上部房体搭建在下部中空舱体的上部，通道舱门设置在下部中空舱体的顶部，通道舱门可以进行打开和密闭，减震装置固定安装在下部中空舱体的下部。

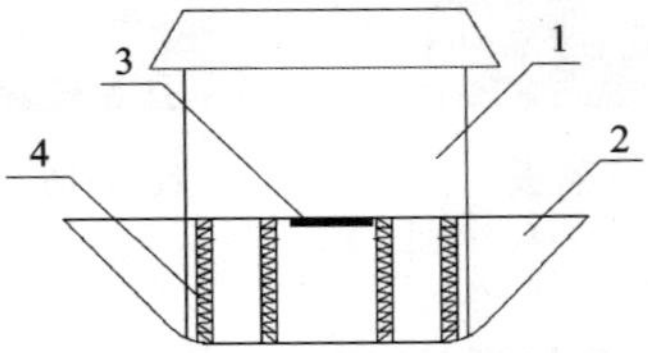

图 4-164 可漂浮防震临时寓所

点评 此创新发明属逃生装置技术领域，尤其涉及一种可漂浮防震临时寓所。此创新发明通过“设置在上部房体底部的通道舱门进入到下部中空舱体。由于在下部中空舱体安装有减震装置，这样就可以有效地减小地震的损害，来解决建筑物垮塌而导致伤亡的问题”。这个选题紧贴社会现实，值得借鉴，但仍有需要改进的地方，如加入逃生、避难的关键物品，如何保证供电、供水及与外界通信以提供生命所需等。

创新发明实例 30

一种无需混凝土的钢筋固定砖

技术领域 本创新发明属建筑材料技术领域，尤其涉及一种无需混凝土的钢筋固定砖。

背景技术 众所周知，现在的建筑用砖一般都需要用混凝土来实现砖与砖之间的固定。但是在有些暂时性的建筑，例如建筑工地的围墙，它一般只会使用到建筑完工后就需要拆除。而我们发现再拆墙时，由于砖上有混凝土的粘附，所以砖的回收较为困难，而且回收的砖也变得极不美观，可利用率较低。而如果能有一种砖可以实现无需混凝土就可以实现固定，那么砖的回收再利用就很容易了。

发明内容　针对上述存在的问题，本创新发明钢筋固定砖提出解决的办法。本创新发明一种无需混凝土的钢筋固定砖，主要由①砖体，②竖向钢筋固定孔，③钢筋组成。

本创新发明一种无需混凝土的钢筋固定砖，砖体的形状是这样的，砖的两侧对称有两个较薄的区域，其上分别制作有一个竖向固定孔。使用时，工人只需将砖按照在一正一反的顺序来进行堆叠，使得砖与砖之间的竖向固定孔可以对准即可。而堆叠时砖体两侧的区域可以正好并接在一起。然后我们就只需将用砖堆叠好的墙，从其上方向竖向固定孔钉入一根足够牢固的钢筋即可，这样由于钢筋的作用就可以将墙面固定住。而在拆卸时，工人只需将砖体从上至下一块块的取出即可，最后将钢筋拔出。

本创新发明的特点是：使用简单，无需混凝土，可回收利用。

附图说明　图 4-165 是本创新发明一种无需混凝土的钢筋固定砖的整体的示意图，图 4-166 是本创新发明一种无需混凝土的钢筋固定砖的剖视图的示意图，图 4-167 是本创新发明一种无需混凝土的钢筋固定砖的使用时的示意图。图中，1 是砖体，2 是竖向钢筋固定孔，3 是钢筋。

具体实施方式　在图 4-165 中，砖体的两侧分别被制造成台阶状，台阶状砖体的厚度为中间部分的一半，在台阶上各制作有一个可供钢筋出入的竖向固定孔。在图 4-166 中，竖向固定孔呈圆柱形，而且竖向固定孔贯穿台阶状砖体。在图 4-167 中，使用时，砖体与砖体之间的台阶状砖体互相契合，并且钢筋可以通过互相交叠的竖向固定孔。

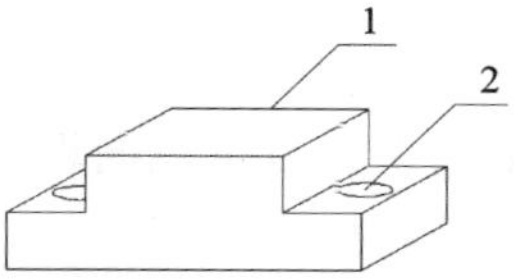

图 4-165　整体示意图

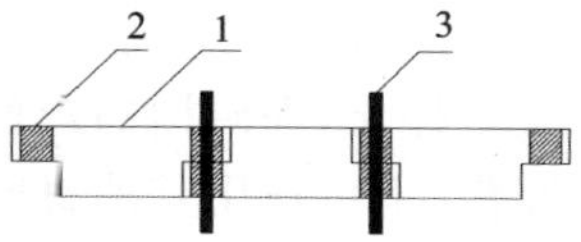

图 4-166　剖视图

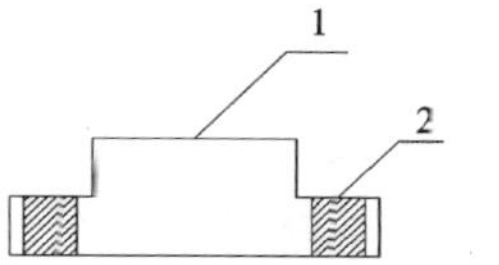

图 4-167　使用时示意图

点评 1　此创新发明属建筑材料技术领域，尤其涉及一种无需混凝土的钢筋固定砖。此创新发明设想通过这种无需混凝土的钢筋固定砖来解决砖的回收较为困难的问题。

建议　先了解相关技术后还可再创新

已有的专利技术

1. 名称：建筑砖块　专利号：200610161807.9　公开（公告）日：2008.05.07　申请（专利权）人：EBS 资源管理股份有限公司

本创新发明是一种干堆垛建筑砖块，其中，各砖块有形成于相邻端的凸起和互补凹口，该相邻端通过两个间开的孔而分开。凸起和凹口能够使横向相邻砖块进行连接，而孔能够定位管，并提供对多排堆垛砖块的垂直支持。最后使用灰浆来粘接砖块。

2. 名称：建筑砖块　专利号：02285643.9　公开（公告）日：2003.10.08　申请（专利权）人：马万龙

本创新发明公开了一种建筑砖，该建筑砖砖体的4个侧面上，设有向砖体内延伸、向砖体外开口且沿厚度方向的通孔，该侧面上通孔的开口宽度a小于该通孔在平行于该侧面的最大宽度b。该通孔的横断面形状可为向外开口的燕尾槽形、圆形、菱形、圆及直线的组合形状中的一种，也可是上述各种横断面形状的混合。由于本结构的建筑砖砖体侧面上开有通孔，其砖与砖之间的连接不仅具有平灰缝，而且具有类似"哑铃"状的榫柱连接，显然具有切边锁定作用，使砖体连接紧固。

3. 名称：建筑砖块　专利号：88301849.7　公开（公告）日：1989.11.10　申请（专利权）人：格哈特·莱因霍尔德·纽利

点评2　此创新发明选题为"咬合砖"，即"免粘墙"。此创新发明构思非常巧妙，利用钢肋把砖"串"起来，形成整块墙。此创新发明的优点在于使用简单，无需混凝土，可回收利用，为减少城市建筑垃圾和粉尘污染作出了积极的贡献，为新型建筑方式的创新作出了样板。

当然，任何发明都不可能十全十美、完美无缺。此创新发明仍存在着墙壁成本较高、紧固较差的不足，此外砖孔的直径大小与钢肋的直径大小之间如何保证互配度（即能轻松装拆），又能紧固不松还真不容易。对此，提供如下建议。

1. 砖与砖之间仍采用粘合剂（砂浆、石灰、乙炔粉、粘土等），但前提是砖与砖之间直接相连（承重），砖与砖之间的砖槽与粘合剂相连（粘连作用）。
2. 砖与砖之间的连接方式多样化，即砖槽的规格可横向设置也可纵向设置。
3. 砖块的材质可用粘土制作，也可选用其他材料（新型建材）。
4. 砖块的材质还可采用纸张、薄钢、非燃其他材料。
5. 砖墙还可采用工业化整块生产，现场拼接来实现。

创新发明实例31

一种顶部带吸盘的伞具

技术领域　本创新发明属雨具技术领域，尤其涉及一种顶部带吸盘的伞具。

背景技术　众所周知，在下雨天的时候，人们的伞一般都会湿漉漉的，所以一般都会放在室外。一般情况下人们要么将伞具打开，要么将雨具挂起来进行干燥，

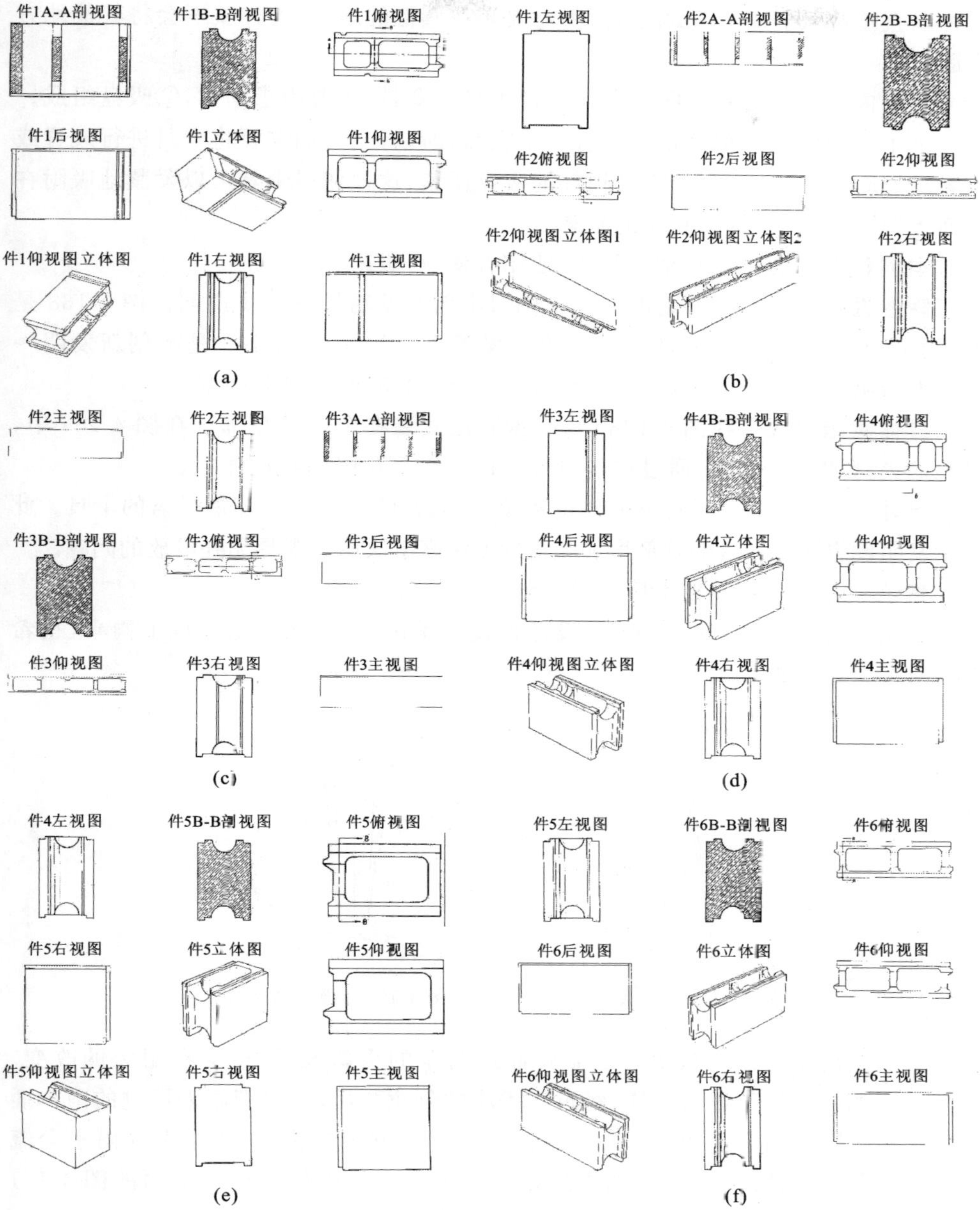

件1A-A剖视图
件1B-B剖视图
件1俯视图
件1左视图
件2A-A剖视图
件2B-B剖视图
件1后视图
件1立体图
件1仰视图
件2俯视图
件2后视图
件2仰视图
件1仰视图立体图
件1右视图
件1主视图
件2仰视图立体图1
件2仰视图立体图2
件2右视图
(a)
(b)
件2主视图
件2左视图
件3A-A剖视图
件3左视图
件4B-B剖视图
件4俯视图
件3B-B剖视图
件3俯视图
件3后视图
件4后视图
件4立体图
件4仰视图
件3仰视图
件3右视图
件3主视图
件4仰视图立体图
件4右视图
件4主视图
(c)
(d)
件4左视图
件5B-B剖视图
件5俯视图
件5左视图
件6B-B剖视图
件6俯视图
件5右视图
件5立体图
件5仰视图
件6后视图
件6立体图
件6仰视图
件5仰视图立体图
件5后视图
件5主视图
件6仰视图立体图
件6右视图
件6主视图
(e)
(f)

图 4-168 一种咬合砖

而我们的雨伞一般不能自行的进行站立。如果我们的雨伞可以自行固定,那么我们可以直接将其竖着立在地上,而不需要靠在其他的地方,这样就不会将其他地方弄湿。

发明内容 本创新发明一种顶部带吸盘的伞具,主要由①伞体,②吸盘组成。

由于在伞体的顶部固定安装有一个吸盘,所以,当人们需要将伞具进行放置或或者干燥时,只需通过伞具将其顶部的吸盘压紧,这样使得伞具可以紧紧地吸附在地面上,从而保持伞具的竖立的状态。

本创新发明的特点是结构简单,使用方便,可吸附等。

附图说明 下面结合附图和实施例对本创新发明做进一步说明。图 4-168 是本创新发明一种顶部带吸盘的伞具的正视图的示意图,图 4-169 是本创新发明一种顶部带吸盘的伞具的局部放大示意图。图中,1 是伞体,2 是吸盘。

具体实施方式 在图 4-168 中,吸盘固定安装在伞体的顶部。在图 4-169 中,吸盘的内部成中空状态,通过挤压空气可以使得吸盘吸附在地面上。

点评 1 此创新发明所属雨具技术领域,尤其涉及一种顶部带吸盘的伞具。此创新发明设想通过在伞的顶部增加吸盘的方法来解决雨天伞具无处可放的问题。

建议 先了解相关技术后还可再创新

下雨天是让人郁闷的事情,有设计师设计了雨伞架,当你走过放上雨伞,也希望会有一个好心情。

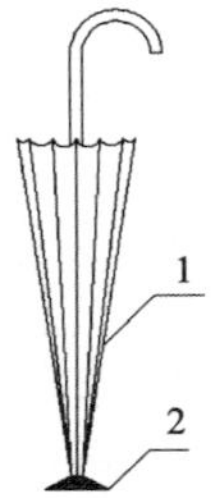

图 4-169 正视图

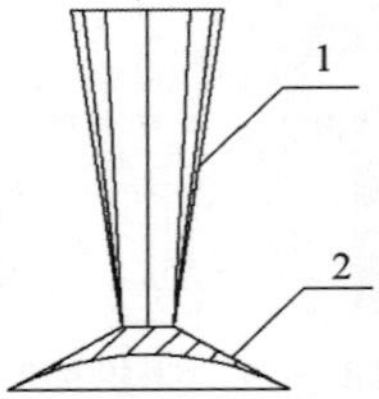

图 4-170 吸盘放大图

其实生活中有很多东西只是需要经过简单的重新设计,便会有很大的改变。就像这个我们常见的花盆一样,经过一番小的创意之后,可以把雨天用过的雨伞插入到花盆周围的四个插槽里。除了给雨伞找了个安置处之外,雨伞上的雨水会流到花盆底部,让植物的根系得到更好地吸收来自大自然的水分。下面的图 4-171 为各种创意伞架,是不是让您大开眼界了呢?

点评 2 看完了别人的创意作品后是否佩服别人的聪明?但不知你注意没有,以上的创意作品中的伞都是长柄伞,短柄伞的问题仍然没有解决,这就给我们

(a)　　(b)　　(c)

图 4-171　创意伞架

广大同学们带来了创作机遇。我们可以构想动物（鲨嘴）造型的伞架、花卉造型的伞架、古瓷盆造型的伞架、搞怪搞笑造型的伞架等等。

创新发明实例 32

一种救生衣

所属技术领域　本创新发明属水上运动安全技术领域，特别涉及一种救生衣。

背景技术　众所周知，社会上的有各种各样的救生衣，但是都没有自动启动浮体的功能。本创新发明救生衣体积很小，伏贴在身上，看起来不像是穿救生衣，同时它结构简单，便于操作，适合各类人士使用，是一种非常实用的创新发明。

发明内容　本创新发明救生衣，主要由①薄塑料套，②紧固扣，③入水器，④紧急启动按钮，⑤手表式心跳仪，⑥发射器，⑦聚氨酯，⑧出水道，⑨水塞，⑩弹簧，⑪活塞杆，⑫电线和，⑬橡胶套构成。

本创新发明的特点是：

(1) 结构简单，操作方便。它可供男女使用，不分性别，老少适宜。

(2) 体积很小，伏贴在身上，看起来不像是穿救生衣。

(3) 当心跳仪探测心跳指数降到一定程度时，会自动启动救生衣。

附图说明　下面结合附图和实例对本创新发明作进一步地说明。图 4-172 是本创新发明一种救生衣的结构示意图，图 4-173 是本创新发明一种救生衣的入水器未入水的内部结构示意图，图 4-174 是本创新发明一种救生衣的入水器入水后的内部结构示意图，图 4-175 是本创新发明一种救生衣的未启动时的结构示意图，图 4-176 是本创新发明一种救生衣的启动时的结构示意图。其中图 4-172 中的 1

是薄塑料套，2 是紧固扣，3 是入水器，4 是紧急启动按钮，5 是手表式心跳仪，6 是发射器，12 是电线；图 4-173 中的 1 是薄塑料套，7 是聚氨酯，8 是出水道，9 是水塞，10 是弹簧，11 是活塞杆，12 是电线，13 是橡胶套。

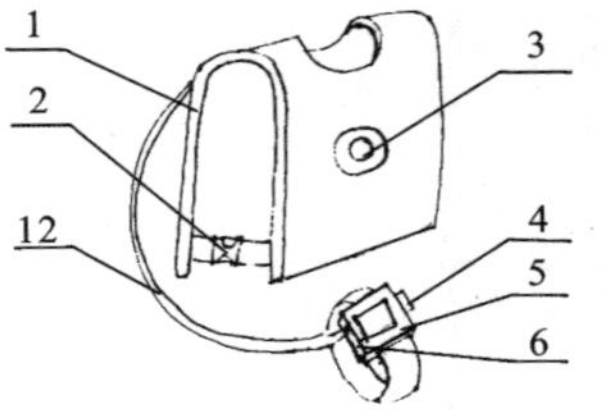

图 4-172　结构图

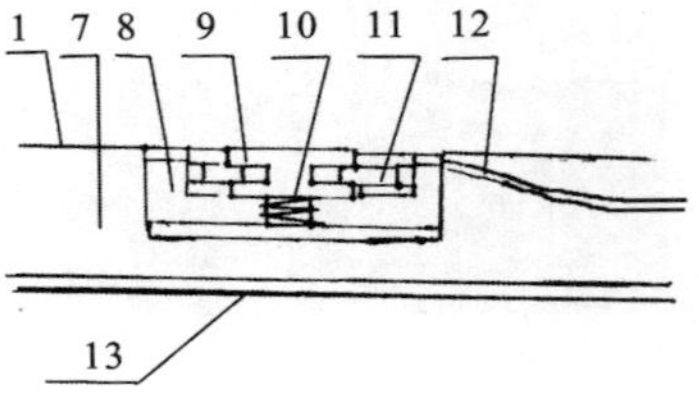

图 4-173　入水器未入水前

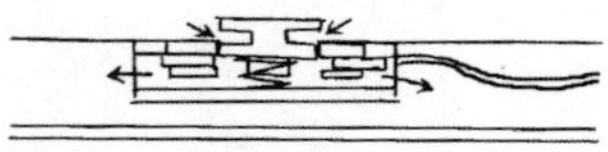

图 4-174　入水器入水后

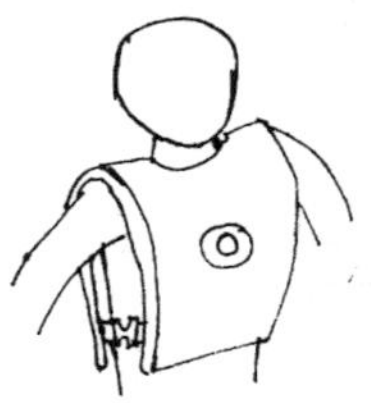

图 4-175　救生衣未启动时

图 4-176　救生衣启动后

具体实施方式　将薄塑料套、紧固扣、入水器、紧急启动按钮、手表式心跳仪、发射器、电线、聚氨酯、出水道、水塞、弹簧、活塞杆、接收单元机、电池和橡胶套组装在一起形成救生衣。

使用步骤一：将救生衣穿上，扣上紧固扣。

使用步骤二：将手表式心跳仪戴上。

当溺水时，保持冷静手动按下紧急启动按钮，触发发射器，发射器发送消息到接收单元机，使活塞杆收缩，水塞弹起，水流入出水道，然后与聚氨酯起反应形成发泡体救生衣。

当溺水失去知觉时，心跳仪降到一定程度时自动启动发射器，发射器发送消息到接收单元机，使活塞杆收缩，水塞弹起，水流入出水道，然后与聚氨酯起反应形成发泡体救生衣。

点评　该创新发明“一种救生衣”属水上运动安全技术领域，特别涉及一种救生衣。

该创新发明“一种救生衣”选题较奇特，观查较细致，并找到了现有的救生衣没有自动启动浮体的功能。该创新发明方案通过自控装置与电子装置相结合来达到遇险救生的目的。

链接　是谁发明了“救生背心”

救生背心是飞行员飞越海面时穿的一种充气式马甲状救生衣。作为发明人，安德鲁·托蒂一直受到人们的赞誉，当然最感激他的莫过于老布什了。

直到近日，89岁的托蒂离世后，人们在讣告里依然一如既往地称誉他的发明，感激他为挽救未来总统性命所做的一切。

1944年，美国前总统老布什作为海军飞行员执行任务期间，飞机在太平洋上空被击落，但他本人成功跳伞逃生，他身穿的充气式“救生背心”功不可没。而救生背心的发明者安德鲁·托蒂也因此被人们认为是功臣。

然而，几十年后的今天，到底是谁发明了“救生背心”却引起了争议。经查，专利记录里并没有托蒂发明救生衣的记载，而一位名叫彼得·马库斯的人却在1928年注册了救生衣的专利，并且他的设计与二战军用救生衣极为相似。

随后，政府公布的文件显示，彼得·马库斯在1928年就已经获得了这项专利权。即在托蒂开始设计救生衣若干年前，马库斯就已经开始随军方研究并改进救生衣。

马库斯于1973年去世。马库斯的儿子、来自洛杉矶的阿尔文向美联社记者提供了几份证明文件。文件显示，1928年12月11日，马库斯的“充气式救生用具”获得了专利，专利号为1694714号。而那时，托蒂大约只有11岁。

随后，美联社记者在国家档案馆军事相关记录中发现，从1930年起，海军军方开始制造马库斯设计的救生衣。

托蒂的遗嘱执行人、机械师拉塞尔·欣克利透露，托蒂称自己在十几岁的时候，就将自己设计的救生衣以1500美元的价格卖给了当时的美国陆军部。

“(他)从没有说自己是发明人。他一直称自己是合伙发明人，”欣克利告诉美联社记者，他与托蒂一起工作过几十年，“他在其中(救生衣设计过程中)作出过贡献。但是，彼得·马库斯才是发明人。”

托蒂拥有数百种发明的专利权，包括自动拔鸡毛机和用于外科的呼吸吸管等。多年来，当别人称赞他发明救生背心时，托蒂很显然没有否认过。

1995年，美国《行列》杂志还曾撰文赞赏托蒂。去年，来自加州的共和党人士丹尼斯·卡多萨也曾夸奖他挽救了未来总统的性命。卡多萨甚至还将托蒂的事迹写入了《国会记录》。

在托蒂讣告发布之前，阿尔文说他从来没有听说过托蒂这个人，更不用说托蒂将救生衣卖给军方的事了。“卖1500美元根本就是笑话。”他说，据他透露，父亲马库斯从两家授权生产的橡胶公司获得了数千美元的专利权使用费。不过，他也承认，托蒂有可能对救生衣设计做过一些改进。

为弄清此事，《纽约时报》聘请了一名专业的专利律师史蒂文·利伯曼对专利权记录进行了查询，但是没有找到托蒂发明救生衣的记载。马库斯设计的救生衣是专利记录里与军方使用的救生背心最像的一件。

事实上，二战以前人们就在不断改进救生衣。在马库斯注册专利很早以前，就已有人取得类似专利权。因此，二战期间军方使用的救生衣也有可能出自他人之手，下图 4-177 为各类救生衣。

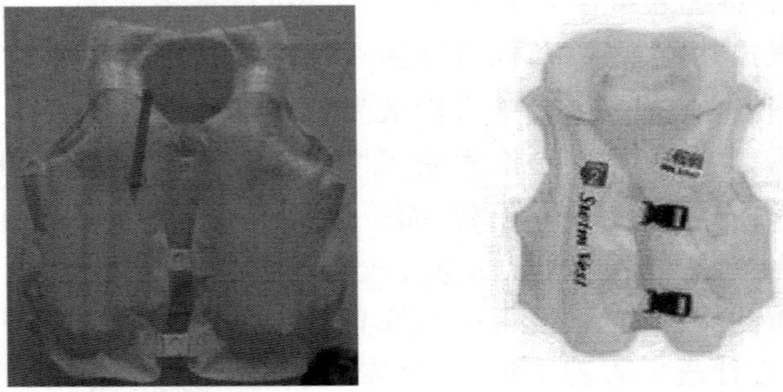

(a)　　(b)

图 4-177　救生衣

创新发明实例 33

一种花盆自动滴水装置

技术领域　本创新发明属灌溉装置技术领域，尤其涉及一种花盆自动滴水装置。

背景技术　众所周知，现在很多家庭都喜欢在家里的阳台上养一些植物，一方面可以为室内带来更多的生气，也可以陶冶情操。然而有时候当我们需要出门一段时间时，这样花盆的浇水就成了一个问题。而现在还没有一种适用于家用花盆使用的浇水设备。

发明内容　针对上述存在的问题，本创新发明提出解决的办法。本创新发明花盆自动滴水装置，主要由①滴水瓶、①(1)瓶身、①(2)瓶盖、①(3)滴水孔和②瓶架组成。

使用时，我们只需预先将灌溉需要的水装进滴水瓶中。并且将滴水瓶反过来，将其卡在瓶架上。由于在瓶盖上开有一个很小的滴水孔，所以瓶中的水可以以较慢的速度滴出，从而实现实时地、自动地浇灌。

本创新发明的特点是：结构简单，价格低廉，可实现自动浇灌。

附图说明 下面结合附图和实施例对本创新发明做进一步说明。图 4-178 是本创新发明花盆自动滴水装置的局部放大的示意图，图 4-179 是本创新发明花盆自动滴水装置的作用时的示意图，图 4-180 是本创新发明花盆自动滴水装置的使用时的示意图。图中 4-181，1 是滴水瓶，1(1)是瓶身，1(2)是瓶盖，1(3)是滴水孔，2 是瓶架。

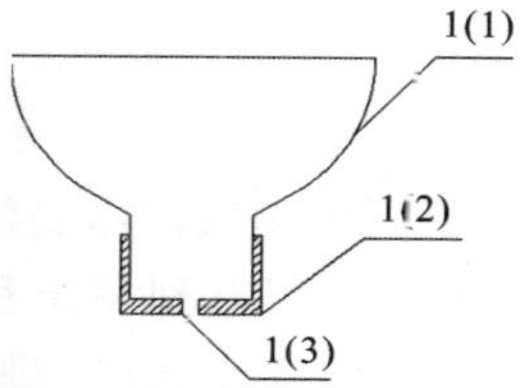

图 4-178 局部放大图

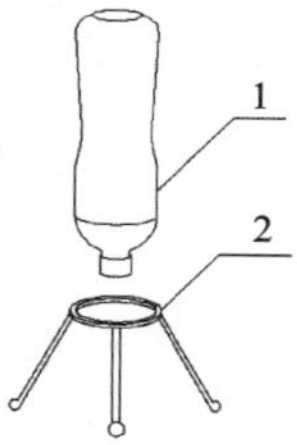

图 4-179 作用时示意图

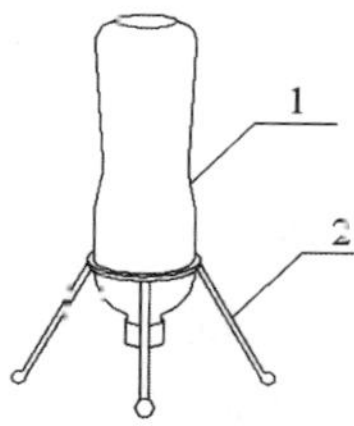

图 4-180 使用时示意图

具体实施方式 在图 4-178 中，滴水孔设置在瓶盖上，并且和瓶身内部相连通，瓶盖盖在瓶身上。在图 4-179 中，需要浇水时，将滴水瓶倒置，并且将其下部对准瓶架的卡孔中。在图 4-180 中，滴水瓶的下部卡在瓶架的卡孔中，在重力作用下，水可以从瓶盖上的滴水孔孔中慢慢滴出。

点评 该创新发明所属灌溉装置技术领域，特别涉及涉及一种花盆自动滴水装置。该创新发明选题很好，且非常实用，值得肯定。

建议 了解现有技术后还可再创新

花卉爱好者都知道，干旱季节或是热天，有些喜潮湿的花缺水；此外，有些花一天不只需要浇一次水；再者，除养花专业户外，一般养花者毕竟是副业，因受工作、出差、休息、家务等事，势必不能按时给花浇水，有时甚至几天忘浇。为解决这些问题，下面推荐一种自动浇花装置和几种简便的自动浇花方法。

1. 一种自动浇花装置由水箱

如图 4-181 所示自动浇花设置，其中 1 为阀门，2 为放花盆的水槽，3 为调节水箱，4 为浮阀，5 为连接软管，6 和 7 为联接硬管，8 为小孔，9 为以及浮阀硬联接管。水箱可用儿童澡盆、水桶代替，容量亦与二者相同。阀门和软、硬塑料管在五金、水暖器材商店都可买到，联接管的内壁直径不能小于 10 毫米。调节水箱要小于水箱，容积相当于锅、水盆，亦可代替。水槽的大小要根据花盆的数量而定，一般能放下五六盆花即可，材料可选铝合金、白铁、木质、塑料，只要不漏水就行。浮阀、联接管需要硬质塑料或金属材料，因为浮阀是调节水量的关键，而只有联接管是硬的，才能关闭水箱的水流。阀门要用支架固定在水槽壁上。

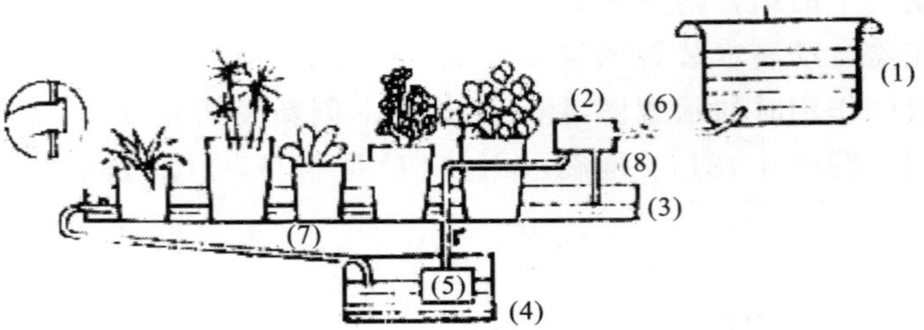

图 4-181　自动浇花装置示意图

自动浇水的原理是这样的：当调节水箱无水的时候，浮阀沉到箱底。需要浇花时，水从水箱(1)流出，经由阀门(2)，进入水槽(3)。水槽里的水积存到一定程度(从根能吸收到水分的高度，通常在花盆下部的 1/4～1/3 处)，即到小孔(9)排出，经连接管(7)流入调节水箱(4)。于是，底部的浮阀(5)就浮起来，同时顶住浮阀硬连接管(8)上升，在阀门(2)处自动堵塞了从水箱(1)来的水流。当调节水箱里的水没蒸发时，水不进入水槽，当调节水箱里的水蒸发时，浮阀(5)下降，同时也带动硬连接管(8)下降，便打开了阀门(2)，使水箱(1)里的水又流入水槽(3)中，就这样周而复始的循环，使水槽(3)始终保持盆花所需要的水。显然，蒸发的速度取决于天气，但浇水的次数也有赖于天气。所以，一旦调节水箱(4)的水位下降了，则证明盆花也需要水了。

须指出，自动浇水装置一般都安装在阳台上(起码春、夏、秋季如此)，所以，它的整体结构、布局、尺寸都要以阳台的规模而定，同时，也要考虑利用雨水。此外，水箱(1)除定期清洗外，还要在灌满水后(或接满雨水后)，用盖子或塑料布盖上，防止污物和有害化学成分进入。实践证明，装配合理的自动浇水器既能有效地完成浇花的任务，又不会使一滴水洒在地上。

自动浇水装置还可以改进，使之成为“定时浇花器”。在浮阀硬连接管的横管部分安装一个 5×10 毫米的铁片，同时，在与它相对应的水槽(3)支架上安装一块小磁铁。磁铁的作用是，当调节水箱(4)水位不发生明显降低时，对铁片起吸引作用，使浮阀(5)不下沉。只有当调节水箱(4)明显地降低水位时，磁铁的吸引力才小于浮阀(5)下沉的力量。这时，浮阀(5)带动硬连接管下降，就打开了阀门(2)，一次自动浇花的循环又开始了。

2. 自动浇花方法

1) 需要一根 L 形弯管，或 U 形截断一截，玻璃、塑料、金属管均可。长头塞入棉花，排净空气，灌满水，插入盛水的器皿中，短头用纱布包严实，塞入花盆土里，水就会缓缓流入花盆中。要注意的是，管中不可进入空气。此外，可借助卷成卷的纱布或绷带浸润花盆，纱布卷的一端放入盛水的器皿中，另一端埋入盆土里。最好把露在外面的纱布卷用塑料管或粗玻璃管套上，以免下垂的部分漏水，如图 4-182。

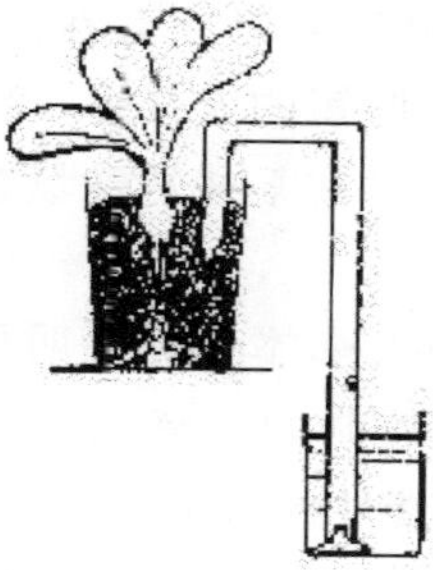

图 4-182　自动浇花方法示意图

2）把花盆放在水槽或托盘里，再把一个灌满水的瓶子倒放在水槽中，根据需要，瓶子的容积由 0.5～20 升均可。需根据花盆的大小选择深或浅的水槽（托盘）。

国外也有用球体瓶做这个装置的。把球体瓶灌满水，倒置在托盘里，当水未淹没瓶嘴之前，水始终往托盘里流。当水淹没瓶嘴之后，水就停止外淌了；当托盘里的水位降低时，水又从球体里慢慢流出来，如图 4-183。

(a)　(b)　(c)

图 4-183　自动浇花方法示意图

创新发明实例 33

一种自洁净的眼镜

所属技术领域　本创新发明属生活用品领域，特别涉及一种自我洁净的眼镜。

背景技术　众所周知，中国不仅是世界最大的眼镜大国，而且已成为世界领先的眼镜生产大国。据保守估计，中国约有 3 亿人配戴眼镜（矫正屈光镜），按每 3 年更新一副来计算，每年的市场需求量就达 1 亿副，如果加上太阳镜，市场需求量就更为可观。除了实用功能，眼镜还被赋予装饰功能，眼镜消费的个性化、时尚化、品牌化、高档化的趋势日益显著。但是眼镜在戴了一段时间就很容易沾上灰尘和污垢使镜片模糊，尤其是在夏天，汗水很容易附着在镜片上，再沾上灰尘，需要不断地擦洗才能看得清，而现在佩戴近视眼镜的人又多，可以说经常清洗擦拭眼镜对很多人来说是一个很麻烦的过程。此外，在某些特殊场合还会造成安全事故，比如骑行过程中眼镜沾灰挡住视线等。

发明内容　针对上述存在的问题，本创新发明提出了解决的办法，其技术方案是在传统的眼镜表面涂镀了一层透明的二氧化钛（TiO_2）光催化剂涂层。当这层光催化剂的薄膜层遇到太阳光或紫外线灯光照射后，附着在玻璃表面的有机污染物会很快被氧化，使沉积在其上的灰尘、细菌等微粒氧化成水和二氧化碳的雾状物，随即挥发掉，因此始终是清洁的。这种新型玻璃涂层用在眼镜上，可以不用擦洗。

据查证，这种涂层的光催化性，可降解典型的有机物，降解率＞90％；润滑角＜3°；透光率＞65％；均匀性，无干涉色；可切割、热弯、钢化；其他指标符合或高于“JC693—1988 热反射玻璃”。

本创新发明的特点是：自洁净眼镜，可以让长期戴眼镜的人们保持眼镜的洁净，方便使用，而且可以避免频繁擦拭清洗眼镜的麻烦。

附图说明　下面结合附图及实例对本创新发明做进一步说明：图 4-184 是本创新发明自洁净眼镜的实施例的主视图的结构示意图，其中 1 为镜片内面涂层，2 为镜片外面涂层，3 为镜片本身。

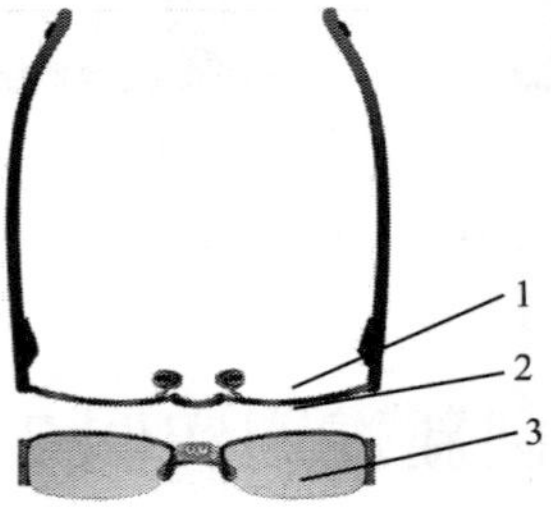

图 4-184　自洁净眼镜

具体实施方式　图 4-184 所示，在镜片内外面或者只在镜片外面涂镀了一层透明的二氧化钛（TiO2）光催化剂涂层，TiO_2涂层由均匀的 TiO_2纳米颗粒组成，其颗粒大小为 50～100 nm，TiO_2颗粒与颗粒之间存在大量纳米孔，其孔径一般为几个纳米，采用 Sol-gel 工艺通过浸渍提拉法从钛醇盐溶胶中在普通玻璃表面制备了均匀透明的 TiO_2纳米薄膜，该 TiO_2薄膜与 TiO_2粉末相比，具有无二次污染，可重复使用,光催化活性高,TiO_2颗粒与基体玻璃形成化学结合等一系列优点。采用溶胶-凝胶工艺在玻璃表面可制得均匀透明的TiO_2光催化涂层。该涂层表面光滑平整,由TiO_2纳米颗粒形成,系多孔薄膜,其颗粒大小在50～100 nm范围;自洁净眼镜通过镜片表面的TiO_2光催化纳米薄膜,在阳光的作用下,以其特有的强氧化能力,可将其表面的几乎所有有机污染物完全氧化为H_2O及相应的无害无机物,而且不造成二次污染.同时具有消毒、杀菌、消除异味、清新空气等功能。

点评 此创新发明属眼镜技术领域,特别涉及一种自我洁净的眼镜。此创新发明通过“在传统的眼镜表面涂镀了一层透明的二氧化钛(TiO2)光催化剂涂层。当这层光催化剂的薄膜层在遇到太阳光或紫外线灯光照射后,使附着在玻璃表面的有机污染物会很快被氧化,使沉积在其上的灰尘、细菌等微粒氧化成水和二氧化碳的雾状物,随即挥发掉,因此始终是清洁的”。

此创新发明选题正确,观察细致,构思巧妙、方案可行,值得同学们学习。

建议 了解现有技术后还可再创新

眼镜是我们日常生活中离不开的用具用品,除可保护眼睛、满足视觉功能以外,还可增加其他功能,如美化眼镜,创意眼镜。

1) 长了四条腿的眼镜

戴眼镜的人都知道,再谨慎的人也难免有时会把眼镜放翻过来,导致镜面出现划痕。这款防划痕眼镜的镜架上有两个“腿”,当你把眼镜架折起来时,它们会支起来,对镜片形成保护,你再也不必为镜面划痕而烦恼了,如图4-185。

图4-185 长了四条腿的眼镜

2) 可以让盲人戴上看世界的眼镜

已经失明了20多年的51岁老人彼得最近在曼彻斯特皇家眼科医院里接受了一项新手术。医生将一只假眼植入他的眼眶,这只假眼实际上是一个电子接收器,可以 接收一个特质眼镜所“看”到的影像电子讯号。首先,影像讯息会通过特制眼镜上的摄像头进行捕捉,然后将影像讯息传输到信息编码处理器上,如图4-186。

3) 军用隐形眼镜

美国眼镜和隐形眼镜显示技术研究公司Jinotega目前正在研发一款最新的军

图 4-186　可以让盲人戴上看世界的眼镜

用隐形眼镜。据悉，这款产品中配备的 optic 系统能够使士兵在真实作战场景中，拥有如同网络游戏玩家一样的宽广视野，实时看到作战地图和军队部署情况等重要作战信息，如图 4-187。

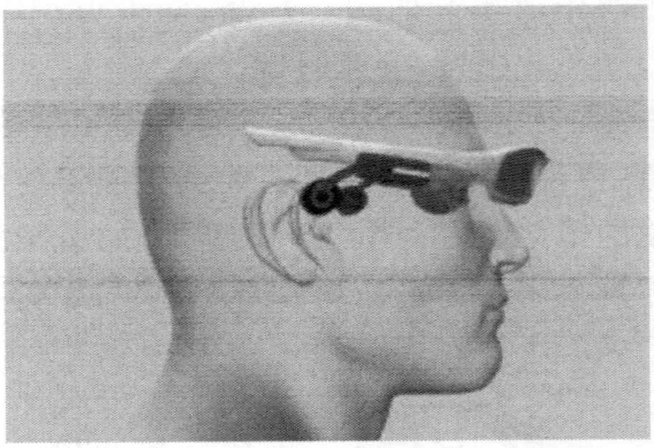

图 4-187　军用隐形眼镜

4）图为能照相的眼镜

这款眼镜式照相机外形独特，使用起来十分方便。拍照时只需按下镜框上的按键即可，别人看起来就像在调整眼镜一样，可以避免许多不必要的尴尬。别看它体积小 巧，仅重 33 克，但是它既可以拍照片也能拍视频，效果也非常不错。它支持 SD/SDHC 卡，通过 USB 线连接就可以进行充电或传输图片，充满电时可连续拍摄一小时。如此时尚新潮的相机，喜欢随手拍的朋友不要错过，如图 4-188。

5）图为能看穿浓雾的眼镜

据国外媒体报道，美国宇航局研制出一种新型增强现实眼镜，能够帮助客机飞行员看穿浓雾。不久后，飞行员便可配备这种新型增强现实眼镜。新型增强现实眼镜能 够追踪飞行员的头部移动，将跑道、指挥塔以及其他客机的图像组合到一起。在机场被大雾笼罩时，这种眼镜将发挥不可估量的作用，如图 4-189。

图 4-188　能照相的眼镜

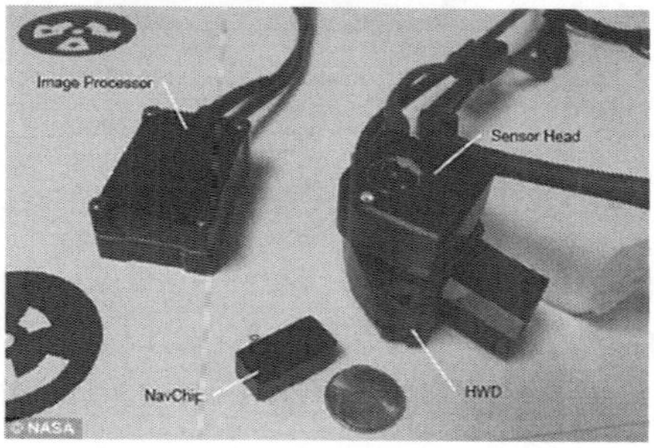

图 4-139　能看穿浓雾的眼镜

6）可以眨眼的眼镜

这张拼版照片显示的是，在日本东京举行的国际眼镜交易会上，一名工作人员展示 Misusage 公司推出的“眨眼眼镜”。这款眼镜可以让使用者避免因长时间注视显示屏而使眼睛发干。当眼镜上的传感器发现使用者超过 5 秒钟未眨眼时，眼镜镜片就会起雾，迫使使用者眨眼。这款眼镜由电池驱动，也可以通过 USB 接口获得电力，如图 4-190。

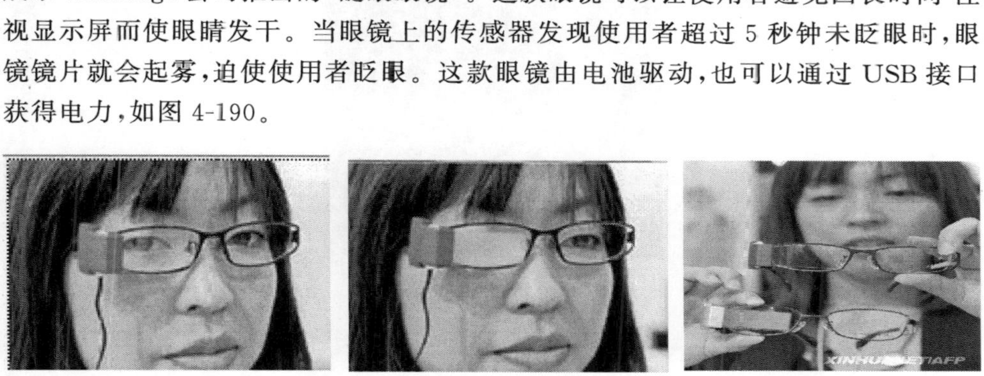

(a)　(b)　(c)

图 4-190　可以眨眼的眼镜

7）无压眼镜

戴眼镜的人都知道，即便是再轻巧的眼镜也会对鼻子产生一定的压迫感，时间长了就会产生不适，这也是不少人选择隐形眼镜的原因之一。但是这款新颖的眼镜却取消了传统眼镜的鼻夹，而是利用独特的结构，将压力分散到头部的其他位置，从而获取更好的舒适性，如图 4-191。

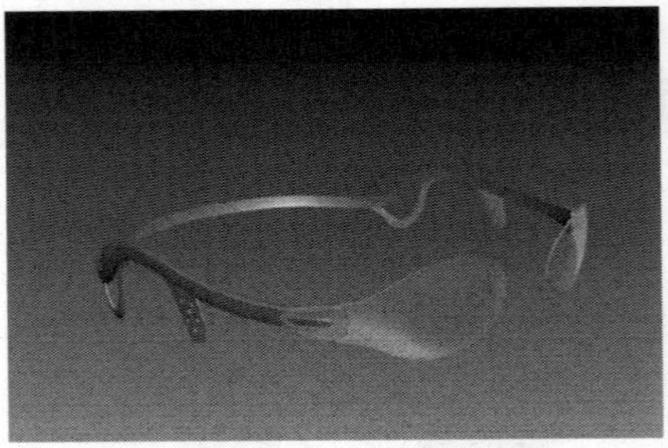

图 4-191　无压眼镜

8）带 LED 灯的眼镜

这款眼镜在镜框的两边，各有一个特殊的 LED 灯，小灯可以随着镜框的开合而自动开关，镜框上有 4 个小电池，可以保证 30 个小时的照明，如图 4-192。

用途 1：晚上看东西不打扰别人，比起 LED 书灯，它的光束更集中效果更好。

用途 2：探照一些黑暗的狭小空间时节省了一只拿手电筒的手，例如在床底下换螺丝等就可以轻松完成。

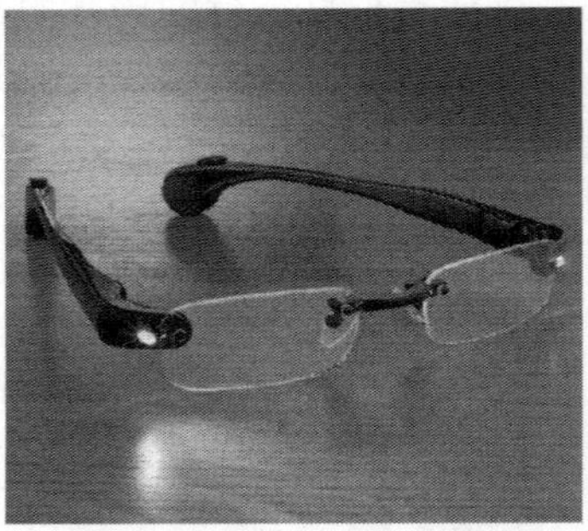

图 4-192　带 LED 灯的眼镜

9）发光眼镜

据国外媒体报道，丹麦工程师发明了一款奇特的眼镜，名为“Eidetic”，季节性情绪失调患者只需佩戴短短 30 分钟便可收到情绪改善的效果。这款眼镜售价 54 英镑（约合 85 美元），装有 6 个发光二极管（LED），可产生一个强大的光场，明亮的白光通过一个曲面反射器反射到眼镜，如图 4-193。

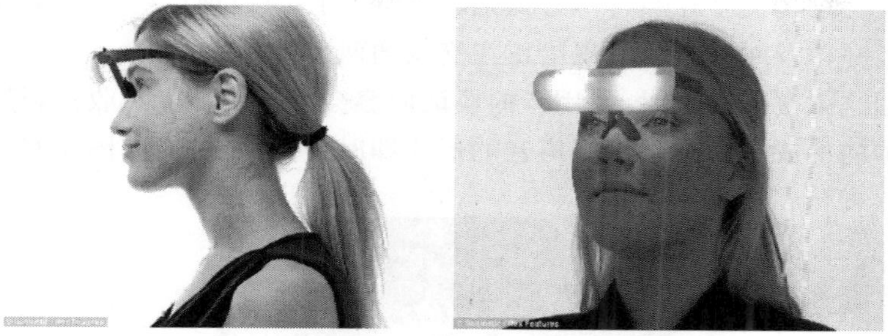

(a)　(b)

图 4-193　发光眼镜

10）有视力矫正功能的谷歌眼镜

据了解，这款具有视力矫正功能的谷歌眼镜采用了模块化设计，在原有谷歌眼镜的基础上增加了能够加载医学镜片的地方，用户只要根据自己的度数选择合适的近视或远视镜片即可。

谷歌公司表示，其有视力矫正功能的谷歌眼镜已经设计出了原型机，还展示了谷歌眼镜项目组成员、同时也是可穿戴式计算设备领域先驱格雷格·普利斯特·多曼(Greg Priest Dorman)佩戴具备视力矫正功能的谷歌眼镜原型产品的照片，如图 4-194。

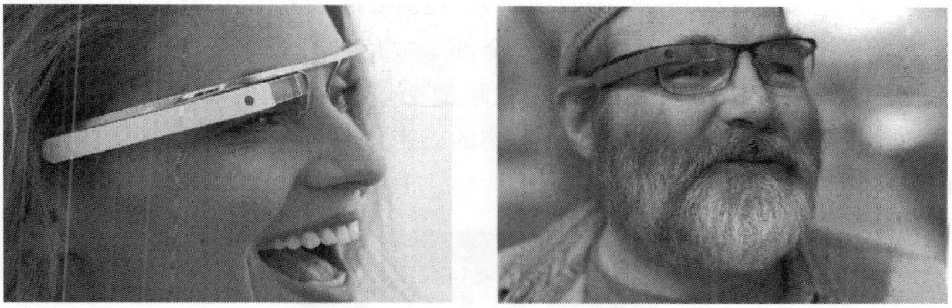

(a)　(b)

图 4-194　有视力矫正功能的眼镜

11）“翻译眼镜”

大部分眼镜都是用来改善视力或抵御强光，但据相关消息，日本发明的一种新型眼镜可以迅速提升语言能力并消除语言障碍。据发明这款眼镜的日本高科技公司 NEC(日本电气公司)称，这款眼镜可以让使用者与说不同语言的人进行交流。

这款需在计算机的辅助下工作的“Tele Scooter”外形像一副眼镜，但没有镜片，需使用一种成像设备，将几乎是实时翻译出来的文字投射到使用者的视网膜（显示屏）上。翻译文字在经过声音识别和翻译软件的处理后会立刻生成，并能像电影“字幕”一样及时有效地呈现给正在交谈的两个人。

在使用这款智能眼镜时，使用者的谈话内容会被一个麦克风收录，经翻译后能以可视文本的形式或通过耳机以声音的形式即时传送给对方，如图 4-195。

图 4-195　翻译眼镜

12）“看得见后面”新型眼镜

台中市一退休公务员林朝全运用汽车后视镜原理，利用不锈钢镜片研发出能够不转头就看见后方的“安全眼镜”。这只“第三只眼”让人类视野增加一倍以上，并已取得不少专利。

这款“安全眼镜”可以让人类的视野从 120 度增加至 240 度以上，如果再加上小幅度的转动头部动作，甚至能够掌握全部 360 度的视野。

不过，这款“安全眼镜”必须贴附在大眼镜上，才能完全展现效果，同时也会牺牲一些美感。但对于需要经常注意后方事物的人来说，应该还是一种不错的新产品，如图 4-196。

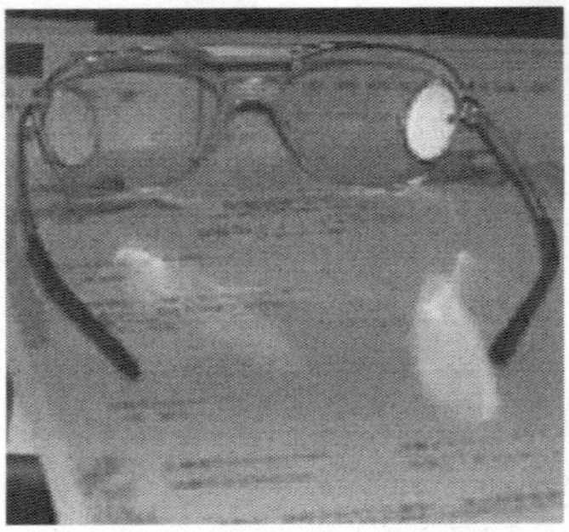

图 4-196　“看得见后面”新型眼镜

13）德发明家设计 Integra 眼镜直接拍照上传

德国发明人马库斯·格尔克设计了一款新型眼镜，拥有 Integra 功能。这款眼镜内置一个 5 兆像素传感器，可利用内置电脑为真实世界的景象添加滤镜效果。格尔克的灵感来源于谷歌、奥林巴斯和爱普生的眼镜电脑。他表示："佩带者只需推一下'Instep'，就能激活眼镜，选择不同的滤镜。此外，用户也可以用眼镜拍照，而后直接将照片上传到 Integra"，如图 4-197。

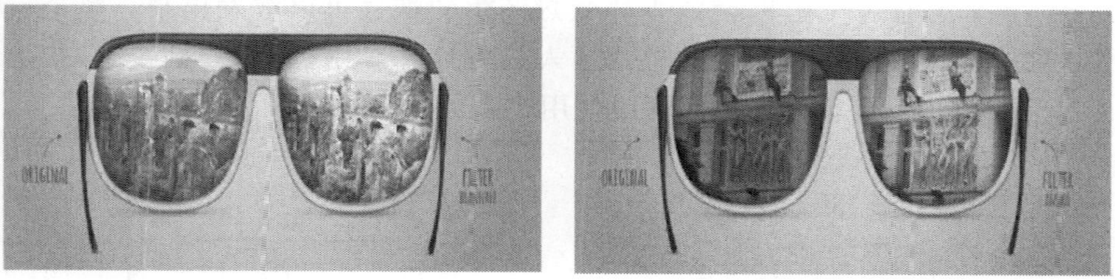

(a)　(b)

图 4-197　直接拍照上传的眼镜

创新发明实例 34

一种带有电蚊香器的节能台灯

所属技术领域　本创新发明属小电器技术领域，特别涉及一种带有电蚊香器的节能台灯。

背景技术　众所周知，人们普遍使用的台灯都是使用节能日光灯管，但是节能灯管仍然有较高的发热量，这部分热量白白的散失了，这显然与建设节能减排现代社会的宗旨不符。与此同时，普遍使用的电蚊香器均为电热式，使用时将会占据一部分空间和插座，有时会给人们的生活带来不便。

发明内容　针对上述中存在的问题，本创新发明提出解决的办法，其技术方案是：本台灯灯管背面采用金属反光镜，金属反光镜背面有蚊香片槽，利用灯管辐射热能加热金属反光镜，再由金属反光镜传导热量加热蚊香片，最后通过灯头罩背面的通气孔排出蚊香气体。

本创新发明的特点是：有效利用了灯光发光散失的热量，将台灯与电蚊香合为一体，节省了空间、电能，使室内更加整洁。

附图说明　下面结合附图及实例对本创新发明作进一步说明。图 4-198 是本创新发明节能台灯的横截面的结构示意图，图 4-199 是节能台灯结构的俯视图的示意图。其中 1 是灯罩上盖,2 是灯罩外壳,3 是金属反光镜,4 是蚊香片夹,5 是蚊香片,6 是灯管,7 是铰链,8 是通气孔,9 是卡扣。

具体实施方式 如图 4-198、4-199,金属反光镜 3 装在灯管 6 上面起反光作用,蚊香片夹 4 为金属材质焊接在金属反光镜 3 上,蚊香片 5 夹在蚊香片夹下,当台灯打开时,金属反光镜 3 会被灯光加热,并传热给上面的蚊香片 5,加热蚊香片。当灯罩上盖 1 打开,上盖 1 通过铰链 7 与灯罩外壳 2 连接,并装有卡扣 9,使盖子可以关上。盖子上有通气孔 8,使蚊香片受热产生的烟气可以散发出来。整个台灯使用时只需打开灯罩上盖 1,将蚊香片插入蚊香片夹 4 中,然后关上盖子,扣上卡扣 9,打开台灯即可在学习工作的同时使用蚊香。

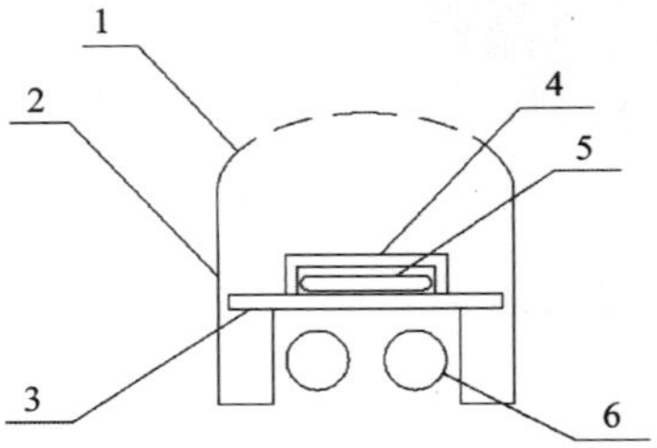

图 4-198 横截面结构示意图

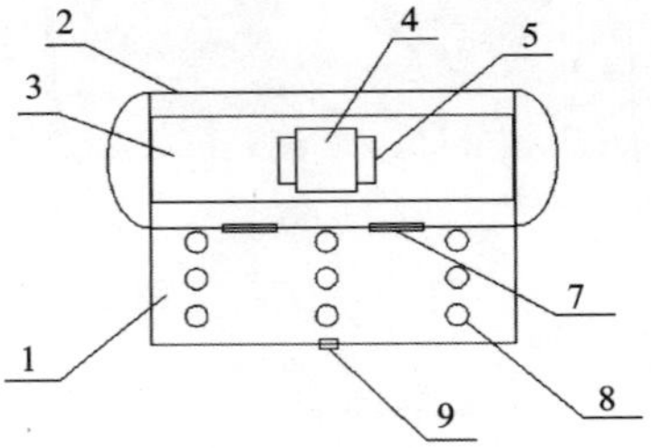

图 4-199 俯视图

点评 此创新发明所属小电器技术领域,特别涉及一种带有电蚊香器的节能台灯。此创新发明"有效利用了灯光发光散失的热量,将台灯与电蚊香合为一体,节省了空间、电能,使室内更加整洁"。

创新发明实例 35

一种个人临时卫生间

所属技术领域 本创新发明属卫生厕具技术领域,特别涉及一种个人临时卫生间。

背景技术 众所周知,社会上的临时卫生间主要是较大型,并按放在固定的场所,但很多地方还是缺乏这样的卫生设施。本创新发明体积很小,而且很轻,可以随身携带,它结构简单,便于操作,也比较适合各个家庭外出使用,还可以解决内急的时候却找不到厕所的问题,是一种有利于社会的创新发明。

发明内容 本创新发明个人临时卫生间,主要由①马桶盖马桶座,②马桶身,③内盖,④一种钩式折叠伞,⑤伸缩杆,⑥一种带孔的布,⑦构成。

本创新发明可分成两个部分,第一部分是马桶,第二部分是卫生间的遮盖。

本创新发明的特点是:

(1) 本创新发明结构简单,操作方便,可以重复使用,具有遮挡视线,保护隐私的作用。

(2) 马桶前里面还可以放一些用品,如厕纸、垃圾袋、钩式折叠伞、伸缩管和一种孔式布,因此节能环保,又节省空间。

附图说明　下面结合附图和实例对本创新发明作进一步的说明。

图 4-200 是个人临时卫生间的马桶安装前的内部结构示意图,图 4-201 是个人临时卫生间的马桶安装后的内部结构示意图,图 4-202 是个人临时卫生间的钩式折叠伞的内部结构示意图,图 4-203 是个人临时卫生间带孔的布示意图,图 4-204 是个人临时卫生间的使用步骤 1 示意图,图 4-205 是个人临时卫生间的使用步骤 2 示意图,图 4-206 是个人临时卫生间的使用步骤 3 示意图,图4-207 是个人临时卫生间的使用步骤 4 示意图,图 4-208 是个人临时卫生间的使用步骤 5 示意图,图 4-209 是个人临时卫生间的使用步骤 6 示意图,图 4-210 是个人临时卫生间安装完成的示意图。其中图 4-200 中的 1 是马桶盖,2 是马桶座,3 是马桶身,4 是内盖,图 4-201 中的 1 是马桶盖,2 是马桶座,3 是马桶身,4 是内盖,图 4-202 中的 5 是一种钩式折叠伞,6 是伸缩杆,图 4-203 中的 7 是一种带孔的布。

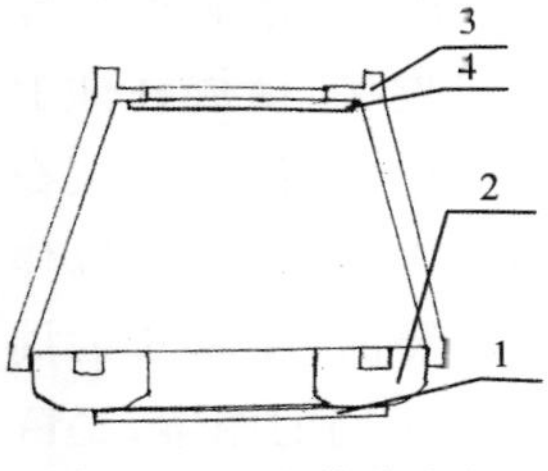

图 4-200　安装前内部结构图

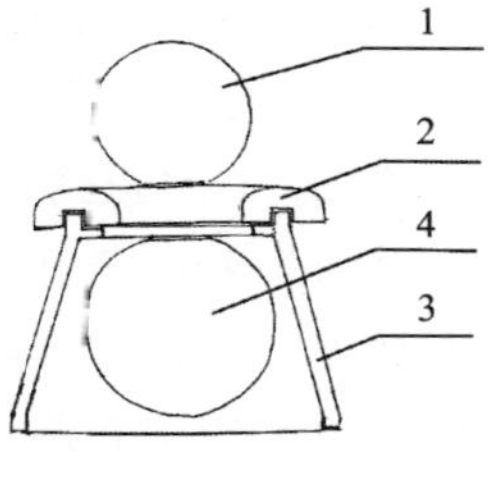

图 4-201　安装后内部结构图

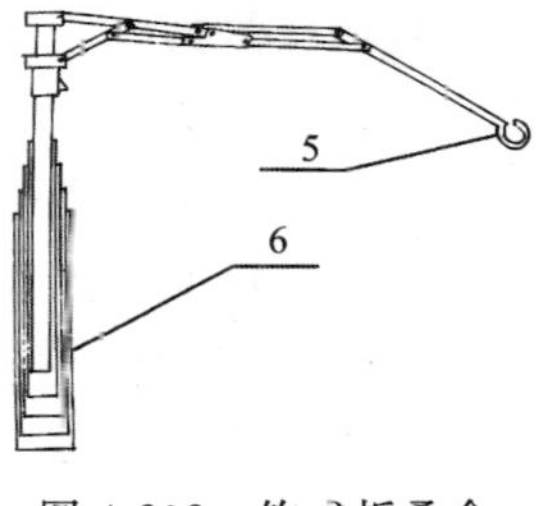

图 4-202　钩式折叠伞内部结构图

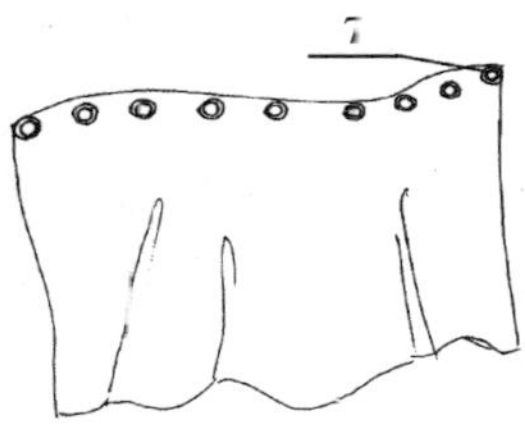

图 4-203　带孔的布

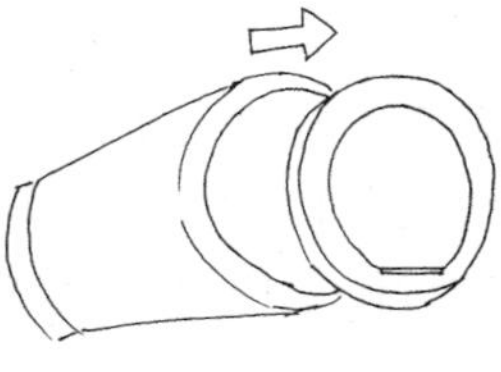
图 4-204　使用步骤 1

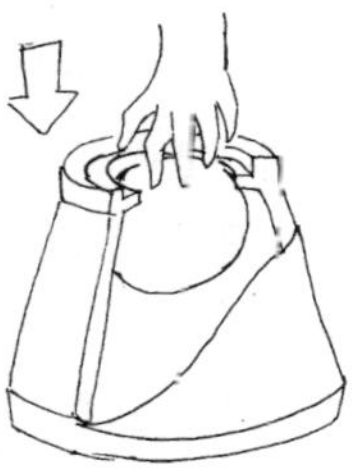
图 4-205　使用步骤 2

图 4-206　使用步骤 3

图 4-207　使用步骤 4

图 4-208　使用步骤 5

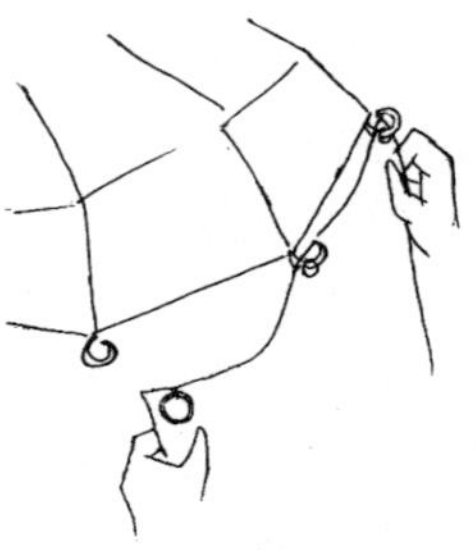

图 4-209　使用步骤 6

图 4-210　安装完成示意图

具体实施方式　如图，1 为一空心柱体，上中层有一平行滑槽，是隔板的导轨，在 1 的后方有两个竖直放置的杆件，与一横放的杆件固定连接，横放杆件上有一数竖直的孔，用来放置遮挡装置 2。1 的盖为图二所示的形状，便于人坐在上面，盖下面是一层弹簧，使盖有弹性，坐着较舒服。当不用厕所时，1 还可以作为凳子来使用，比一般的凳子更为舒服。2 是一把普通的伞改装的，在伞 6 的周围安装了一个个小环，用来挂布料上的小钩子布料上可以画上不同的图案，提醒别人有人在里面方便。便池 3 是一个小的桶状物体，上面有一环形盖子，用来固定一次性方便袋，这样，人们方便完后就可以像扔垃圾一样将粪便扔到厕所。整个装置可以拆卸组装，任何一个都可以单独使用，伞可以用作雨伞，马桶可以作为凳子，布料可以作为旅游时的铺垫物，便池可以装垃圾。本创新发明方便可行，比较时尚。

点评　此创新发明“一种个人临时卫生间”所属卫生厕具技术领域，特别涉及一种个人临时卫生间，主要解决“内急的时候却找不到厕所的问题”。此创新发明构思新颖，方法可行，结构简单，使用便捷，有着较强的适用性。

创新发明实例 36

一种在汽车追尾钻入车底的汽车安全装置

所属技术领域　本创新发明属汽车安全装置技术领域，特别涉及一种能通过微波传感器检测到小轿车在即将钻入卡车车尾的时候，快速检测分析后使座椅靠背快速后翻并紧急制动的装置。

背景技术　众所周知，很多小轿车在发生交通事故时容易钻入卡车车尾，由于小轿车的前缓冲区位于卡车尾部高度以下，使小轿车前车身部位无法起到缓冲保护的作用，从而使卡车尾部直接撞击人的上半部位，导致人上半部位严重受损，甚至有很大可能性使驾驶者和副驾驶者死亡，导致严重的伤亡事故。

发明内容　为避免在以上紧急情况所产生的严重事故，本创新发明提供了一种解决方案，它通过瞬间检测装置检测此即将发生的危险事故，此装置产生的信号经过分析模块分析之后，由控制模块控制背椅翻转并启动汽车自带的制动系流产生紧急制动。

本创新发明解决问题所采取的技术方案是：在车身最前侧的位置安装微波传感器，在微波传感器所感受上方有高速物体移动时，将信号瞬间传入车内的分析模块，分析模块将信号传入车内相应位置的接收器启动后倒装置和紧急刹车装置。后倒装置由弹簧、气缸和汽车本身的主轴作为动力源带动座椅后翻。将车座椅本身抽出放置离合片，在离合片收到猛拉的时候顺时针转，打开座椅定位销和销口之间的锁合，弹簧可安放于车座两侧，弹簧本身为拉簧。气缸位于底盘附近，在碰撞时气缸体内发生爆炸，将推杆移动。在汽车主轴处再安装一轴，轴上装有结合套和齿轮，在其附近安装一自动拨叉，拨叉由电机控制拨动，电机可在接受到信号之后启动，带动自动拨叉，将结合套和相应的新轴上的齿轮啮合，使新轴转动，通过圆锥齿轮将轴的运动方向变换后，通过皮带将动力传入背翻装置中。

本创新发明的特点是：当小轿车误钻入卡车车尾后能够瞬间检测其将要发生的危险状况，紧急制动，并且能将后座椅背翻到头部位置低于卡车尾部底座最低处，减少卡车对人体上半部位的危害。

附图说明　下面结合附图和实例对本创新发明作进一步的说明。图 4-211 为汽车安全装置传感器安装位置示意图，图 4-212 为汽车安全装置以弹簧为动力的安全座椅的示意图，图 4-213 为汽车安全装置以气缸为动力的安全座椅的示意图，图 4-214 为汽车安全装置电机驱动拨叉的示意图，图 4-215 为汽车安全装置发动机以主轴为动力的安全座椅的示意图，图 4-216 为整个汽车安全装置的示意图。

图中,1 是车体,2 是座椅,3 是座椅轴,4 是钢管,5 是离合片,6 是挡片,7 是弹簧,8 是气缸,9 是气缸电控制装置,10 是气囊,11 是发动机主轴,12 是传动齿轮,13 是皮带轮,14 是离合器件,15 是座椅齿轮,16 是新装轴,17 是新轴齿轮,18 是主轴齿轮,19 是结合套,20 是齿条,21 是电机带动齿轮,22 是微波传感器。

具体实施方式　图 4-211 中,微波传感器 22 安装在车头部分,位置如图所示,由微波传感器 22 感受上方是否有高速移动的物体经过,即卡车尾部是否经过小轿车上方。

图 4-212 中,座椅 2 和弹簧 7 分别固定在车体 1 上,挡片 6 由电磁铁控制,弹簧 7 在正常情况为拉簧,当启动后倒装置时挡片 6 由电磁铁控制脱离,使弹簧 7 打开,在受到巨大压力下,离合片 5 转动,使得座椅 2 和座椅轴 3 之间脱离啮合,钢管 4 和座椅相连,弹簧 7 带动钢管 4 向后倾倒,直到后倒到安全位置为止。

图 4-213 中,座椅 2、气缸 8 分别固定在车体 1 上,气缸 8 由气缸电控制装置 9 来控制,气缸电控制装置 9 来接受分析后倒装置传入的信号,气缸 8 正常情况下充满气体,保证气缸里有足够的大气压。当后倒装置启动时气缸 8 冲气做功,同时离合片 5 打开,气缸 8 带动钢管 4 向后倾倒,直到后倒到安全位置为止。

图 4-214 中,发动机主轴 11 和新轴通过新轴齿轮 17 和发动机齿轮 18 啮合,正常情况下新轴齿轮空套在新装轴 16 上,新装轴 16 并不转动。在后倒装置启动时,由信号驱动电机,带动电机带动齿轮 21,通过电机带动齿轮与齿条 20 之间的啮合将动力传递给齿条 20,齿条 20 和结合套 19 相连,结合套 19 与新装轴 16 的花键啮合,齿条 20 带动结合套 19 与新轴齿轮 18 结合,动力通过新轴齿轮 18、结合套 19 传入新装轴 16,使得新装轴 16 高速运转。即离合装置 14 将发动机主轴 11 传入新装轴 16。

图 4-215 中,由于离合装置 14 启动,使得发动机主轴 11 带动新轴 16 旋转,经过齿轮 12 和皮带 13 将动力传递到与座椅背相连的座椅齿轮 15 上,使座椅背后翻。

图 4-216 中表示整个过程,其中(1)有卡车经过小轿车前头之上,(2)为微波传感器瞬间检测后输出信号,(3)为分析信号装置,(4)为后倒装置,(5)为紧急制动装置,(6)为座椅后倒,(7)为紧急制动,(8)为弹簧动力驱动(9)气缸动力驱动(10)发动机主轴动力驱动。整个过程如下:在(1)产生的危险动作传给(2),(2)产生信号给(3)进行分析,由(3)分析之后的信号传给(4)和(5)分别实现(6)和(7)两个结果,其中(6)的动力源分别来自(8)(9)(10),以加速(6)的效果。

点评　此创新发明属汽车安全装置技术领域,特别涉及一种能通过微波传感器检测到小轿车在即将钻入卡车车尾的时候,快速检测分析后使座椅靠背快速后翻并紧急制动的装置。该创新发明的亮点在于当小轿车误钻入卡车车尾后瞬间检测其将要发生的危险状况，紧急制动，并且能将后座椅背翻到头部位置低于卡车尾部底座最低处，减少卡车对人体上半部位的危害。

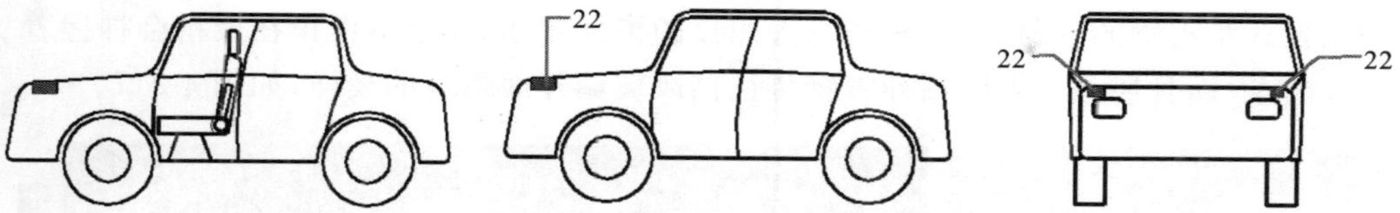

图 4-211　传感器安装位置示意图

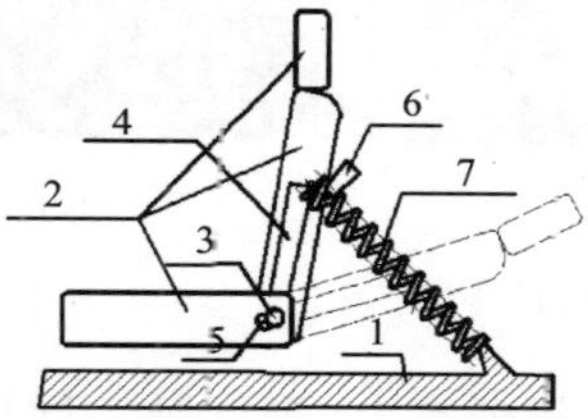

图 4-212　以弹簧为动力的安全座椅

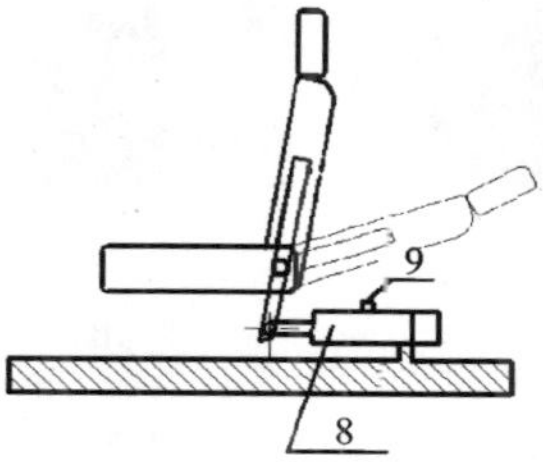

图 4-213　以气缸为动力的安全座椅

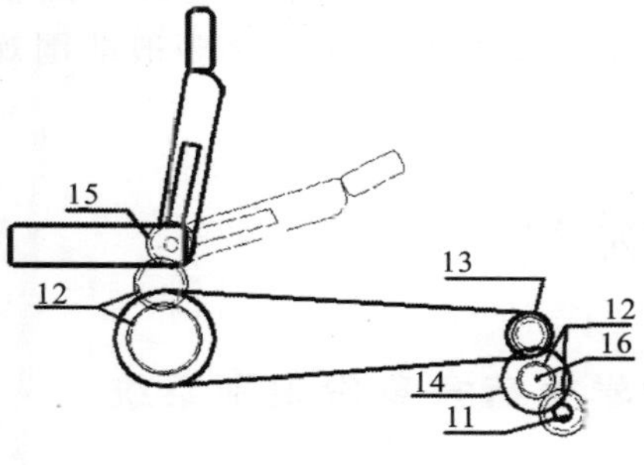

图 4-214　电机驱动拨叉

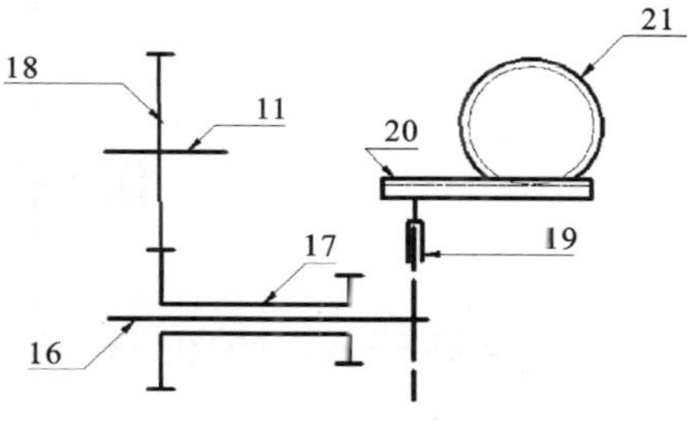

图 4-215　发动机主轴为动力的安全座椅

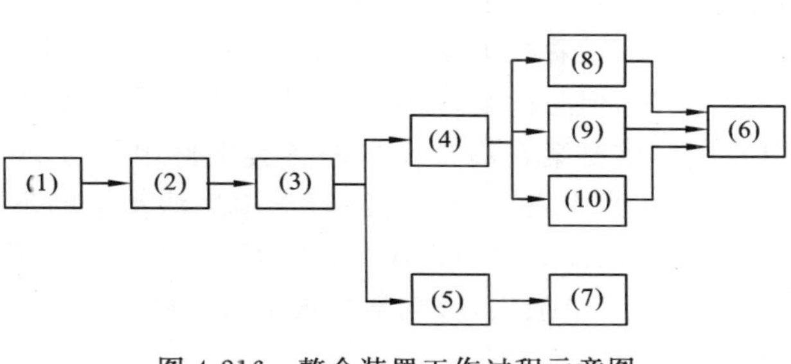

图 4-216　整个装置工作过程示意图

建议 了解现有技术后还可再创新

链接 “仿真驾驶员”车贴防追尾

这款创意车贴其实有点惊悚，在汽车的后视镜上按照 1∶1 的比例贴上了一个正在开车人物的形象，完全按照真人照片的模样制作，人物不仅正在聚精会神握着方向盘，而且还是一副试图伸着脑袋往挡风玻璃外面瞅着的模样，如图 4-217。

(a) (b) (c)

图 4-217 “仿真驾驶员”车贴

不仅如此，这个“仿真”驾驶员旁边也奇迹般地有个“副驾驶”，同样系着安全带。从后车窗外头看上去，感觉就像汽车完全颠倒了 180 度，驾驶员挪到了车后座来开车一样。不管你的车是桑塔纳还是马自达，只要在后车窗上贴上这么一个“仿真驾驶员”车贴，马上能让自己的爱车在堵车的长龙中有了奥迪奔驰般的围观效果。

创新发明实例 37

一种基于 MIFARE 卡识别技术的学生宿舍身份识别系统

所属技术领域 本创新发明属电子信息识别技术领域，特别涉及一种基于 MIFARE 卡识别技术的学生宿舍身份识别系统。

背景技术 众所周知，随着我国教育事业的蒸蒸日上，寄宿制中小学以及大学的学生住宿条件越来越好，但与此同时，学校对于宿舍楼安全管理的要求也越来越严格。据公安部门统计，盗窃案在高校发生的各类案件中约占 90%以上，而这其中大部分案件都是在宿舍当中发生的。而随着学生生活水平的不断提高，外来人员进入宿舍楼内作案造成的损失也越来越大，让学生在学校内毫无安全感可言，这不仅给学生造成了严重的经济损失，影响学校正常管理秩序，同时也给学校声誉造成了很恶劣的影响。

学校针对外来人员进入宿舍楼内进行盗窃作案增加了一些防范措施，比如外来人员登记，增派宿舍管理员，派人员巡视等，有的学校还采用了磁卡或IC卡来验证进入人员的身份。但是这些措施都存在着严重的问题：增派人员管理耗费人力大，而且事实证明管理效果不好，还是会有外来人员利用管理人员的疏忽或者门口人流量大混入楼中，作案得逞；使用磁卡、IC卡避免不了认卡不认人的问题，无法确认持卡人是否就是卡片的拥有者；即使是近年来一些学校采用的可以在电脑终端显示持卡人信息的身份识别系统，也避免不了内外勾结即有卡的人带外来人员进入宿舍楼的现象，以及需要将卡片随身携带等问题，虽然管理效果较以前有所提高，但是盗窃事件还是频频发生。

现在很多高校都选用MIFARE卡作为校园一卡通的中间介质，在图书馆等场所设置了身份识别系统。MIFARE卡除了保留接触式IC卡的原有优点外，还具有操作简单快捷、无须插拔卡及不受方向和正反面的限制、读写速度极快、抗干扰能力强及并行工作速度快、可靠性高、使用寿命长、认证机制可靠（读写时卡与读写器之间采用三次双向认证机制）、内存量大等优点，可以方便有效地运用于身份识别。

然而，学校利用“校园一卡通”构建的身份识别系统还是无法有效解决上述问题，即有卡人员带领无卡人员进入的问题；与此同时，尽管这种身份识别系统可以同时识别多张卡片信息，却无法在同一时间识别出有几个人进入了保护区域，即无法做到人数与卡数的统一识别对照。

发明内容　本创新发明所要解决的技术问题是提供一种安全性高，检测迅速，不仅无需持卡人手动刷卡，而且可以做到每进入一个人就检测一次有无MIFARE卡信息并进行内部信息对照的学生宿舍身份识别系统。

这种校园学生身证识别系统包括红外计数器，红外计数器与缓存器相连，缓存器用于存储红外计数器产生的一个或多个计数信号。缓存器又与信号转换器顺序连接，信号转换器将计数信号转换为MIFARE卡读卡器的工作启动信号，每一个计数信号经转换后可以启动读卡器扫读一次，做到“一人一信号”。

信号转换器与MIFARE卡读卡器顺序连接，MIFARE卡读卡器同时与报警装置以及电脑终端数据库相连接，电脑终端数据库也与报警装置相连。MIFARE卡读卡器将读得的信号作如下处理：若读到了MIFARE卡内信息，则将信号送入电脑终端数据库进行比对，如有与数据库内本宿舍楼人员信息相匹配，则输出并在显示屏上显示人员信息；若在读卡区域内没有读到MIFARE卡信息，或者读到的信息在经电脑终端数据库比对后没有找到匹配项，则显示错误信息，并同时发出报警信号，启动报警装置发生报警。

与现有技术相比，本创新发明取得了以下的技术效果：

安全性高，检测迅速；取得了“一人一测，一人一卡”的效果，可迅速识别侵入保护区域内的人数并发生报警，有效避免了随人流混入宿舍楼的情况以及内外勾结作案；MIFARE 卡的封装处理便于携带，美观实用，成本低廉；系统的组成部分均为现有的成熟技术，整套系统性价比高，效果显著，在推广后可应用于银行、政府机关、学校、大型会场等各种需要人员身份验证的场合，市场潜力巨大。

附图说明 图 4-218 为本身份识别系统内部组成结构的示意图；图 4-219 为本身份识别系统工作原理及识别方法的流程图；图 4-220 为本身份识别系统的应用示意图。

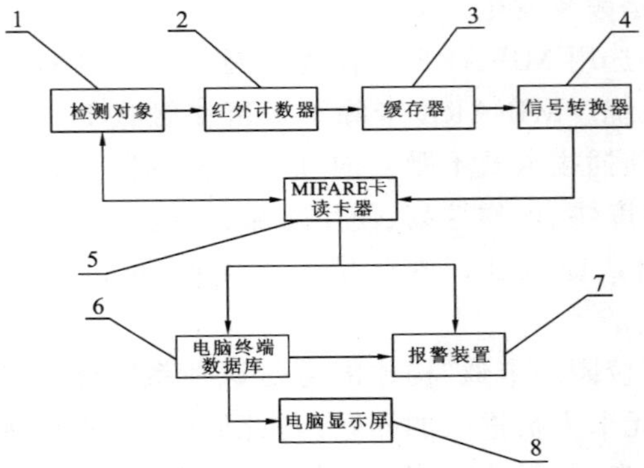

图 4-218 内部组成结构示意图

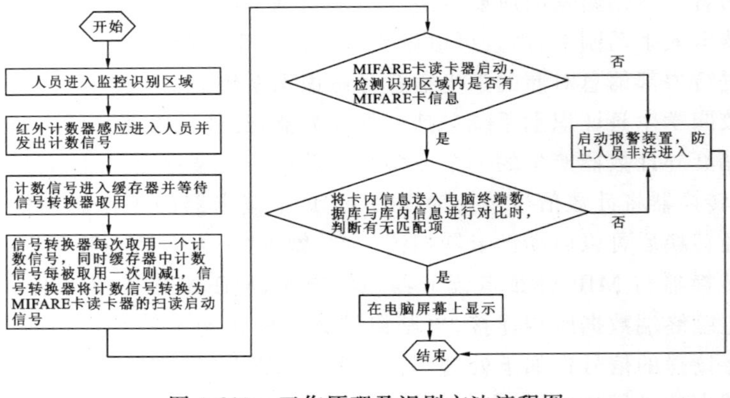

图 4-219 工作原理及识别方法流程图

具体实施方式 下面结合附图进一步说明本创新发明的实施例。参见图 4-218 和4-219，这种基于 MIFARE 卡识别技术的学生宿舍身份识别系统，包括红外计数器 2，红外计数器 2 与缓存器 3 相连，缓存器 3 用于存储红外计数器产生的一个或多个计数信号。缓存器 3 又与信号转换器 4 顺序连接，信号转换器 4 将计数信号

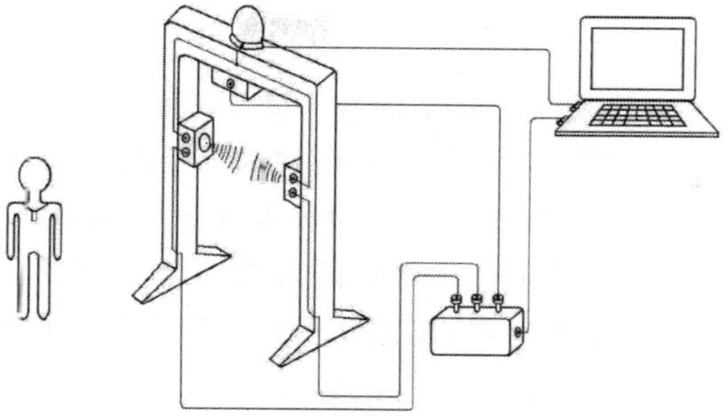

图 4-220 应用示意图

转换为 MIFARE 卡读卡器 5 的工作启动信号，每一个计数信号经转换后可以启动读卡器扫读一次，做到“一人一信号”。

信号转换器 4 与 MIFARE 卡读卡器 5 顺序连接，MIFARE 卡读卡器 5 同时与报警装置 7 以及电脑终端数据库 6 相连接，电脑终端数据库 6 也与报警装置 7 相连。MIFARE 卡读卡器 5 将读得的信号作如下处理：若读到了 MIFARE 卡内信息，则将信号送入电脑终端数据库 6 进行比对，如有与数据库内本宿舍楼人员信息相匹配，则输出并在电脑显示屏 8 上显示人员信息；若在读卡区域内没有读到 MIFARE 卡信息，或者读到的信息在经电脑终端数据库 6 比对后没有找到匹配项，则在电脑显示屏 8 上显示错误信息，并同时发出报警信号，启动报警装置 7 发生报警。

MIFARE 卡内存储有个人信息，并由每栋宿舍楼的管理人员在电脑终端上建立本宿舍楼的人员信息数据库，MIFARE 卡由本人携带，可以在制作时将其封装进徽章、皮带扣、发卡或者钥匙链等体积小、美观实用且经常携带的物品当中。

参见图 4-220，当有人员进入感应监控区域时，红外计数器 2 感应并发出计数信号，存入缓存器 3，等待信号转换器 4 取用。信号转换器 4 逐一从缓存器 3 中取得计数信号，缓存器 3 中的计数信号随信号转换器 4 每次的取用而自减一，直至缓存器 3 中无计数信号。

信号转换器 4 将取得的计数信号转换为 MIFARE 卡读卡器 5 的启动信号，以确保每有一名人员进入时 MIFARE 读卡器 5 实施一次检测。若 MIFARE 读卡器 5 读到了 MIFARE 卡信息，则将读得的信息送入电脑终端数据库 6 与事先储存于数据库中的本宿舍人员信息进行比对，若找到匹配项，则输出并在电脑显示屏 8 上显示，若无匹配项，则发出报警信号，启动报警装置 7 发出报警；若 MIFARE 读卡器 5 没有读到 MIFARE 卡信息，则直接发出报警信号，启动报警装置 7 发出报警，从而达到“一人一检测，一卡一信号”的技术效果，防止一个或多个非本宿舍人员的非正常进入。

链接 1　身份认证

我们生活的现实世界是一个真实的物理世界，每个人都拥有独一无二的物理身份。而今我们也生活在数字世界中，一切信息都是由一组特定的数据表示，当然也包括用户的身份信息。如果没有有效的身份认证管理手段，访问者的身份就很容易被伪造，使得任何安全防范体系都形同虚设。因此，在计算机和互联网络世界里，身份认证是一个最基本的要素，也是整个信息安全体系的基础。

身份认证是证实客户的真实身份与其所声称的身份是否相符的验证过程。目前，计算机及网络系统中常用的身份认证技术主要有以下几种。用户名/密码是最简单也是最常用的身份认证方法，是基于“what you know”的验证手段。每个用户的密码是由用户自己设定的，只有用户自己才知道。只要能够正确输入密码，计算机就认为操作者就是合法用户。实际上，由于许多用户为了防止忘记密码，经常采用诸如生日、电话号码等容易被猜测的字符串作为密码，或者把密码抄在纸上放在一个自认为安全的地方，这样很容易造成密码泄漏。

即使能保证用户密码不被泄漏，由于密码是静态的数据，在验证过程中需要在计算机内存中和网络中传输，而每次验证使用的验证信息都是相同的，很容易被驻留在计算机内存中的木马程序或网络中的监听设备截获。因此，从安全性上讲，用户名/密码方式一种是极不安全的身份认证方式。下面介绍几种其他的身份识别的方法。

智能卡认证：

智能卡是一种内置集成电路的芯片，芯片中存有与用户身份相关的数据，智能卡由专门的厂商通过专门的设备生产，是不可复制的硬件。智能卡由合法用户随身携带，登录时必须将智能卡插入专用的读卡器读取其中的信息，以验证用户的身份。智能卡认证是基于“what you have”的手段，通过智能卡硬件不可复制来保证用户身份不会被仿冒。然而由于每次从智能卡中读取的数据是静态的，通过内存扫描或网络监听等技术还是很容易截取到用户的身份验证信息，因此还是存在安全隐患。

动态口令：

动态口令技术是一种让用户密码按照时间或使用次数不断变化，且每个密码只能使用一次的技术。它采用一种叫作动态令牌的专用硬件，内置电源、密码生成芯片和显示屏，密码生成芯片运行专门的密码算法，根据当前时间或使用次数生成当前密码并显示在显示屏上。认证服务器采用相同的算法计算当前的有效密码。用户使用时只需要将动态令牌上显示的当前密码输入客户端计算机，即可实现身份认证。

由于每次使用的密码必须由动态令牌来产生，只有合法用户才持有该硬件，所以只要通过密码验证就可以认为该用户的身份是可靠的。而用户每次使用的密码都不相同，即使黑客截获了一次密码，也无法利用这个密码来仿冒合法用户的身份。动态口令技术采用一次一密的方法，有效保证了用户身份的安全性。但是如果客户端与服务器端的时间或次数不能保持良好的同步，就可能发生合法用户无法登录的问题，并且用户每次登录时需要通过键盘输入一长串无规律的密码，一旦输错就要重新操作，使用起来非常不方便。

USB Key 认证：

基于 USB Key 的身份认证方式是近几年发展起来的一种方便、安全的身份认证技术。它采用软硬件相结合、一次一密的强双因子认证模式，很好地解决了安全性与易用性之间的矛盾。

USB Key 是一种 USB 接口的硬件设备，它内置单片机或智能卡芯片，可以存储用户的密钥或数字证书，利用 USB 内置的密码算法实现对用户身份的认证。

基于 USB Key 身份认证系统主要有两种应用模式：一是基于冲击/响应的认证模式，二是基于 PKI 体系的认证模式。

生物特征认证：

基于生物特征的身份识别技术主要是指通过可测量的身体或行为等生物特征进行身份认证的一种技术，是基于“what you are”的身份认证手段，生物特征是指唯一的可以测量或可自动识别和验证的生理特征或行为方式。生物特征分为身体特征和行为特征两类，身体特征包括指纹、掌型、视网膜、虹膜、人体气味、脸型、手的血管和 DNA 等；行为特征包括签名、语音、行走步态等。

从理论上说，生物特征认证是最可靠的身份认证方式，因为它直接使用人的物理特征来表示每一个人的数字身份，不同的人具有不同的生物特征，因此几乎不可能被仿冒。但是，近年来随着基于生物特征的身份识别技术被广泛应用，相应的身份伪造技术也随之发展，对其安全性提出了新的挑战。

据美国《连线》杂志网站报道，现有的技术可以通过你行走方式识别你身份的手机；可以在 6 米外扫描你指纹的指纹扫描仪；可以探测到混凝土厚墙背后隐藏着的人的心跳的雷达；可以识别两个长得一模一样双胞胎的算法；将你出卖的你的眉毛和耳垂……

所有这些都是正在逐渐崭露头角的新一代识别系统，它们可以通过人的一些生理现象达到身份识别的目的。和旧式的计量生物学系统不同，你并不需要靠的足够近以便被仪器识别。如果这些新型系统果真如它们的生产厂家在广告中所宣称的那样的话，那么你基本上就会在根本尚未意识到的情况下便已经被进行了身份识别。

据悉，在美国遭受9·11恐怖袭击之后，计量生物学识别系统迎来了发展的黄金时期。大量政府资金被用于采购人脸及相关识别系统。单单五角大楼便在5年时间内投入了将近30亿美元的资金，而国防部还仅仅是众多加入安保系统采购大军中的普通一员而已。然而这样的做法也引起了一些民权主义者的担忧，他们担心这些技术有朝一日会被肆意滥用。

尽管这些技术在从伊拉克到世界各地机场出入口安检等方面都发挥了不可替代的作用，但围绕这些技术的争议之声也从未停止过。不过，尽管经过了大幅发展，这些扫描技术仍然无法从人群中识别特定的一张脸孔，要想进行先进的有效的识别，还必须要有恰当的光照条件和角度。

链接2 生物特征识别

1. 远距离指纹扫描仪

大部分指纹扫描仪都需要手指与扫描仪的物理接触，然而这样的接触也常常会造成一起的污染和失效。因此现在有研究者正在尝试开发一种能在大约20英尺（约合6米）远处进行指纹扫描的仪器，如图4-221。

图4-221 远距离指纹扫描仪

当然这种能在6米远处扫描人的指纹的仪器目前距离正式上市还有很长的路要走。不过美国亚拉巴马州有一家名为“先进光学系统”的公司开发了一款名为“AIRprint”的扫描仪，其可以实现在距离9英尺（约合2.7米）远处对指纹进行扫描。其工作的原理是使用两台130万像素的相机来接受不同的影像数据：其中一台为水平偏振光，另一台为垂向偏振光。在使用时，会有一束光被射到手指上，反射光随后进入镜片系统，在其中分离的偏振波被合成为清晰影像。另一家名为“IDair”的公司同样开发出了类似的，能在大约6英尺（约合1.8米）距离上实现指纹扫描的设备并计划向安全机构推销。该公司目前正致力于开发20英尺距离上的类似设备，并宣称其拍摄的图像将会和卫星图像的效果相似。

2. 耳朵识别技术

你的耳朵有特别之处吗？其实每个人的耳朵都不一样，因此研究人员们正在开发一种基于人耳识别的技术，将耳朵的一些特征当做人的指纹那样来加以使用。2010 年，一组英国研究人员使用一种名为“图像射频转换”的技术将光束打在人的耳部，随后重复这一过程，利用一种算法生成人耳管状区域的图像。这个耳朵的边缘区域是每个人都不同的，并且也是区别最明显的部分，如图 4-222。

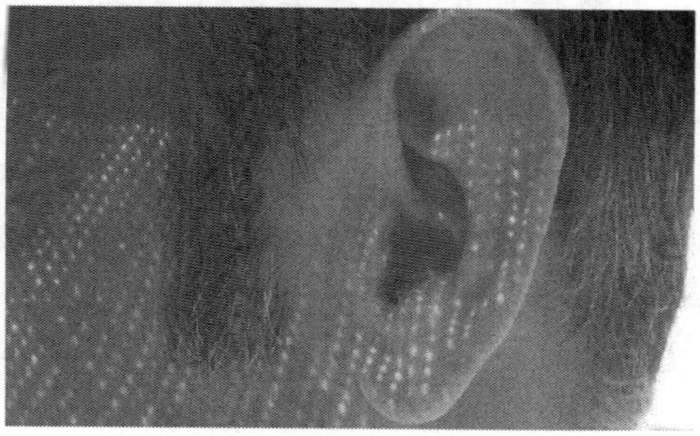

图 4-222　耳朵识别技术

随后，研究人员将图像转换为一系列的数字并储存起来，这样一来，以后当再次扫描到数据相符的耳朵时，系统便能将扫描结果与数据库中已有样本进行比对。目前这一识别系统的精度已经可以达到 99.6%。2012 年 3 月，两位印度新德里的科学家曾经尝试使用 Gabor 滤波器进行类似的人耳识别，这是一种数字图像处理器，其原理与人类处理图像的方式相类似。不过这项尝试的结果并不够理想，其识别的准确度大约仅有 92%～96.9%。

在未来甚至有可能开发出一种耳部扫描识别技术，使其识别精度超过传统的指纹识别。这是因为当你长期从事艰难劳动之后你的手指指纹会变得模糊，但是总体来说人的耳朵在人的一生当中是不会有什么大的改变的。当然这项技术目前仍然充满争议，因为指纹识别仍然是人们使用最广泛，历史也最悠久的一项身份识别技术。耳部扫描识别技术的一个大问题便是在不同的光照条件下，或是耳朵被头发部分遮蔽，或者佩戴着首饰，这些情况是否会对识别精确度造成影响。但是一旦这项技术达到实用阶段，那么它就将可以被用于和已有的指纹识别技术相互验证，配合使用。或许在未来我们也会见识到更加极端的耳部改造术的出现，因为魔高一尺道高一丈，总会出现对抗的手段。

3. 气味

在 21 世纪头一个十年的早中期，美国五角大楼“先进研究计划局”(Darpa)启动了一项名为“独特线索探测”的项目。该项目旨在尝试通过气味来找到不同的人，甚至通过气味的不同来进行身份识别。这项研究在2008年终结一年之后，美国政府国土安全部召集进行一项有关通过人体气味来用于测谎的技术，并打算将该项技术用于机场和其他关卡出入口区域。

不过到目前为止通过气味开展身份识别还仅仅停留在研究项目阶段。这项研究所涉及的内容是非常复杂的，人体有超过300种不同的化学物质产生气味，并且我们身体的体味还会随着我们所吃食物的不同以及环境的差异而出现不同。不过或许研究人员们将会有办法将代表我们身份的"主要体味"和由于饮食环境等变化而造成的"二级体味"以及使用香皂沐浴露等而产生的"三级体味"区分开来。这里的"主要体味"是与我们身体的遗传特性相关的，代表了我们的身份。此前研究人员已经在老鼠身上开展了相关实验，实验的结果显示每一个个体都可以产生独特的味道。2007年，美国政府反恐怖技术支持工作组甚至还打算建立人体气味数据库以供军犬队调用。当然，犬类被用于识别并追踪人体气味踪迹已有数十年历史，科学家们相信犬类正是通过区分人体的主要体味来开展追踪识别的。

4. 心跳

每当你呼吸，你的胸口起伏，还有你的心跳，也会让你的左胸微微颤动。多年来科学家们致力于研发一种敏感度足够高的雷达，其精度足以在数百米之外的距离上察觉到这种极细微的胸部颤动——哪怕是隔着厚厚的混凝土墙壁或电磁屏障也不影响到它的识别精度。目前一家总部位于美国亚利桑那的VAWD工程公司正在履行美国国防部"先进研究计划局"一项名为"远距离生物探测"的国防合同并开展相关研究。

实现这种探测的关键原理在于多普勒效应，也就是由于物体运动而对电磁波波长频率造成的影响。多普勒效应我们对此并不陌生，比方说救护车朝着你开来时你会觉得声音变得越发尖利，而当它远去时鸣笛声则会变得越发低沉。根据VAWD工程公司的说法，他们目前开发的车载"障碍穿透型远程感知系统"(STORMS)可以感知甚至远比人的胸口起伏更加细微的颤动信号。

5. 声音

大部分人大概都会对一些自动朗读软件的声音感到熟悉，比如iphone上的某些功能。那么有没有想过如果有一款软件可以对声音进行分析甚至能根据声音识别人的身份呢？

俄罗斯的一家公司"话音技术中心"便开发出了这项技术，这家公司把它称之为"语音网格"(VoiceGrid)。只要事先将某个人的声音录入，这一系统随后便可以自动识别出此人的声音，如图4-223。这家公司还有着更大的抱负，他们甚至还开发了用于大城市，州，乃至国家层面的相应系统。这项技术目前已经在墨西哥执法部门中得到应用，因为他们有数十万份的声音文件需要辨认。

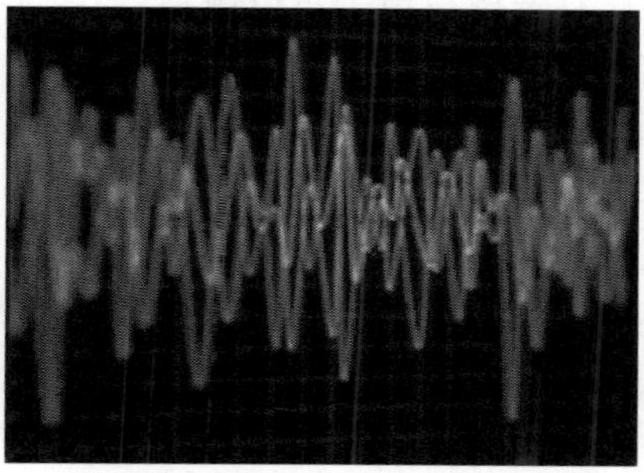

图 4-223　声音识别技术

6. 虹膜

想象一种可以从 10 英尺(约合 3 米)外凝视你瞳孔的扫描设备。事实上你也用不着如此绞尽脑汁去想象，因为这种技术现在已经存在了，比如由美国政府承包商 SRI 国际公司开发的，可以在大约 3 米开外扫描人眼虹膜组织的“IOM PassPort”系统。这家承包商承诺该系统可以在 1 分钟内扫描 30 人，因此非常适合用于人流量较大的区域监控，如机场和火车站等，如图 4-224。承包商还承诺该系统可以不受佩戴隐形眼镜或框架眼镜的影响。

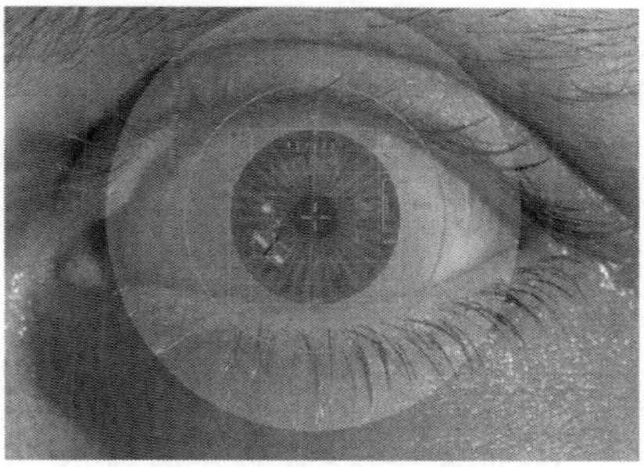

图 4-224　虹膜识别技术

除了机场、火车站之外这种远距离扫描系统在其他地方也有它的用武之处。美国军队正在阿富汗使用手持式虹膜识别仪用以区分平民和恐怖分子。美国国土安全部则在沿墨西哥的边境巡逻站应用这项技术。而美国联邦调查局则正致力于建立联邦罪犯的虹膜数据库，美国谷歌公司也在公司的数据中心应用了此项安全技术。不过这项技术也有缺点，那就是在扫描时目标不能有太大的移动。

7. 眼周区域

目前对于人类眼睛虹膜组织等的识别技术已经发展得相当成熟，但是美国卡内基-梅隆大学的萨维迪斯(Savvides)教授和同事们认为人类眼睛周围的组织,即所谓“眼周区域”,可能同样有希望被用于身份识别,如图 4-225。

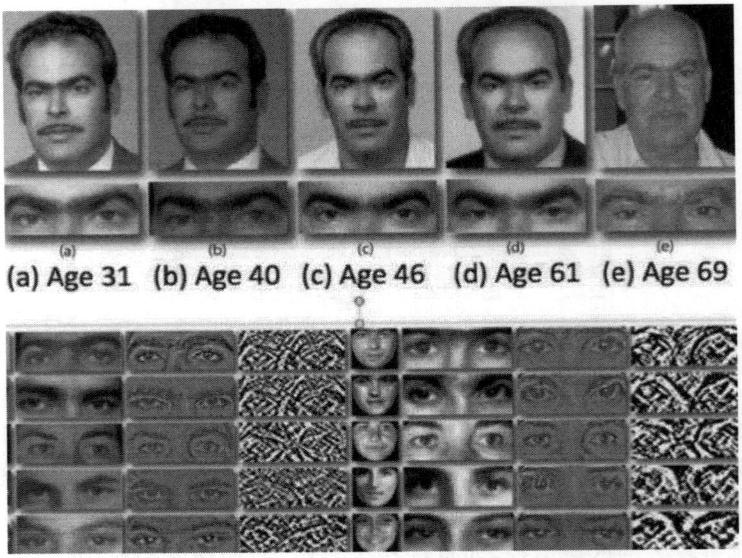

图 4-225　眼周区域识别技术

在一篇发表于 2011 年的文章中,萨维迪斯和同事们写道:“眼周区域是人脸上最紧凑,拥有最复杂生物医学特征的区域,眼角轮廓、眼睑、眼球、眉毛等等都具有各不相同的形状,大小和颜色。从生物学和遗传学角度来说,越复杂的区域意味着‘更加复杂的胚胎基因发育过程’,也就意味着在其外表的最终成型过程中有更多的蛋白质和基因元素的参与。这就是眼周区域应当被作为人类身份识别的最重要区域的原因。”

并且和其他生物识别技术不同的是,眼周区域随着人体的衰老,其变化非常小。研究人员表示:“随着人体衰老,人脸上的其他部位,如嘴巴,鼻子,下巴,脸颊等的形状和位置都会发生变化,但是唯独眼睛的位置和形状变化很小。”换句话说,眼睛是一生固定的识别标志。

但是目前存在的问题是如何应对化妆的影响,如人为地刮去一部分眉毛的情况。萨维迪斯表示针对这种情况的可能应对方式将是借助算法功能来识别可能存在的认为变更情况。

8. 步态

早在 9・11 袭击事件发生之前,研究人员们便已经在讨论通过一个人的行走步态来识别这个人身份的可能性。在那次可怕的恐怖袭击之后,美国国防部“先进研究计划局”立即将对人类行走步态的研究提升为后来的“完全情报感知”反恐项目的技术基石之一，如图 4-226。

图 4-226 步态识别技术

这样做的难点在于，人类行走的不太难以捕捉。只要这个人手里提上一个公文包或者瘸了腿都会影响系统对清晰步态信息的捕捉。因此观看一个人的行走步太并无法提供明确的生物识别信息。除此之外，一个人可能会有几种不同的步态，在行走时和奔跑时完全不一样。

然而智能手机的普及让这项技术重新焕发生机。安卓手机和 iphone 手机都有内置的加速度计，它能感知你走了多远，行走有多快甚至行走时的力道大小。

卡内基-梅隆大学的萨维迪斯教授表示：“借助手机中的加速度计，我们可以捕捉一个人的行走模式。而这种行走模式数据被证明是非常好的身份识别特征。由于这项技术并不需要用到任何特别的设备，因此我们甚至可以在他/她完全不知情的情况下对其完成身份识别。”

在一项小型的初步研究中，萨维迪斯和同事们发现这项技术可以达成 99.4% 的识别正确率，在 61% 的情况下甚至可以实现将一个人慢速和快速行进状态下的步态进行正确的匹配。或许以后当你口袋里装着一个智能手机时，你就更加容易暴露身份了。

9. 先进脸部识别系统

现有的大部分脸部识别系统都需要获得光照良好的，清晰的面部图像才可工作。不过现在研究人员正在尝试研发能够依据质量更差的图像，并在更远的距离便能实现判别的脸部识别系统，如图 4-227。

目前在美国就有一家国防承包商正在从事这方面的研究。这家公司名为“Progeny Systems”，其开发的这套系统名为“远距离非合作生物特征标签追踪和定位系统”。一旦在人群中锁定一张脸，系统会自动获取其 2D 图像并随后转为 3D 图像并存储到数据库中。这样一旦系统第二次捕捉到这张脸便能迅速予以识

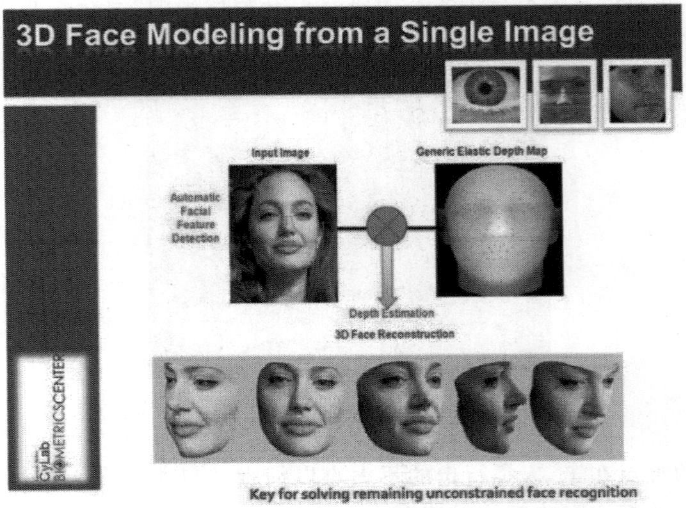

图 4-227　先进脸部识别系统识别技术

别。进行图像转换的原因是使用 3D 图像可以减少用于分析图像时所需的像素数量，从而加快处理速度，让系统能在几乎一瞬间完成识别动作。该公司宣称，这套系统可以在超过 750 英尺(约合228.6 米)处实现这种识别。

然而光这样还不足以应付许多复杂局面。很多因素都会干扰到识别结果，比如光照条件的变化，距离的变化等等都会影响到设备对影像的捕捉，尤其是当一个人处于运动之中，例如进出一栋建筑物时就更是如此。而使用 3D 模型之后可以让情况有所好转，但是更好的状况是该系统和其他指标综合起来应用，比如配合目标人物的性别、身高、体重、肤色甚至纹身等方面的数据来进行综合判断。

10. 快速 DNA 检测

在过去，要做一次 DNA 测试，从获取样本到最终提出报告需要等上几个月时间。而现在的新一代设备可以在不到 90 分钟的时间内完成这项工作，如图 4-228。

最近，美国北德克萨斯大学开始为美国联邦司法部，国防部和国土安全部测试一台价值超过 25 万美元的设备。开发这台设备的目的是“能快速在现场判定遇难者或敌人遗体的身份”。不过根据《特种行动技术》杂志披露，由诺斯罗普·格鲁曼参与开发的快速 DNA 检测技术被提供给了“未具体指明的政府客户”，据猜测其中一家客户便是美国联邦调查局。另外，加利福尼亚州的 IntegenX 公司同样拥有快速 DNA 检测技术设备，他们的设备可以快速对取自任何地方的分子遗留物开展分析，从衣服到烟头，不一而足。所以警方对这项技术如此感兴趣，原因也就不言而喻了。

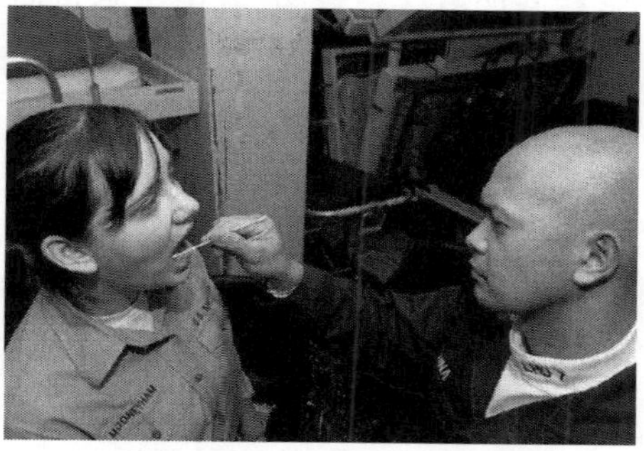

图 4-228　快速 DNA 检测识别技术

创新发明实例 38

一种湖面漂浮物清洁盒

所属技术领域　本创新发明属环境保护技术领域，特别涉及一种湖面漂浮物清洁盒。

背景技术　众所周知，湖面上会经常泛起一些时大时小的波浪，在它们到达岸边的时候总是会带起一些漂浮在水上的垃圾和死鱼造成湖岸污染，引响环境，而且波浪拍打湖岸的同时又白白损失了波浪的可利用能量。我们为何不把这些能量利用起来去清理那些漂浮在湖面上的垃圾呢？

发明内容　为了消除湖面垃圾带来的对湖水水质以及湖面美观的不良影响，本创新发明提供一种湖面漂浮物清洁盒，该清洁盒不仅能收集清理湖面漂浮物，而且能维持湖面，尤其是湖边的美观。

本创新发明所采用的具体技术方案是：利用湖面波浪的推力 F 推动圆片向清洁盒内部转动，使它与正面有孔塑料板分离，此时，产生的推力促使漂浮物进入清洁盒。当波浪瞬间退去时，圆片由于重力作用向下垂，又与有孔塑料板贴在一起，清洁盒内部收集的漂浮物就不能出去，达到了真正打捞漂浮垃圾的效果.当盒内积累的垃圾多了就需要打开顶盖进行清理，这样就达到收集和清理湖面漂浮物或垃圾的目的。

本创新发明的特点是：可以在湖面上泛浪的同时，利用浪产生的推力收集到湖面上的漂浮物或垃圾，简单易行，美观环保。此外，它制造简单，适用面广，可广泛用于江河、湖泊、海岸的污物打捞和收集清理。

附图说明　下面结合附图和实例对本创新发明进一步说明。图 4-229 是本创新发明一种湖面漂浮物清洁盒的整体示意图，其中 1 是正面轮廓，圆孔半径为 r，2 是背面轴承，3 是顶盖，4 是气垫，5 是圆片。图 4-230 是清洁盒背面轴承的示意图，其中的 1 是正面轮廓，2 是蝶形铰链，3 是圆片。图 4-231 是清洁盒内部构造示意图，其中的 1 是正面轮廓，2 是蝶形铰链，3 是圆片（2，3 连接，1，2 连接）。图 4-232 表示最佳合力方向，其中的 F 是水对圆片的推力，G 是圆片重力，最佳合力为假设的一个最适合圆片向内转动的合力。图 4-233 是清洁盒背部活动轴承示意图，其中的 1 是可上下滑动的轴承，2 是对轴承的约束（固定）。图 4-234 表示水面与圆孔的高度，其中的 1 是正面轮廓，2 是水面。图 4-235 是水面高度达到圆孔圆心处的示意图，其中 1 是水面，2 是正面轮廓，3 是漂浮物。

具体实施方式　在图 4-229 中，清洁盒制作材料主要为塑料，长度至少 10 米以上，其正面是具有大圆孔的大块塑料块，里面连接了一些圆片。考虑到水随漂浮物进入清洁盒的问题，做出了以下设计，把清洁盒的左右两端设计成网状塑料板，方便进入盒内的水的流出，而垃圾却不能流出。清洁盒的底部有一个气垫，主要作用如下。

1. 使清洁盒能够部分浮在水面以上，部分在水面以下，目的是让漂向清洁盒的垃圾能够通过圆孔顺利进入盒内。湖面相对平静时水面高度与圆孔的关系如图。我们要考虑清洁盒的重量和气垫内气体体积的关系，使清洁盒能够达到以上图中的效果。不论水位的高低，清洁盒都会和水面位置保持同样的关系，因为它所受的浮力和重力始终相等，所以浸入水中的体积也是一定的。

2. 水位发生升降时，气垫所受的浮力推动清洁盒沿其背面的上下活动轴承升降，达到相互协调的效果。

在图 4-230 中，清洁盒的正面是由一块有孔的板和一些塑料圆片，且用一个蝶形铰链连接而成，蝶形铰链使圆片能够在纸面内外方向上以铰链的轴为轴转动。由于圆片的半径大于圆孔的半径（$R>r$），且圆片是在圆孔的清洁盒内部，这块大塑料板阻碍了圆片往外转动，使进入盒内的漂浮物被困在盒内而不能再进入湖水中。

如图 4-231 所示的从内部观察正面构造，能看到完整的圆片能够挡住正面板上的圆孔。

在图 4-232 所示的受力示意图中，向左箭头表示受力。我们需要的最佳合理方向是如图虚线箭头标识的方向，显然，重力对其有阻碍作用，所以在制作圆片时我们必须考虑圆片重量。可是圆片的面积越大，所受的 F 总和越大，所以我们需要把面积制作得大一些，同时注意材料要能够承受水的冲击力。这三个方面要同时考虑。初步设计圆片的直径为 2 分米，圆孔直径为 1.8 分米。

如图 4-233 所示，清洁盒后面的活动轴承，其作用是适应水涨水落，使清洁盒可以自由地上下滑动，而左右固定。

如图 4-234 所示，为了让漂向清洁盒的垃圾能够通过圆孔顺利进入盒内，清洁盒能够部分浮在水面上，部分在水面下，湖面相对平静时水面高度与圆孔的关系应如图所示。

如图 4-235 所示，当波浪涌向清洁盒时，由于水迅速在清洁盒附近聚集，会涨到一定的高度，而这个理想高度就是到达圆孔圆心的高度，这样有利于漂浮物的进入。

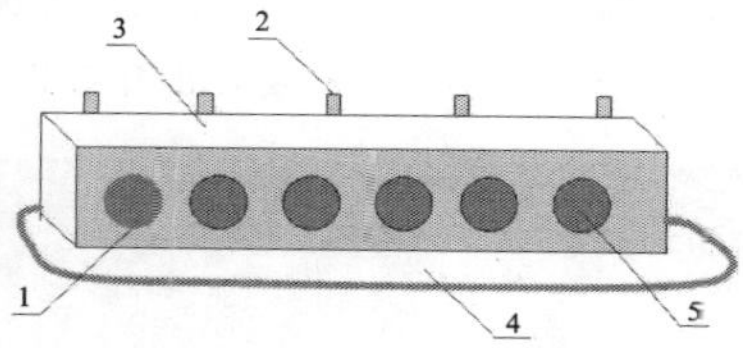

图 4-229 清洁盒结构图

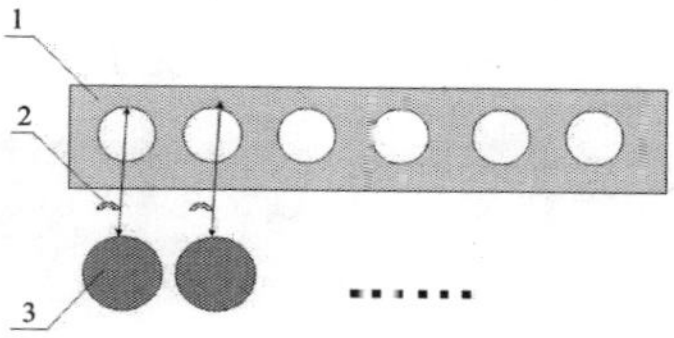

图 4-230 清洁盒背面轴承

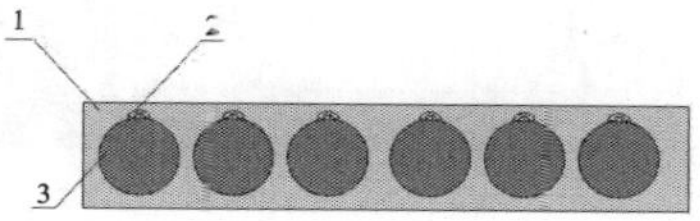

图 4-231 清洁盒内部构造

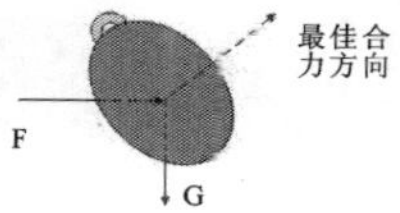

图 4-232 最佳合力方向

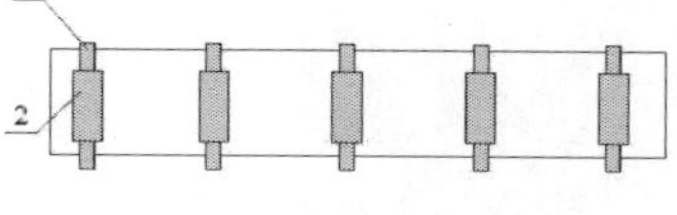

图 4-233 背面活动轴承

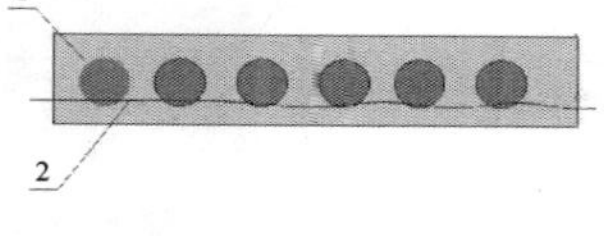

图 4-234 水面与圆孔高度

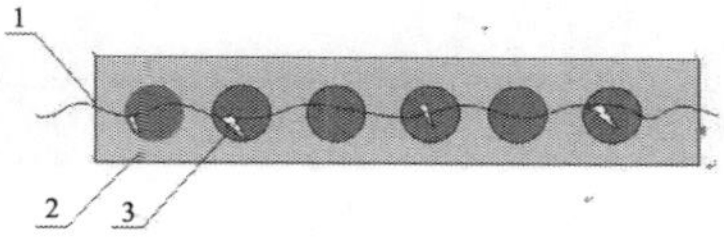

图 4-235 水面高度达到圆孔圆心处

点评 此创新发明“一种湖面漂浮物清洁盒”所属环境保护技术领域，特别涉及一种湖面漂浮物清洁盒。此创新发明出自一位非工科医学院的女生之手，她通过学校开设的《创新与实践》课学会了创新发明的基本方法后，发现东湖湖面有许多漂浮的垃圾，便萌发此想法。

此创新发明构思新奇，构思巧妙，结构简单，方便可行。

建议　了解现有技术后还可再创新

链接　水面遥控自动巡游清污大嘴鱼

目前，水上清污主要由人工打捞船和大型专业清污船两种，前者费时费工，效率低；而后者成本高，维护难，较适合大型水库或紧急清污作业。

我国应对水面垃圾的主要办法还是人工打捞或下泄清污。人工清污工作强度大，作业环境比较危险，清理面积也十分有限，如图 4-236；而下泄清污就是将溢洪道闸门提升到一定高度，将污物排泄至下游。有些地区甚至放任不管，任其发展。欧美一些发达国家已经开发了一些水面清扫船，用来清理水面垃圾，如图 4-237。

(a)　　(b)

图 4-236　人工打捞船

图 4-237　欧美打捞船

但是无论是人工打捞、水面清扫船还是下泄清污的方法，都不能从根本上解决问题。

为了更好地进行水面漂浮垃圾的清理工作，鉴于人工打捞船费时费工、效率低，而大型专业清污船制作成本高，维护难的局限性，我们推出了一种新的水面清污方案：利用无线电遥控自动巡游清污“大嘴鱼”自动清除水面垃圾。根据此方案，工作人员无需亲自到水面上作业，而是在操纵室里远程控制"大嘴鱼"完成清污工作。"大嘴鱼"在巡游过程中，垃圾进入鱼嘴并经过传送带运送至腹内，满载后自动报警，进而在操作人员的控制下回到岸边，释放垃圾。利用"大嘴鱼"进行水面清污不仅大大提高了工作效率，而且减少了人工作业强度，同时保证了工作人员的人身安全，实现了自动化控制，经济、美观、环保，更有可能成为水库、湖泊一道亮丽的风景线。

这套方案的突破点在于整个清污过程都实现了自动化，克服了传统方法的一些缺点，同时在这个装置中用到了一些常用的构件，如带齿耙的传送带，光敏电阻，发电机，将它们有效地结合在一起，达到了作业效率高，成本不高的效果，做到了经济、实用、美观。

设计思路　"大嘴鱼"整个作业环节必须都浮在水面上，它利用自身受到浮力承载自重和载重，利用外形及重心布置保持稳定性。传送机构使漂浮物进入垃圾箱，实现漂浮物和水的分离。利用激光报警装置和无线遥控装置实现"大嘴鱼"的满负荷报警及变速转向的功能。

工作原理　电力装置带动螺旋桨旋转，驱动鱼整体向前移动，水和漂浮物由于惯性进入鱼嘴，水从排水装置流出，漂浮物留在鱼嘴里。电力装置带动传送带转动，进而把漂浮物送入鱼腹中的垃圾储存装置中。通过无线电信号控制鱼腹两侧的螺旋桨的转速进而实现鱼的转向和变速问题。当垃圾堆积到一定的高度，红外报警器发出无线电信号给岸边工作室，由工作人员遥控操作开回岸边。

总体设计图　图 4-238 所示为清污"大嘴鱼"平面布局图。"大嘴鱼"由鱼身外壳，排水装置，挡水板，传送装置，垃圾储存装置，动力及控制装置等部分组成。

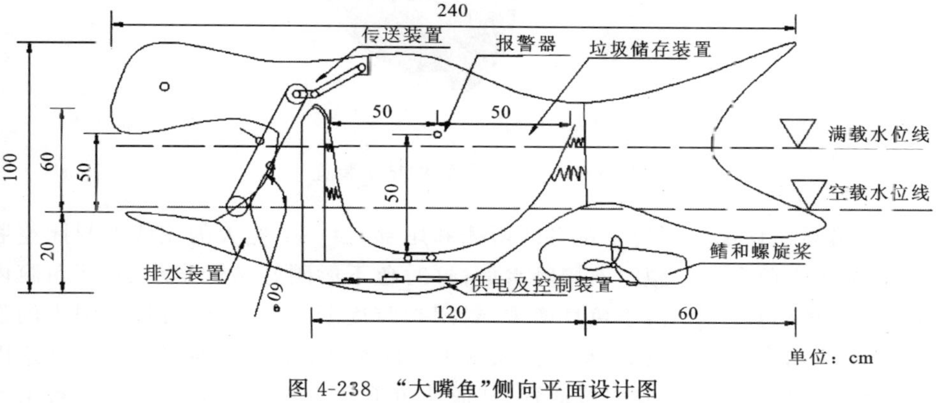

图 4-238　"大嘴鱼"侧向平面设计图

鱼身外壳设计　如图 4-239 所示，鱼嘴大张，可以使漂浮物顺利进入鱼嘴。鱼身呈扁球状，以增大鱼在水中的吃水线，提高鱼整体的稳定性，同时增大鱼肚中垃圾的储存空间。在鱼的尾部适当加一些重物以维持整个鱼身的平衡，防止整个鱼身向前向斜。鱼背部设有顶盖，便于取出鱼肚的漂浮物垃圾。鱼下腹采用流线型设计，减少鱼在行走过程中的阻力。

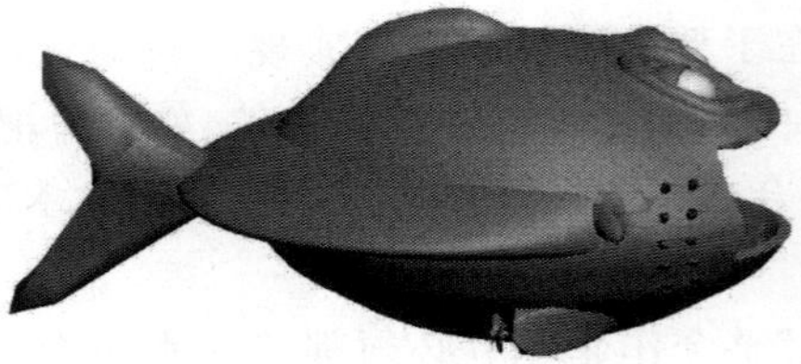

图 4-239 “大嘴鱼”身外壳立体图

排水装置 该部分位于“大嘴鱼”下颚处。当清污鱼在行动时，漂浮物和水一同进入鱼嘴中，水通过排水孔流出，漂浮物留在嘴中。这样不仅减小了鱼在水中的阻力，还可以降低挡水板前的水面壅高，如图 4-240。

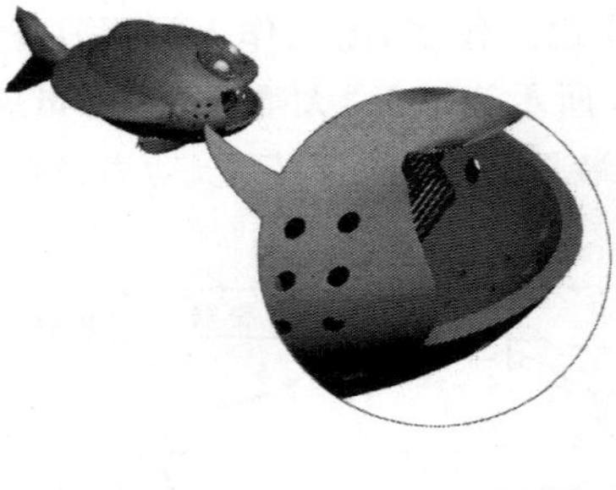

图 4-240 “大嘴鱼”的排水装置

浮力装置 该部分环绕于鱼身的两侧和尾部，由一个宽大的流线型封闭空腔构成，该封闭空腔在鱼空腹时不接触水面，这时鱼下唇刚好稍低于水面，当鱼腹内存储一定量的垃圾之后，由于鱼身增重，封闭空腔逐渐入水，给鱼身提供强大的浮力，即使鱼腹内大量进水，也不至于沉入水中。同时宽大的空腔能够保证鱼在水面行动过程中保持相当大的吃水线面积，从而使鱼不会在风浪中翻倒，而且流线型的外形也不会给鱼的行进带来很大阻力，如图 4-241。

传送装置 该部分由 1 电动机、2 滚轴、3 转轮、4 齿杷、5 履带、6 挡水板、7 皮

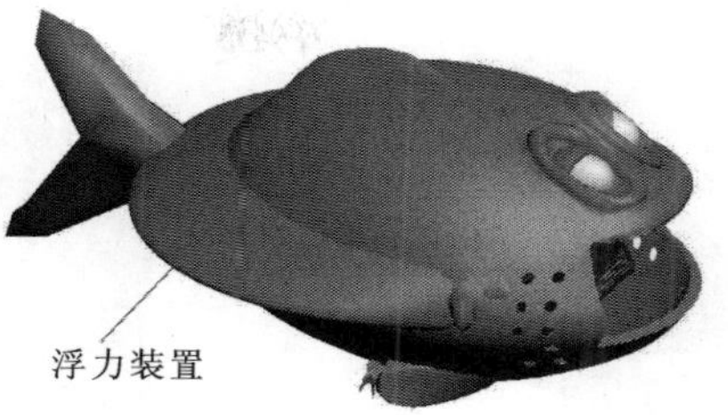

图 4-241　“大嘴鱼”的浮力装置

带组成,如图 4-242。6 挡水板将鱼嘴和鱼肚隔开,防止水进入鱼肚中影响“大嘴鱼”工作。电动机由电源带动并且和控制器连接实现自动开关,电动机转动从而带动传送带转动,传送带上的齿杷进而把鱼嘴中的漂浮物“捞起”并送到鱼肚中的垃圾箱中,从而实现漂浮物和水的分离。1 电动机位于鱼背中,防止在鱼因大风浪或者遇到故障大量进水时,电动机糟进水损坏。传送带倾斜 60 度放置,下端稍低于水面,上端高出挡水板,传送带的两个转轴与鱼身相接以保持稳定。

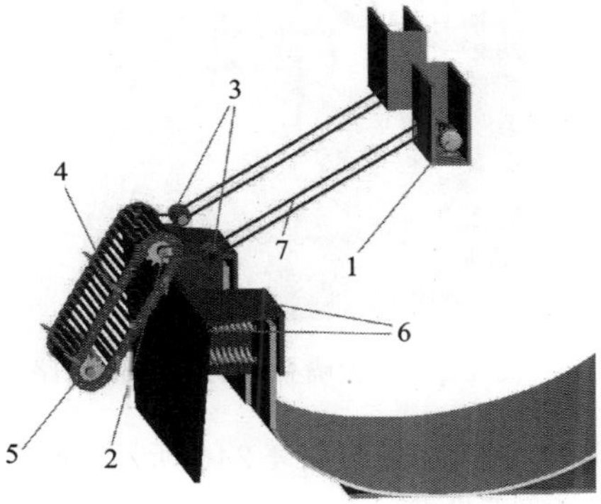

图 4-242　“大嘴鱼”的传送装置

垃圾储存装置　如图 4-243 所示该部分主要由垃圾箱,8 弹簧和 9 滚轴组成。当漂浮物由传送带送入垃圾箱时,垃圾箱受到漂浮物下滑的反力和鱼的非匀速行驶造成的惯性力的共同作用,会产生前后的晃动使箱中的漂浮物更加均匀放置。垃圾箱的外形和鱼身的外形大致相同以尽可能利用鱼肚中的空间。

螺旋桨　整个鱼的游走都是由螺旋桨转动来提供动力,在鱼腹下安装两个鱼鳍,在鱼鳍上分别装上一个螺旋桨。这样设计不仅可以提高鱼的整体的稳定的,还可以实现通过改变单个螺旋桨的转速来改变鱼的走向。鱼鳍采用流线型设计,减少鱼在游走过程中受到的阻力，如图 4-244 所示。

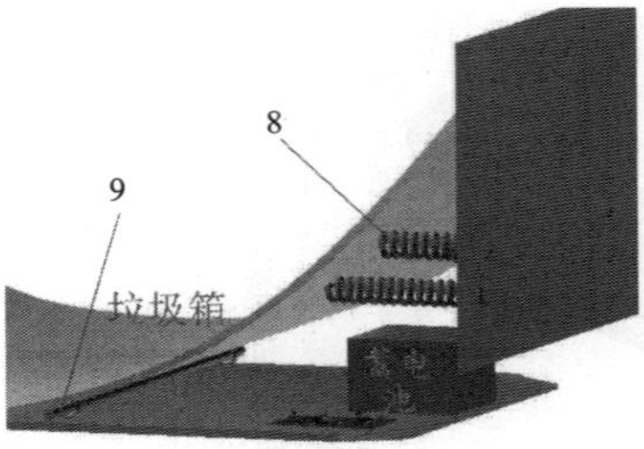

图 4-243　“大嘴鱼”的垃圾储存装置

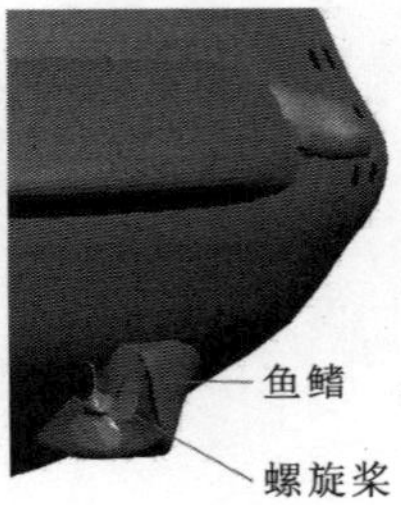

图 4-244　“大嘴鱼”的螺旋桨

动力及控制电路　该装置主要由供电部分和控制部分组成。该装置置于鱼腹底板以降低鱼的整体的重心，提高鱼在水面行走的稳定性。该装置处于封闭状态，即使水充满整个垃圾箱也不能进入该部分，从而保护控制电路设备。供电部分主要由蓄电池组成，它提供电动机，螺旋桨以及控制电路所需的电能。控制部分由电路板、激光报警器、无线电接发器组成，如图 4-245。

图 4-245　大嘴鱼动力及控制电路

整个大嘴鱼中电路连接示意图如图 4-246 所示，整个电路由激光报警电路、电动机电路、螺旋桨电路三套电路组成。

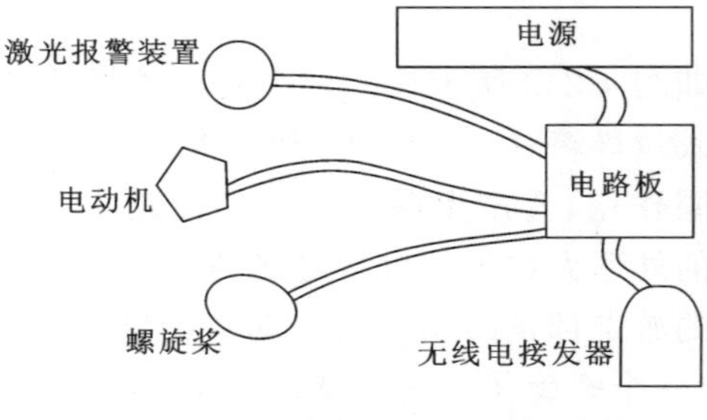

图 4-246　大嘴鱼电路连接示意图

报警电路：激光发射器和光敏电阻分别安装在垃圾箱预定的同一高度的两侧，且激光发射器发出的激光正好射在光敏电阻上，当漂浮物堆积到一定的高度而遮住光线时，光敏电阻的电阻改变，从而实现光信号到电信号的转化。电路中电流的变化通过电路板引起无线电接发器发出无线电信号给岸边的控制装置从而达到报警的效果。

电动机电路：岸边的遥控装置发出无线电信号到鱼中的无线电接收器，再由电路板实现电动机的开关。

螺旋桨电路：岸边的遥控装置发出无线电信号到鱼中的无线电接收器，再由电路板实现螺旋桨电路的电流的变化，从而改变螺旋桨的转速，实现鱼在水面上游动时变速和转向的功能。

遥控　遥控设备由发射机、接收机和电子调速器组成。发射机用于发射无线电指令给鱼肚中的接收器。接收机用于接收鱼肚中发射机发出的报警信号。电子调速器用于调节螺旋桨的转速。遥控置于岸边由工作人员操作."大嘴角"遥控的工作流程图如图 4-247 所示。

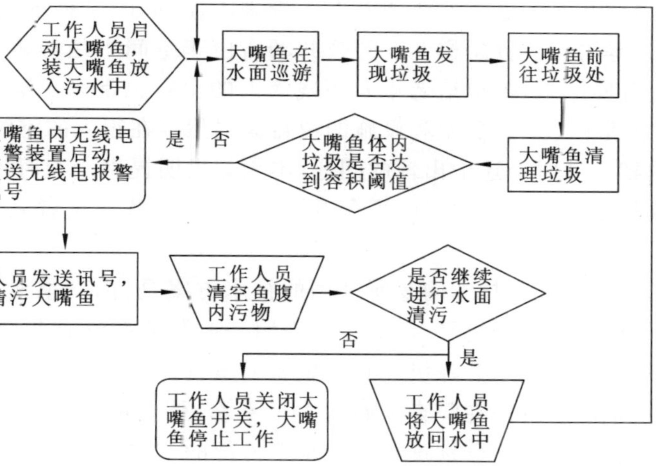

图 4-247　大嘴鱼遥控设备工作流程图

应用前景　水面遥控自动巡游清污"大嘴鱼"，能清除树枝、漂木、杂草、垃圾、浮石、冰块等漂浮物，且其占地面积较小，安装维护检修方便，能广泛适用于中小型静水水面的清污工作，也可适用于中小水电站的拦污栅前的清污。

创新发明实例 39

简易楼梯升降机

所属技术领域 本创新发明属升降机技术领域，特别涉及一种简易楼梯升降机。

背景技术 仔细留意我们生活中的各个公共场所，如住宅楼、地铁、人行天桥、人行隧道等等，它们都存在着地势的高低差。回顾人类建筑的发展史，解决地势高低差最方便实惠的方式便是建造楼梯。而楼梯对于身体健康的人们来说是轻而易举的几级台阶，然而对于老年人或身体存在残障的人们来说，简直是无法逾越的鸿沟。

要解决特殊人群跨越地势高低差的问题，毫无疑问，电梯是现今能让人们实现垂直空间上移动的最好的方式。然而根据国家规定，楼高 23 米以下的楼层无需安装电梯，而国内 7 层以下的住宅楼房依然大量存在，这些楼房大部分都没有安装电梯，这就对居住其中的老年人或残障人士带来不便；同时室外的地下人行隧道、地铁站、火车站等需要设置阶梯上下的公共场所由于空间不足等诸多因素而不能安装传统垂直升降的电梯，也给老年人和残疾人的出行也带来了极大的不便。可以看出，社会生活中特殊人群便利设施的覆盖面仍然存在很大的空洞。

发明内容 针对上述中出现的问题，本创新发明提供一种简易楼梯升降机，它通过在楼梯扶手上搭建折叠式的平台升降机，达到承载使用者克服地势的高低差的目的。

本创新发明解决其技术问题所采用的技术方案是：内支承架、外支承架、蓄电池、主电机、承载轮、升降机平台、护栏、传动机构、外壳顺序连接，内支承架上下各有一对承载轮，用以支承升降机及其乘坐者的重量，内支承架与外支承架通过滑槽连接，外支承架可沿滑槽在竖直平面内上下平移，外支承架与护栏、升降机平台通过机械方式连接，两护栏分别置于外支承架外部的左右两侧，升降机平台置于外支承架外部的下侧，蓄电池置于外支承架内部的上方，传动机构置于外支承架内部的中部并与楼梯扶手上的齿条啮合，主要起到带动升降机上下楼梯的作用，主电机置于外支承架内部的左下方并与传动机构相连以驱动传动机构，升降机平台能以与外支承架相连处为轴向上翻转以达到折叠的目的，护栏能以与外支承架相连点为轴向上翻转，外壳包裹外支承架和内支承架。

本创新发明的特点是：

1. 升降机可置于楼梯扶手上，对楼房结构改动少；

2. 使用方便,在两端点设置控制装置,方便工作人员和乘客的使用;

3. 结构简单,所以安装、检修均十分方便;

4. 提供足够的安全性;

5. 节省空间,不使用时,可以折叠起来,停靠在楼梯侧面,尤其适合空间较小的楼道;

6. 环保节能,工作功率小,使用蓄电池供电。

本创新发明简易楼梯升降机主要解决老年人或行动不便的残障人士遇到有高低差的场所难以逾越的问题,是老年人和行动不便的残障人士的福音。

附图说明　下面结合附图及实例对本创新发明作进一步说明。图 4-248 是简易楼梯升降机的去外壳总装三维 45 度正面示意图,图 4-249 是简易楼梯升降机的去外壳总装三维 45 度背面示意图,图 4-250 是简易楼梯升降机的非工作状态三维示意图,图 4-251 是简易楼梯升降机的工作状态三维背面示意图。图中 1 是内支承架,2 是外支承架,3 是蓄电池,4 是主电机,5 是承载轮,6 是升降机平台,7 是护栏,8 是传动机构,9 是外壳,10 是滑槽,11 是楼梯扶手,12 是齿条。

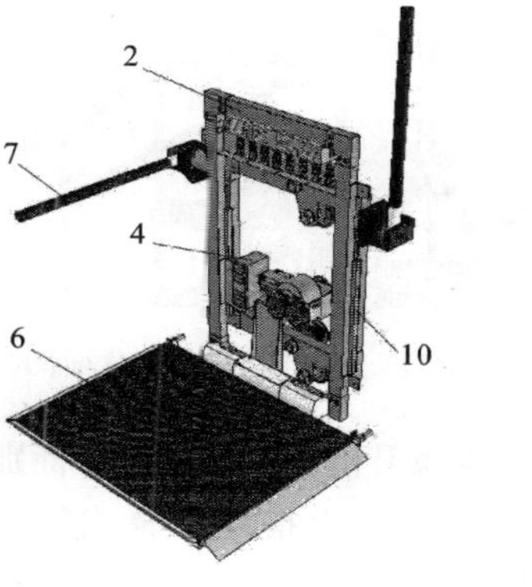

图 4-248　内部 45 度正面图

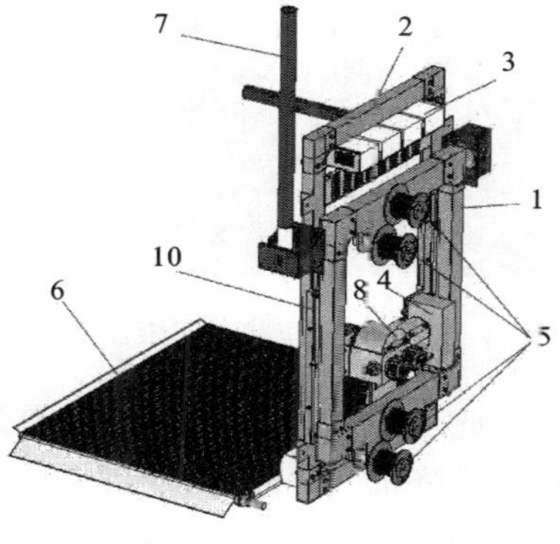

图 4-249　内部 45 度背面图

具体实施方式　图 4-248 和图 4-249 所示简易楼梯升降机的示意图中,内支承架(1),外支承架(2),蓄电池(3),主电机(4),承载轮(5),升降机平台(6),护栏(7),传动机构(8)顺序连接,内支承架(1)上下各有 1 对承载轮(5),用以支承升降机及其乘坐者的重量,内支承架(1)与外支承架(2)通过滑槽(10)连接,外支承架(2)可沿滑槽(10)在竖直平面内上下平移,外支承架(2)与护栏(7)、升降机平台(6)通过机械方式连接,两护栏(7)分别置于外支承架(2)外部的左右两侧,升降机平台(6)置于外支承架(2)外部的下侧,蓄电池(3)置于外支承架(2)内部的上方,传动机构(8)置于外支承架(2)内部的中部,主要起到带动升降机上下楼梯的作用,主电机

(4)置于外支承架(2)内部的左下方并与传动机构(8)相连以驱动传动机构(8)，升降机平台(6)能以与外支承架(2)相连处为轴向上翻转以达到折叠的目的，护栏(7)能以与外支承架(2)相连点为轴向上翻转。

如图 4-250 所示，简易楼梯升降机的非工作状态三维示意图的实施例中，简易楼梯升降机停靠在楼梯底部的楼梯扶手(11)上，此时升降机平台(6)与护栏(7)均向上翻转折叠。

如图 4-251 所示，简易楼梯升降机的工作状态三维背面示意图的实施例中，外壳(9)包裹外支承架(2)和内支承架(1)，升降机平台(6)与护栏(7)下放展开，内支承架(1)上下各有 1 对承载轮(5)分别夹紧楼梯扶手(11)的上下端，传动机构(8)与楼梯扶手(11)上的齿条(12)啮合，主要起到带动升降机上下楼梯的作用。

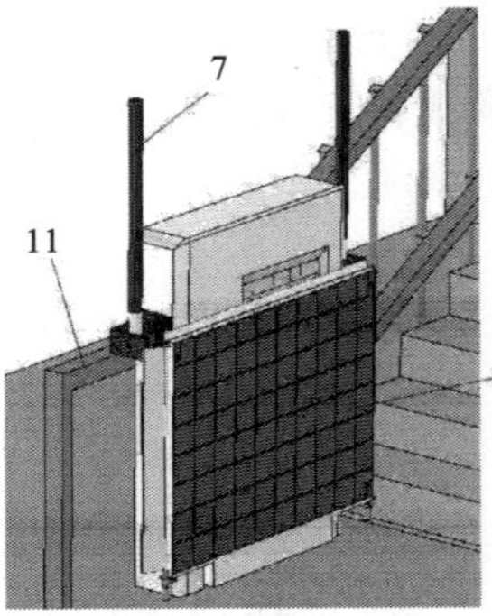

图 4-250　非工作状态三维图

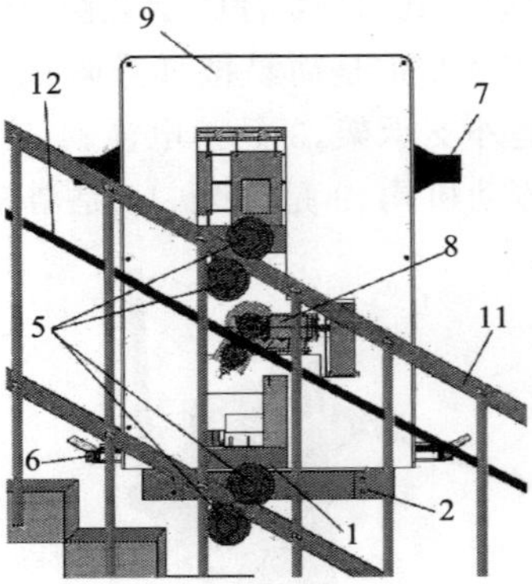

图 4-251　工作状态三维背面图

点评　此创新发明“一种简易楼梯升降机” 所属升降机技术领域，特别涉及一种简易楼梯升降机。此创新发明设想通过“在楼梯扶手上搭建折叠式的平台升降机，达到承载使用者克服地势的高低差的目的”。

此创新发明选题贴近生活，观察仔细，发现问题准确，采用解决问题的方法可行，技术方案合理值得同学们学习借鉴。

但此创新发明也存在一些不足，一是从工业产品设计的角度来说存在着“美感不足”、传动轮防尘结构不合理、正常转弯如何实现等问题有待解决；二是该作品仅考虑到能长时间站立者使用该装置，缺少考虑腿脚不便者、儿童、抱小孩的妇女以及手拿较多物品者使用；三是该作品采用简单设计只考虑了“结构简单、操作方便”的一面，却忘记了“安全”为重的原则，缺少防护栏的设计。

建议　了解现有技术后还可再创新

1. 增添护栏设计。

2. 可增设一种可折叠座椅。

3. 增加借用水泥楼梯承重面(可移动轮),减少或避免楼梯扶手单一受力造成的意外伤害。

4. 增加声控操作提示。

5. 增加灯光安全提示。

6. 增加人性化设计,美化环境。

链接　折叠逃生椅

在发生紧急事件时,人们一般都会从紧急通道下楼梯逃生。而对于行动不方便的人来说,下楼梯逃生十分困难。这款椅子专为这样的人士设计,乘坐它可以安全地从各种楼梯下楼,如图 4-252。它折叠起来体积不大,可以方便地安放在应急通道中。椅子的扶手和乘坐的角度都可以调整,以便使用者坐起来更加安全舒适。这款椅子让行动不便者可以在危机时刻像普通人一样获得宝贵的求生机会,充分体现了对弱势群体的关怀,非常人性化。

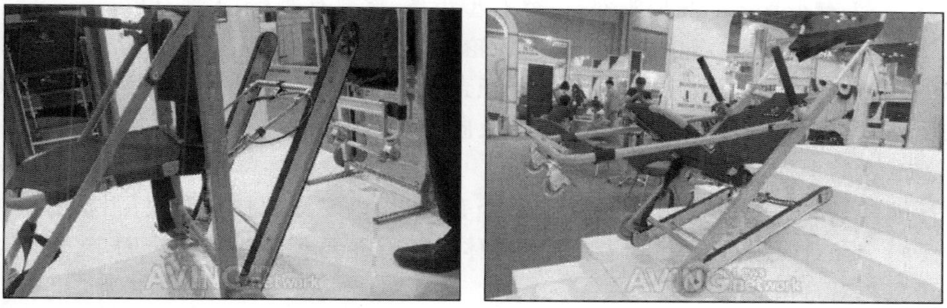

(a)　　(b)

图 4-252　折叠逃生椅

创新发明实例 40

剪式棘轮扳手

技术领域　本创新发明专利属机械类工具,尤其涉及一种剪式棘轮扳手。

背景技术　众所周知,普通扳手是通过扳手头部与需要固定或者松开的螺栓相互咬合固定,然后操作者把持扳手尾部以扳手头部为圆心做圆周运动。这种操作方式存在以下两个问题:一是有可能由于转动扳手尾部时遇到障碍物,不得不将扳手头部脱离螺栓,回到原位置再次将套合,以便进行下一个行程的转动,相当的麻烦且耗时；二是操作者必须来回地扳动扳手尾部，做大幅度的运动，相当的费力，而且不可避免地受到工作空间的限制。

现有技术的普通棘轮扳手，虽然解决了一次操作过程中扳手头部与螺栓多次套合的问题，但仍然没有改善工作半径大，手部运动量大的现状。另外，现有的电动或气动棘轮扳手虽然已经上述两个问题，但同时又存在着能源消耗多，连接麻烦，以及价格昂贵等诸多问题。

发明内容 本创新发明的目的在于克服现有技术的不足，提供一种快速免转动的剪式棘轮扳手。这种扳手包括一个双向棘轮组，上方有可以和 L 型的齿条传动的齿轮；一个手柄主体，柄身的孔可以和另一手柄附体相连接，并且安放连接圆柱形滑块；一个手柄附体，设有两个销钉孔，用以同手柄主体和连接件的固定，一侧设有 U 型槽，槽尾部有一小孔，用以安放压缩弹簧；一个压缩弹簧，可以安放在手柄主体和附体中间，达到手柄在固定角度内运动，并且可以自动回复到初始状态；一个连接件，两端有孔，用以同滑块以及同手柄附体的连接；一个圆柱形滑块，一头有空，一头有小直径的圆形头部；一个 L 型齿条，尾部有通孔，头部有齿。

上述的双向棘轮组由普通的双向棘轮扳手头部改装而成。在普通棘轮扳手头部的基础上做了以下改动：在头部的外壳壳体上方增设一个齿轮，该齿轮的下部同头部外壳相固结，内部安放棘轮扳手的换向装置。

上述的手柄主体，柄身一侧加工出 U 型槽并在槽的尾部加工一个小孔，用来放压缩弹簧的一端；在手柄上方增设一个套筒，用以安放圆柱形滑块；手柄的上方加工一个孔，同手柄附体相连接；手柄主体头部有孔与棘轮头部套合固定，彼此之间可以相对自由转动。

上述的 L 型齿条、圆柱形滑块、连接件、手柄附件依次连接构成曲柄连杆传动机构，将手部的切向动动转变成扳手头部的圆周运动。

通过以下参照附图，可以更清晰地表达本创新发明剪式棘轮扳手的优点及工作原理。

附图说明 下面结合附图及实例对本创新发明作进一步说明。图 4-253 是本创新发明剪式棘轮扳手的立体组合示意图；图 4-254 是本创新发明剪式棘轮扳手的立体分解示意图；图 4-255 是本创新发明剪式棘轮扳手的松开示意图；图 4-256 是本创新发明剪式棘轮扳手的夹紧示意图；图 4-257 是本创新发明剪式棘轮扳手的对螺栓进行拧松操作时的头部示意图；图 4-258 是本创新发明剪式棘轮扳手的对螺栓进行拧紧操作时的头部示意图；图 4-259 是本创新发明剪式棘轮扳手的手柄主体的右侧示意图。

图中：1 是手柄主体，2 是压缩弹簧，3 是手柄附体，4 是连接件，5 是圆柱形滑块，6 是 L 型齿条，7 是双向棘轮组。

具体实施方式　装配时，先将双向棘轮组 7 嵌套入手柄主体 1 前端的孔内，再将压缩弹簧 2 的两个支脚分别插入手柄主体 1 和手柄附体 3 的小孔中，接着用销钉将手柄主体 1 和手柄附体 3 进行连接，接着将圆柱形滑块 5 插入手柄主体 1 上方的套筒内，然后使用销钉将连接件 4 分别同圆柱形滑块 5 和手柄附体 2 相连接，最后将 L 形齿条 6 的尾部圆孔套入圆柱形滑块 5 的头部，并将 L 形齿条 7 偏向双向棘轮组 7 的齿轮一侧，与之相互咬合。

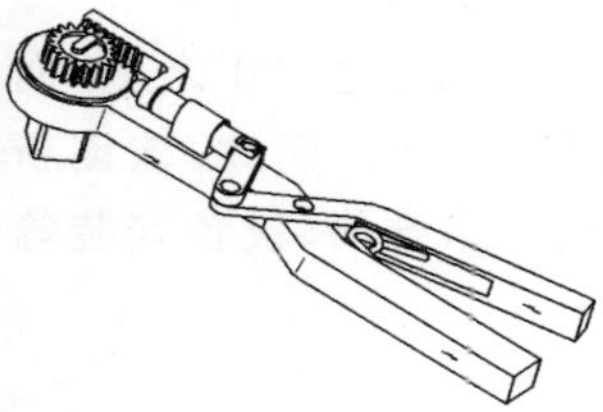

图 4-253　立体组合图

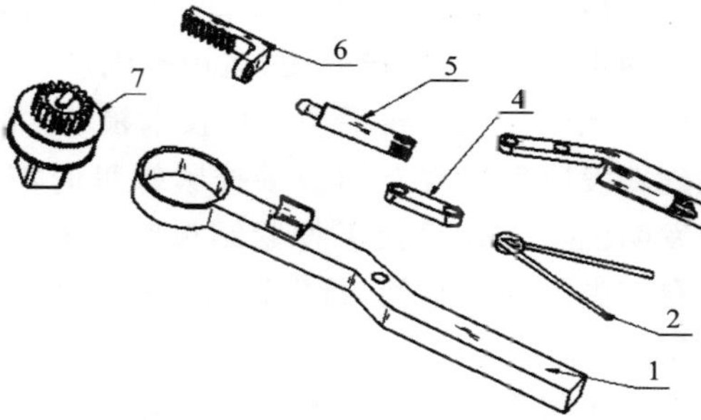

图 4-254　立体分解图

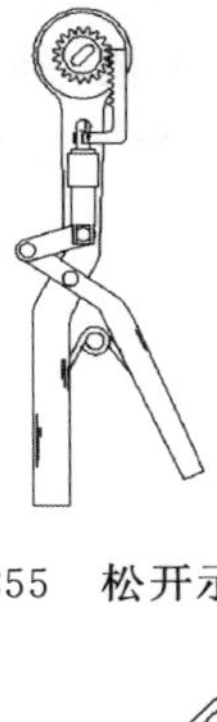

图 4-255　松开示意图

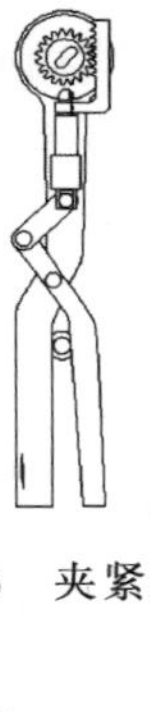

图 4-256　夹紧示意图

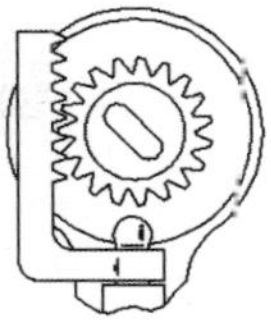

图 4-257　拧松螺栓

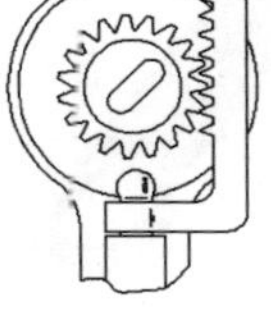

图 4-258　拧紧螺栓

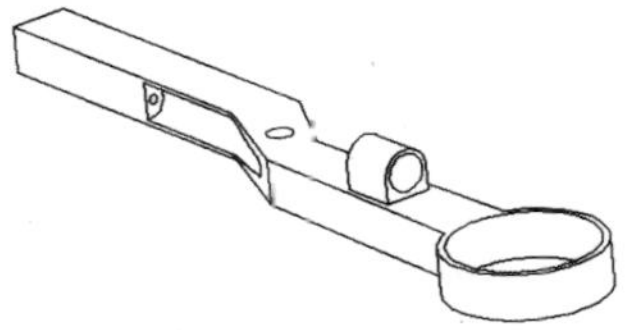

图 4-259　手柄主体右视图

需要拧松螺栓时，将棘轮组的调向块顺时针转动，再将 L 形齿条翻转到齿轮的左侧并咬合，用手握住扳手两个手柄，来回按压即可。此时按紧手柄使主体与附体相靠近，通过曲柄连杆传动机构带动 L 形齿条向前移动，实现扳手头部与螺栓的逆时针转动。在此之后，由于压缩弹簧本身的弹簧特性，手部放松后会使两手柄自动分开到初始角度,而棘轮组和螺栓达到可间歇运动,如此往复可以达到松开螺栓的目的。需要拧紧螺栓时,只需将调向块向逆时针方向转动,L形齿条翻转到右侧咬合,按压手柄时便可使扳手头部与螺栓顺时针转动,如此往复可以实现拧紧螺栓的效果。

综上所述,本创新发明剪式棘轮扳手的优点在于:在棘轮组的外壳上表面固结一个齿轮,手柄主体上增设一个套筒,结构新颖制作方便;在曲柄连杆机构的传动作用下,可成功地将手部的剪运动,改变为头部及螺栓的圆周运动,极大地缩小了操作所需的空间,并且操作方便,适用范围广。

点评　此创新发明属手动工具技术领域,尤其涉及一种剪式棘轮扳手。

此创新发明发现现有的扳手拧紧螺母时需左右位移,其夹角达120°之多,而该创新发明的剪式棘轮扳手拧紧螺母时左右位移的夹角只需90°。因此,该创新发明具有广阔的使用空间,特别适合空间较小的机器维修、汽车维修、设备安装等领域使用。

建议　了解现有技术后还可再创新

链接1　创意新型扳手

有时候,用扳手拧已生锈的螺丝是一件很痛苦的事情,这时,可调整长短的扳手就派上用场了,它的结构就像是美工刀,扳手上有卡槽,外面是一个可以调整的套子,平时将套子缩回减少长度,方便操作,如果觉得螺丝拧起来费力的时候,拉长套子,再拧起来就省力多了,如图4-260。

图4-260　可调整长短的扳手

链接2　TRiz应用实例——新型扳手

1. 发明背景

传统型扳手之所以会损坏螺母,其主要原因是扳手作用在螺母上的力主要集中于六角形螺母的某两个角上,如图4-261所示,在这种情况下,我们需要一种新型的扳手来解决这一问题。

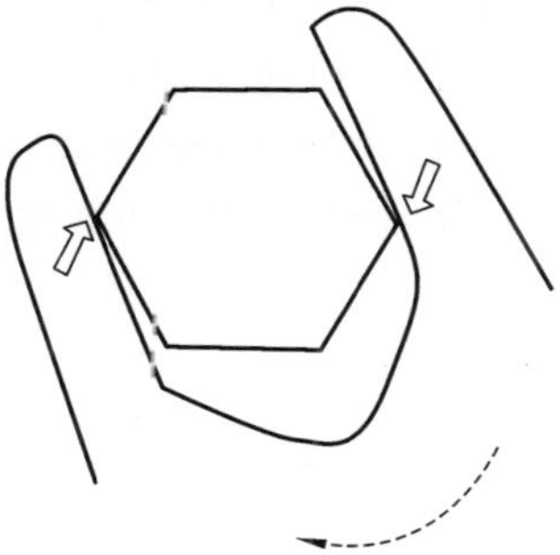

图 4-261　扳手会损坏螺母

在拧紧或松动螺母的过程中，普通扳手同时会损坏螺母的六角形表面。使用扳手时用力越大，螺母损坏就会越严重。不仅如此，扳手作用于螺母上的力大大降低，降低了工作效率。在这一系统中存在的技术矛盾为：若想通过改变扳手形状降低扳手对螺母的损坏程度，就可能会使扳手制造工艺复杂化。

2. 解决思路

在应用 TRIZ 解决这一问题时，我们首先必须明确判定出存在于系统中对立的技术特性。在现有设计中，扳手在作用于螺母时会损坏螺母是存在于现有设计中的一个重要缺陷。而这一缺陷则恰恰可以提示我们找出应该解决的技术矛盾以改进现有的传统设计。

3. 改正后方案

改用新方案后可解决使用传统扳手时遇到的问题。当使用扳手时，螺母六角形表面的其中两条边刚好与扳手上、下钳夹上的突起相接触，使得扳手可以将力作用在螺母上。而六角形螺母表面的与扳手接触的角则刚好位于扳手上的凹槽中，因而不会有力作用于螺母上，如图 4-262。

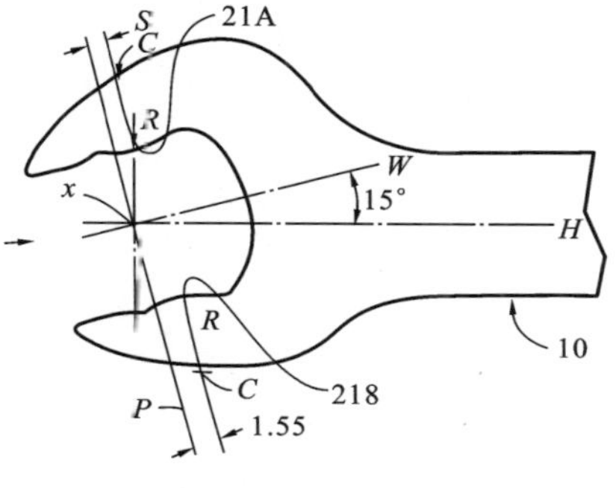

图 4-262　新型扳手

点评 活动扳手在生活中十分实用，但也存在着易打滑、易损螺母（螺母被破坏后，使用普通的传统型扳手往往不能再松动螺母，有时甚至会使情况更加恶化）的不足。虽然前人发明了对号呆扳手和梅花形扳手能解决对号螺母的松与紧问题，但都需不停选择才能适用。而在应用 TRIZ 解决这一问题时，这种具有梅花形的可调活动扳手就利用发明方法中的“加加法”巧妙地解决了多年来困扰人们的扳手的适用性不强的问题。